군사학 총서 제**8**권

8

ROTC 후보생, 학사·예비장교, 군장학생

군사학과에서 배우는

초급장교 선발 면접 특강

김성진, 문경석

 육군 남·여 초급장교 선발 대비

- 초급장교 선발 면접의 개관(槪觀)
- 장교(ROTC) 후보생 선발 면접 평가 대비
- 학사 장교와 학사 예비장교, 군장학생 선발 면접 평가 대비
- 「국민체력 100 체력인증센터」의 체력측정

백산서당

프롤로그

『초급장교 선발 면접 특강(ROTC 후보생, 학사 장교, 학사 예비장교, 군장학생)』은 초급장교와 직업 장교(장기복무 장교)를 희망하는 일반대학교의 군사학과 학생과 일반 학생들을 대상으로 하는 면접 교재로서 군사학 총서(叢書) 제8권이다. 주변의 권유로 다른 총서보다 조금 먼저 출간하였다.

육군의 인력획득 구조상 장교단의 순환비율은 정원(46,000여 명) 중에서 매년 15%(6,900여 명)를 순환시키고 있다. 단기복무자가 68%(4,700여 명)로 가장 많으며, 중기(中期) 복무자는 12%(800여 명), 장기복무자는 20%(1,400여 명)이다. 초급장교를 대규모로 선발하기에 우수 인재를 획득하기 위한 노력의 집중은 불문가지다. 2021년 현재 전국의 11개 대학교 군사학과가 육군과 계약(협약)을 체결하였으며, 19개 대학교는 협약을 체결하지 않고 자체적으로 군사학과를 설치하였다. 학군단은 전국 109개 대학교에 설치되어있다. 이들과 함께 다수의 일반 학생들이 장교(ROTC) 후보생과 학사 장교, 학사 예비장교, 군장학생 시험에 지원하고 있다. 최근의 평균 경쟁률은 1~2대 1로서 각자가 준비하는 정도에 따라 당락(當落)이 결정된다고 보면 될 듯싶다.

현재 육군은 군장학생 선발시험 간 1차 필기평가는 종합한 성적 순위에 따라 합·불합격을 결정하고 있다. 장교(ROTC) 후보생은 평가요소별로 획득한 점수를 서열화하여 점수를 부여하는 방식이다. 이후 1차 합격자들을 대상으로 '선발 면접 평가와 체력측정' 등을 진행하기에 면접 비중도 중요할 수밖에 없다. 면접(interview)은 육군이 요구하는 우수 인재상에 적합한 지원자인지, 주변과의 조화가 가능한 인물인지를 식별하는 단계이다. 지원자의 관점에서는 면접관(軍)의 요구 기준과 적성에 최대한 부합하려는 노력의 결정체로 이해하면 될 듯싶다. 면접 단계는 초급장교로서의 인성(人性)과 기초 자질을 선별(選別)하기에 합격을 위한 최종관문(gateway)이라 해도 과언(過言)이 아님을 강조하고 싶다.

손자의 '지피지기(知彼知己)면, 백전불태(百戰不殆)'라는 말과 같이 육군이 요구하는 우수 인재상과 기준이 무엇인지 이해하는 지원자가 희망하는 목적에 한 걸음 더 다가설 수 있다. 교재를 출간한 목적도 해답을 알려주기보다 체계적인 면접 지도가 필요하다는 소명의식의 발로(發露)임을 이해하면 좋겠다. 장기간 신병(훈련병)-후보생-생도를 지도한 경험과

3년 연속으로 군장학생 전국 최우수/최다 합격률을 달성한 지도 교수로서 조금이라도 군사적성을 갖춘 우수한 자원이 초급장교가 되었으면 한다.

육군은 매년 지정된 장소와 공간에서 면접을 진행하고 있으며, 인공지능(AI) 방식을 통해 발전을 꾀하고 있다. 반면에 학습 현장에서 면접을 지도하는 교재나, 관련 자료를 찾기란 쉽지 않다. 학습 현장에서 면접 교육과 실습 지도를 담당하는 교수님들도 직접 경험한 사례는 드물다 보니 군 복무 간 겪은 일반적인 사실에 의존하거나, 암기 위주로 지도하는 데 치우쳐 있다. 학습 현장에서의 변화와 발전이 절실한 부분이다.

육군에서 장교(ROTC) 후보생을 선발하는 면접 방식(기준)과 학사·학사 예비장교, 군장학생을 선발하는 면접 방식은 다르다. 장교(ROTC) 후보생은 학군단에 입단함과 동시에 기초군사훈련을 시작하기에 4개 시험장에서 선발하다가 2020년부터 3개 시험장으로 줄이면서 신체균형과 발성(발음) 등은 통합하였다. 군장학생 선발은 3개 면접장에서 진행하며, 졸업한 이후에 기초 군사훈련을 진행한다. 이처럼 면접 방식의 전반을 이해시키고 면접에 대비할 수 있는 체계 마련이 필요하다.

이 교재는 육군의 인재상과 요구 기준이 무엇인지, 어떠한 방법과 노력으로 준비하여야 현재와 미래 목표에 도달할 수 있는지를 story-telling 형식으로 안내하고 있다. '체력측정' 분야는 「국민체력 100 체력인증센터」에서 측정하기에 평소에 연습하는 방법과 기법(skill)을 포함하였으니, 참고하면 좋을 듯싶다. 준비된 인재가 군(軍)의 존재 의미와 가치를 확산시키는데 조금이라도 더 긍정적인 활력을 불어넣을 수 있다는 기대감이 현실이 되면 좋겠다. 성원해주시는 사)글로벌전략협력연구원, 한국외대 안보협력센터, 많은 조언을 해주신 軍의 선·후배님, 교재 출간에 노력해주신 백산서당에 감사드린다.

고봉산 자락에서

차 례

▷ 프롤로그 · 3

제1장 초급장교 선발 면접의 개관(槪觀)

제1절 초급장교를 선발하는 과정 전반(全般)에 대한 이해 ···11
  1. 개 요 · 11
  2. 장교(ROTC) 후보생 · 11
  3. 학사 장교와 학사 예비장교, 군장학생 · 12

제2절 선발 면접 간 평가하는 요소와 배점 ···14
  1. 개 요 · 14
  2. 장교(ROTC) 후보생 · 14
  3. 학사 장교와 학사 예비장교, 군장학생 · 16

제3절 선발 면접 시 활용하는 각종 측정 도구 소개 ···18
  1. 개요 · 18
  2. 다면적 인성검사(MMPI) · 18
  3. 인공지능(AI) 면접 · 19
  4. 직무 성격검사(JPT) · 21
  5. 인성검사(PI) · 22

제4절 선발 면접 이전에 이해와 준비가 필요한 분야(공통) ···24
  1. 면접관의 성향(character)과 특성은? · 24
  2. 면접의 형태에 의한 분류 · 26
  3. 지원자가 자신의 정보를 객관적으로 준비하는 데 필요한 핵심 Tip · 27
  4. 신체균형과 외적(外的) 자세 · 28
  5. 면접 복장과 용모 · 30
  6. 발표 및 토의 간 자세와 시선(視線)의 처리 · 32
  7. 발음(發音)과 발성(發聲), 성량(聲量)의 처리 · 34
  8. 표준 발음의 필요성과 간결한 답변의 구성 · 35

9. story-telling 형식에 의한 차별화된 답변을 완성 · 36
  10. 지원자가 공통으로 유념할 사항 · 37

제2장 장교(ROTC) 후보생 선발 면접 평가 대비

제1절 개 요 ···41
  1. 총 괄 · 41
  2. 시험장별 통제 및 평가 방식 · 42

제2절 제1 시험장 ··45
  1. 진행 절차와 핵심평가 요소, 행동하는 요령 · 45
  2. 개인 주제발표와 집단토론(소요시간: ±1분 / ±20분) · 49

제3절 제2 시험장 ··86
  1. 진행 절차와 핵심평가 요소, 행동하는 요령 · 86
  2. 네 가지 분야의 평가요소와 답변(대응) 기법 · 90

제4절 제3 시험장 ··102
  1. 진행 절차와 핵심평가 요소, 행동하는 요령 · 102
  2. 여섯 가지 분야의 평가요소와 답변(대응) 기법 · 108

제5절 신체균형과 자세, 발성, 발음, 성량 대비 요령 ·······································118
  1. 개 요 · 118
  2. 진행 절차와 핵심평가 요소, 행동하는 요령 · 118
  3. 두 가지 분야의 평가요소와 답변(대응) 기법 · 121

제6절 최근 3년간 시험장별 주요 질문사례와 특징 ···123
  1. 2학년(사관후보생) 과정 · 123
  2. 1학년(예비후보생) 과정 · 126
  ▷ 장교(ROTC) 후보생 '자기소개서' 작성 예문 · 130
  ▷ 장교(ROTC) 후보생 '잠재역량 평가요소 및 기준' · 131

제3장 학사 장교와 학사 예비장교, 군장학생 선발 면접 평가 대비

제1절 개 요 ···133
  1. 총 괄 · 133
  2. 면접장별 통제 및 평가 방식 · 134

제2절 제1 면접장(개별면접) ··137
　1. 진행 절차와 핵심평가 요소, 행동하는 요령 · 137
　2. 네 가지 분야의 평가요소와 답변(대응) 기법 · 141

제3절 제2 면접장(개인 주제발표와 집단토론) ···151
　1. 진행 절차와 핵심평가 요소, 행동하는 요령 · 151
　2. 개인 주제 발표(소요시간: ±1분 30초) · 156
　3. 집단토론 주제 발표(소요시간: ±15분) · 238

제4절 제3 면접장(인성검사) ··291
　1. 진행 절차와 핵심평가 요소, 행동하는 요령 · 291
　2. 네 가지 문제영역에 대한 예상 질문과 유의사항 · 295

제5절 최근 3년간 면접장별 주요 질문사례와 특징 ··300
　1. 제1 면접장 · 300
　2. 제2 면접장 · 301
　3. 제3 면접장 · 302
　▷ 학사장교, 학사 예비장교, 군장학생 '자기소개서' 작성 예문 · 304
　▷ 학사장교, 학사 예비장교, 군장학생 '잠재역량 평가요소 및 기준' · 305

제4장 「국민체력 100 체력인증센터」의 체력측정

제1절 개　요 ··307
　1. 체력인증센터의 일반현황과 주요 진행 · 307
　2. 선발 과정별 체력평가 적용기준 · 307
　3. 「국민체력 100 체력인증센터」 설치 현황 · 309

제2절 평가 항목(순서)에 따른 핵심 숙달 방법 ···311
　1. 스트레칭: 각 동작을 10초간 유지하고 5회를 반복한다 · 311
　2. 평가항목별 핵심 숙달 방법 · 312

　▷ 에필로그 · 315

　▷ 저자소개 · 317

그림차례

<그림 1-1>	장교(ROTC) 후보생 제1·2차 선발 시 평가요소 및 배점	12
<그림 1-2>	학사 장교와 학사 예비장교, 군장학생의	13
<그림 1-3>	장교(ROTC) 후보생 선발 면접 시 평가요소와 배점(~2019년)	14
<그림 1-4>	장교(ROTC) 후보생 선발 면접 시 평가요소와 배점(2020년)	15
<그림 1-5>	장교(ROTC) 후보생 선발 면접 시 평가요소와 배점(2021년)	16
<그림 1-6>	학사 장교와 학사 예비장교, 군장학생 선발 면접 시 평가요소와 배점	17
<그림 1-7>	AI 면접 절차 및 주요 내용	19
<그림 1-8>	감정 맞추기 표정 예문	21
<그림 1-9>	표준적인 면접 복장과 앉은 자세	30
<그림 1-10>	면접 시 올바른 앉은 자세	32
<그림 2-1>	각 시험장 배치도의 일반적인 사례	44
<그림 2-2>	제1 시험장 내부의 배치 요도	45
<그림 2-3>	제2 시험장 내부의 배치 요도	86
<그림 2-4>	제3시험장 내부의 배치 요도	102
<그림 2-5>	제3 시험장 내부의 배치 요도(~2020년)	118
<그림 3-1>	육군 인재선발센터(선재관)의 위치	134
<그림 3-2>	면접장의 배치 및 내부 구성도	136
<그림 3-3>	제1 면접장 내부 좌석 배치도	137
<그림 3-4>	토론과제 준비실, 복도, 제2 면접장의 내부 배치도	151
<그림 3-5>	제3 면접장의 내부 배치도	291

표차례

<표 1-1> 뇌과학게임 종류	20
<표 1-2> 인재 유형별 특징	23
<표 1-3> 면접관의 시각과 심리적 태도	25
<표 1-4> 면접 형태에 따른 분류 방법	26
<표 1-5> 지원자가 자신을 객관적 측면에서 준비하는 데 필요한 Tip	27
<표 1-6> 면접 복장과 외(용)모를 준비할 때 유념할 사항	31
<표 1-7> 시험(면접)장에서 유의해야 할 자세	33
<표 1-8> 평상시 바른 자세를 유지하는 방법	33
<표 4-1> 선발 과정별 체력평가 적용기준 및 항목에 대한 배점	308
<표 4-2> 건강 체력과 운동 체력 종목을 정리한 도표	308
<표 4-3> 지역별 체력인증센터 설치 현황	309
<표 4-4> 지역별 출장 전담 6개 반 설치 현황	310

제 1 장

초급장교 선발 면접의 개관(概觀)

제1절 초급장교를 선발하는 과정 전반(全般)에 대한 이해

1. 개 요

면접에 들어가기 전에 장교(ROTC) 후보생과 학사 장교, 학사 예비장교, 군장학생의 선발 단계를 설명하고자 한다. 면접 준비에 도움이 될 수 있기에 전반적인 선발평가 요소와 배점에 대하여 알아보기로 하자.

2. 장교(ROTC) 후보생

개인이 획득한 영역별 점수를 평가요소별로 서열화하여 합산한 다음 서열 비율에 따라 점수를 부여하여 순위를 매긴다. 최종 선발 과정에서 동점자가 나오면, 면접-체력-필기-대학성적-수능과 내신성적순으로 하고 있다. 이때 상위 성적자를 우선하여 합격시키고 있다. 이때 잠재역량 가산점을 받을 수 있는 분야는 면접 평가 점수에 합산하지만, 면접하는 해당일에 현장에서만 공개하고 있기에 반드시 확인하여야 한다. <그림 1-1>은 장교(ROTC) 후보생의 제1·2차 선발평가 점수 및 배점이다.

구분		계	1차 선발			2차 선발	
			필기	대학성적	수능·내신	체력검정	면접평가
학군단 (ROTC)	62기	1,000	200	100	200	100	400
	63기	900	250	-	250	100	300

선발 비율

구분	1차 선발	2차 선발	최종 선발
2학년	선발 정원의 200%	선발 정원의 150%	선발 정원 + 예비 포함 130%
1학년			선발 정원(100%)

<그림 1-1> 장교(ROTC) 후보생 제1·2차 선발 시 평가요소 및 배점

특히 2차 면접과 체력측정에서 합격하더라도 선발 정원의 150%에 포함된 것이며, 최종 선발이 되었더라도 예비가 포함된 130% 내에 들어있기에 가능한 높은 성적을 획득하기 위해 노력할 필요가 있다.

3. 학사 장교와 학사 예비장교, 군장학생

학사 장교는 대학 4학년, 학사 예비장교 후보생과 군장학생은 대학 1~3학년에 재학 간 선발하며, 군장학생의 경우 매년 예산 규모에 따라 4학년에 재학 중인 학생도 일부 선발하고 있다. 대학교 성적은 1학년 1학기부터 지원하는 해당 학년의 1학기까지 성적이 반영되며, 학기별 성적은 C 학점(백분율 70%) 미만일 경우 '불합격'으로 처리하기에 학교 성적에도 많은 관심을 기울여야 한다. 또한, 평상시 준비를 잘하면, 잠재역량 분야에서 가산점을 획득할 수 있다. 공인 자격증(전산, 영어, 제2외국어, 한자, 전문자격증, 한국어 능력, 한국사 능력, 무도)과 군사학 이수, 국위를 선양한 각종 대회 입상자, 봉사(희생)·선행(효행) 표창, 병영체험, 학생회 활동 경력 등이다. 이를 통해 가산점 획득이 가능하지만, 세부 항목은 선발 유형에 따라 다시 한번 정확하게 확인할 필요가 있다. <그림 1-2>는 학사 장교와 학사 예비장교, 군장학생의 제1·2차 선발평가 요소 및 배점이다.

구분	계	1차 선발	2차 선발					
		필기	체력측정	면접평가	직무역량		잠재역량	신검·인성검사	신원조회
					대학성적	수능·내신			
점수	100	종합성적 순으로 合·不	20	50	25		5	合·不	적부판정
					1학년(30%) 2학년(40%) 3학년(50%) 4학년(60%)	1학년(70%) 2학년(60%) 3학년(50%) 4학년(40%)			

<그림 1-2> 학사 장교와 학사 예비장교, 군장학생의
제1·2차 선발 시 평가요소 및 배점

장교(ROTC) 후보생 선발 방식과 다르게 학사 장교와 학사 예비장교, 군장학생 선발 단계에서 1차 필기평가 합격자를 발표할 때는 대학성적을 포함하지 않은 필기평가 시험 결과만 합산하여 개인별 성적순으로 발표하고 있다. 대학성적은 2차 선발평가 결과를 발표할 때 포함하고 있다. 따라서 해당연도의 1학기 성적까지 포함하고 있음을 인식하여 대학교의 해당 학기 학점을 취득하는 데도 최선의 노력을 기울여야 한다.

제2절 선발 면접 간 평가하는 요소와 배점

1. 개 요

장교(ROTC) 후보생과 학사 장교, 학사 예비장교, 군장학생을 선발하는 과정의 제2차 선발 면접 평가에 대하여 일반적인 구성 방식과 진행 과정에 대하여 알아보자. 이때 선발 유형에 따라 선발 장소의 명칭이 다소 다르므로 혼란을 빚을 필요는 없다. 명칭일 뿐이기 때문이다. 장교(ROTC) 후보생 선발에서는 '시험장'으로, 학사 장교와 학사 예비장교, 군장학생 선발에서는 '면접장'이라 부르고 있다.

2. 장교(ROTC) 후보생

선발 면접 평가에서 유의해야 할 사항으로는 두 가지로 요약할 수 있다. 첫째, 시험장마다 '합격 또는 재고' 판정이 결정된다는 점이다. 둘째 제3 시험장(종합판정)에서까지 '재고' 판정이 나오게 될 경우, '최종 합격'에 상당한 영향을 초래한다는 점을 정확하게 이해하고 대비하여야 한다. 지금부터는 장교(ROTC) 후보생 선발 간 변화된 시험장의 경과를 이해하고 접근할 필요가 있기에 연도별 시험장의 변화상을 제시하였다. <그림 1-3>은 2019년도까지 구성하던 장교(ROTC) 후보생에 관한 선발 면접 평가요소와 배점이다.

구 분	계	제1시험장	제2시험장	제3시험장	제4시험장
요 소	-	표현력(30) 논리성(30) 사회성(30)	직무적합성(90) · 지원동기, 성장환경, 희생정신 국가관(30) 안보관(40)	신체균형 · 자세, 발성, 발음	종합판정 · 인성, 품성
방 법	-	집단토의 평가	평가자료 확인, 구술평가	행동평가	평가자료 확인, 구술평가
배 점	400	90	160	60	90

<그림 1-3> 장교(ROTC) 후보생 선발 면접 시 평가요소와 배점(~2019년)

장교(ROTC) 후보생은 학사 장교와 학사 예비장교, 군장학생 선발 면접과는 다르게 4개 시험장으로 구성되어 있다. 특히, 제2 시험장은 지원자가 군 관련 직무에 적합한 인성 보유자인지, 의지력(willpower)이나 열정(desire)이 확고한지를 질의응답을 통해 확인하는 과정이다. 아울러 국가·안보관의 개념과 의미에 대하여 어떠한 인식과 태도를 하는지에 대하여 집중적으로 평가하고 있다.

장교(ROTC) 후보생에 합격할 경우 2학년 마지막 동계 방학 때부터 육군학생군사학교(이하 학군교)에서 진행하는 기초군사훈련에 입소하여야 한다. 따라서 제3 시험장은 지원자의 신체의 균형 상태와 발성(發聲), 발음(發音), 성량(聲量) 등을 조금 더 구체적으로 식별하는 과정으로 생각하면 이해가 쉬울 듯하다.

그러나 2020년도부터 4개 시험장이 3개 시험장으로 통합되면서 기존에 별도로 평가하던 제3 시험장의 신체균형과 발성, 발음 등은 각 시험장으로 분산되어 평가하고 있다. <그림 1-4>는 2020년도에 변화된 장교(ROTC) 후보생에 관한 선발 면접 평가요소와 배점이다.

구 분	계	제1시험장	제2시험장	제3시험장
요 소	-	표현력(30) 논리성(30) 사회성(30) • 신체균형	국가관(30) 안보관(40) • 발성, 발음	종합판정 • 인성, 품성
방 법	-	집단토의 평가	평가자료 확인, 구술평가	평가자료 확인, 구술평가
배 점	400	150	150	100

<그림 1-4> 장교(ROTC) 후보생 선발 면접 시 평가요소와 배점(2020년)

2021년도부터는 토론에 주도적으로 참여하는 여부를 추가하였으며, 3개 시험장에서 평가하던 신체균형과 자세, 발성, 발음 등은 그대로 평가하고 있으나, 배점은 구체화하고 있지 않다. <그림 1-5>는 2021년도의 장교(ROTC) 후보생에 관한 선발 면접 평가요소와 배점이다.

구분	계	제1시험장	제2시험장	제3시험장
요소	-	표현력(40) 논리성(40) 토론 참여도(30) 신체균형, 자세(10)	희생·봉사정신(40) 국가관(40) 안보관(40) 발성, 발음	종합판정(60) 인성/품성(합·불) 검사결과(합·불)
방법	-	집단토의 평가	평가자료 확인, 구술평가	평가자료 확인, 구술평가
배점	300	120	120	60
면접관		· 중~대령급 1명, 중~소령급 2명		· 중~대령급 1명 · 중~소령 1명 · 군종장교 1명

<그림 1-5> 장교(ROTC) 후보생 선발 면접 시 평가요소와 배점(2021년)

지원자가 잊지 말아야 할 사실은 신체균형과 자세, 발음, 발성과 성량 등의 문제는 육성 지휘자를 선발하는 과정이기에 시험장의 모든 단계를 거치면서 자연스럽게 확인될 수밖에 없다는 점이다. 따라서 외부적으로 시험장 평가요소에 포함되어 있든, 포함되어 있지 않든 준비하여야 한다. 대충 넘기려고 하다가는 오히려 긍정적이지 못한 이미지를 남기게 됨과 동시에 감점당하기 쉬움을 유념할 필요가 있다. 시험장 주변에 도착하는 순간부터 모든 면접 과정을 종료하고 시험장을 떠날 때까지만이라도 바른 자세와 태도가 가장 중요함을 잊지 않았으면 싶다. 세부적인 내용은 제2장 제5절에서 설명하기로 한다.

3. 학사 장교와 학사 예비장교, 군장학생

선발 면접 평가에서 유의해야 할 사항은 두 가지로 정리할 수 있다. 첫째, 면접장마다 평가항목을 다섯 등급으로 구분하여 구체적으로 평가하게 된다. 4~5등급으로 판정될 경우는 다른 지원자들에 비해 '불합격' 판정을 받게 될 가능성이 상대적으로 크기 때문에 합격하기 위해서는 최소한 3등급 이내로 평가되어야 한다. 둘째, 제3 면접장(인성검사)에서 '재고 또는 부적격' 판정이 나오거나, 인성검사 평가 시 안내하는 방법에 성실하게 따르지 않아, '판정 불가'로 평가되는 경우가 끊이지 않고 있다. 이는 '최종 합격'이라는 목표 달성에 상당한 지장을 초래할 수 있다. <그림 1-6>은 학사 장교, 학사 예비장교, 군장학생의 선발 면접 평가요소와 배점이다.

구 분	계	제1면접장	제2면접장	제3면접장	비 고
요 소	-	인성·사명감, 지원동기, 신체균형, 발성(음), 사회성·성실성	국가·안보관, 역사관, 리더십, 상황판단	인성평가	무단결석 일수 확인 ↓ 고교 출결 자료 확인
방 법	-	개별면접	토론면접 (개별 발표+집단토론)	개별면접	
배 점	50점	22.5(+5)점	22.5점	합·불 판정	5점 (10일 이상 0점)

<그림 1-6> 학사 장교와 학사 예비장교, 군장학생 선발 면접 시 평가요소와 배점

　제1 면접장에서의 평가요소 중 '성실성' 측면에서는 무단결석 일수와 내용 등을 자료를 통해 구체적으로 확인하고 있으며, 필요하면, 고등학교의 출결(出缺) 현황 자료 등을 병행하여 확인하고 있다는 점을 인식할 필요가 있다. 이때 결석일수가 10일 이상이면, 대부분 0점으로 처리하고 있으며, 결석이 없는 지원자보다는 상대적으로 불리하게 평가를 받고 있음이 현실이다.

　제2 면접장은 개인 주제발표와 집단토론 주제발표가 있기에 준비하는 방법과 어떻게 진행하는지에 관한 절차 및 응답 요령을 사전(事前)에 이해하고 대비하여야 한다. 세부적인 내용은 제3장 제3절에서 설명하기로 한다.

제3절 선발 면접 시 활용하는 각종 측정 도구 소개

1. 개요

면접 시 면접관이 지원자를 평가하는 데 걸리는 시간을 알아보자. 개별면접은 ±10분, 토론 면접의 경우 장교(ROTC) 후보생은 ±20분, 학사 장교와 학사 예비장교, 군장학생은 ±30여 분에 걸쳐 진행하기에 아무리 경험이 풍부한 면접관일지라도 지원자의 첫인상을 보고 평가 및 결정하는 오류에서 벗어나기란 쉽지 않다. 이를 보완하기 위해 육군에서는 다면적 인성검사(MMPI)와 직무 성격검사(PI)를 병행하고 있다. 최근 인공지능(AI) 면접 방식을 도입하여 개별면접 간 참고자료로 활용하고 있다.

2. 다면적 인성검사(MMPI)

'다면적 인성검사(MMPI-Minnesota Multiphasic Personality Inventory)'는 1943년 미국 미네소타대학의 심리학자인 스타크 R. 해서웨이(Starke R. Hathaway)와 의학박사인 존 C. 매킨리(John C. McKinley) 연구팀이 공동으로 개발한 인성검사 방식이다. 최초는 정신 병리적 증상을 진단하려고 개발하였으나, 병리적 측면 이외에도 사람의 성격적 특성과 경향을 확인할 수 있기에 성격과 증상의 진단에 가장 신뢰가 높은 도구로 인정받고 있는 검사방식이다. 육군에서는 인재를 선발할 때 조직 적응에 어려움이 나타날 수 있는 성격적 문제나 심리적 부적응자를 찾아냄으로써 발생할 수 있는 문제점을 예방하거나, 최소화하기 위하여 시행하고 있다. 인성검사는 1차 필기평가를 진행하는 3교시에 50분 동안 338문항을 질문하고 답변하는 내용에 대하여 분석하게 된다. 조금 더 구체적으로 설명하면, 스트레스에 대처하는 심리적 태도와 자세, 단체생활에 필요한 사회성(대인관계)과 업무와 관련된 기본적인 적응 능력과 상태 등을 분석하고 5단계 등급(A~I)으로 판정한다. 평가 결과는 제3 면접장(인성검사)에서 활용하고 있으며, 질문항목에 분명하게 응답하지 않았거나, 일관성이 없고, 자신의 모습을 긍정·부정적으로 과장(왜곡)하거나 축소하여 답변할 경우 타당성이 낮다고 평가한다. 결과적으로 검사의 신뢰도에 관한 평가 결과가 낮게 평가되었을 경우는 최종 판정에서도 좋은 결과를 기대할 수 없다. 따라서 인성검사는 필기시험 통제관의 안내에 따라 질문에 따른 자신의 현재 생각을 제시된 항목에 따라 솔직히 선택할 필요가 있다.

3. 인공지능(AI) 면접

'인공지능(AI-Artificial Intelligence)' 면접은 뇌신경과학을 기반으로 하여 지원자의 표정, 음성, 언어, 생리적 신호인 외연적 특질 반응과 내면적 특질인 전전두엽의 기능을 측정하여 과학·객관적으로 분석하는 방식이다.

지원자는 인공지능 면접 준비를 위한 각종 안내 책자와 동영상을 다양하게 접할 기회가 많이 있음에도 대다수는 부담감과 특히 뇌과학게임 단계에서 집중력을 잃고 패닉(Panic, 공황) 상태를 경험하게 된다.

그러나 현재까지는 면접에 참고하는 자료에 불과할 뿐 평가 점수에는 반영되지 않기에 포기하지 말고 집중력을 발휘하여 면접에 응하는 게 적극성과 의지 측면에서 긍정적으로 평가받을 수 있다. AI 면접은 결국 온라인 적성검사과 지원자의 음성(전문적인 어휘력, 감정, 진실 등)과 표정 인식 센서를 이용하여 면접관이 모든 요소를 과학적으로 판단하고 있다고 보면 정확하다. <그림 1-7>은 AI 면접 진행 절차와 주요 내용이다.

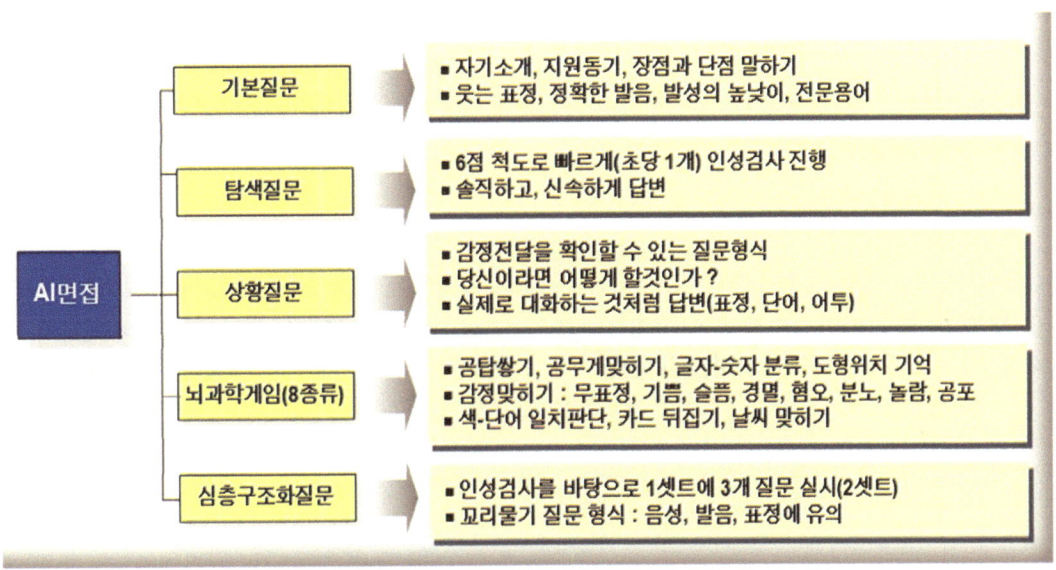

<그림 1-7> AI 면접 절차 및 주요 내용

지원자들이 어렵게 생각하는 뇌과학게임(8종류)은 개발업체(마이다스인, 2020)에서 공개한 「AI 역량검사 백서」를 참고하면 많은 도움이 될 것이다. <표 1-1>은 뇌과학게임 종류를, <그림 1-8>은 감정 맞추기 표정을 간략하게 소개하였다.

<표 1-1> 뇌과학게임 종류

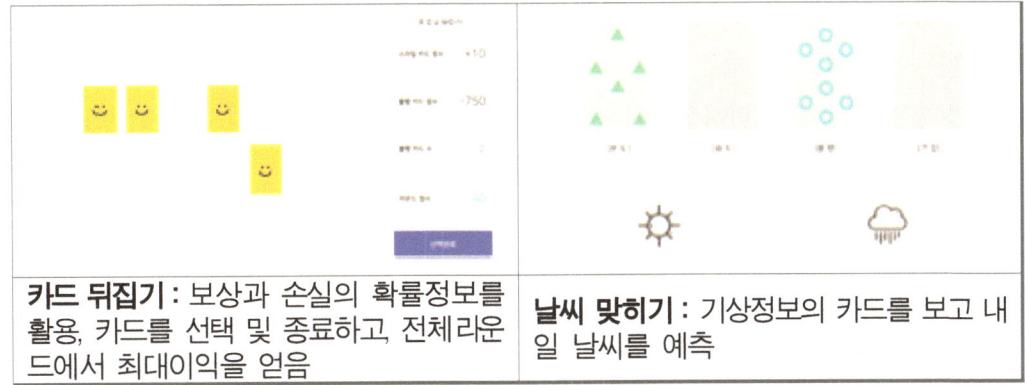

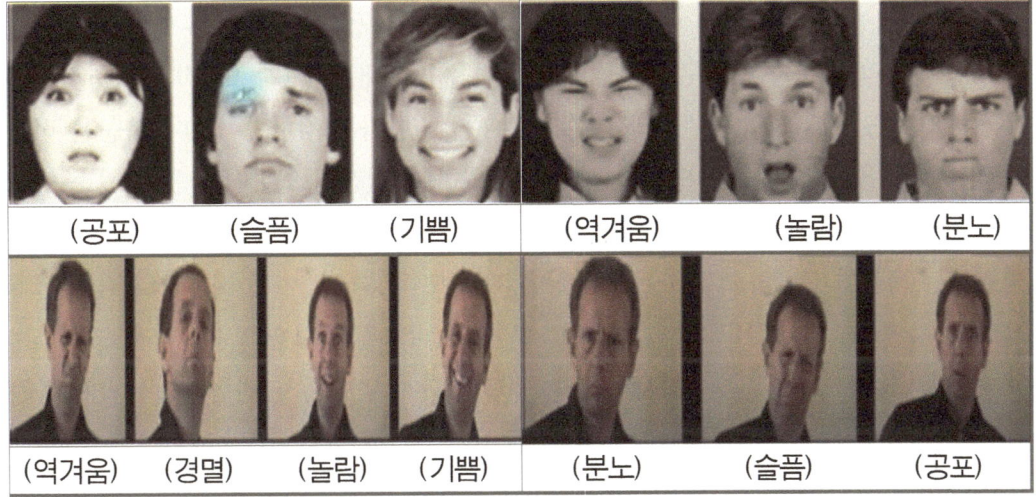

<그림 1-8> 감정 맞추기 표정 예문

4. 직무 성격검사(JPT)

'직무 성격검사(JPT-Job Personality Test)'는 한국국방연구원(KIDA)에서 개인의 역량 및 성격, 특성 수준을 측정하기 위하여 개발한 수단으로 1차 필기평가를 진행하는 2교시에 30분간 180개 문항을 작성하여 평가하고 있다. 이를 분석한 결과를 평가하여 개별면접 시 참고자료로 제공하고 있다. 직무 성격검사를 진행하는 개인 결과표에는 성격 관련 역량의 종합수준과 하위영역별 수준(예: 지휘통솔, 대인관계 등), 6가지 성격[1]과 관련되는 하위

---

1) '6가지 성격'은 ① 정서적 안정성, ② 원만성, ③ 개방성, ④ 성실성, ⑤ 외향성, ⑥ 정직성이다.

요소를 측정한 결과를 매우 낮은 단계로부터 매우 높은 단계인 5단계로 평가하고 있다.

면접관은 이를 참고로 '매우 높은' 수준으로 나온 역량 및 성격 요소에 대해서는 이와 관련된 추가 질문 등을 준비하였다가 면접 간 질의응답을 통해 세부적으로 확인함으로써 지원자의 장·단점과 특성을 파악하는 데 활용하고 있다.

5. 인성검사(PI)

'인성검사(PI-Predictive Index)'[2]는 인재 선발 솔루션(solution)을 제공하고 있는 PMG[3]에서 개발한 인성검사 방법이다. 매일 지원자의 조직 내 행동을 묘사-설명-예측하는 등의 주요 인성(人性)을 예측하는 도구로서 개인의 성격을 나타내는 4가지 요소[4]를 과학적으로 측정하여 조직 및 직무와의 연관성과 적합도 여부를 진단하는 검사방식이다. 육군은 적합한 품성과 자질을 갖춘 탁월한 인재를 선발하기 위하여, 인간의 변하지 않는 내면적 성격 특성을 측정하고, 특정한 직무와의 적합도를 진단하고자 노력하고 있다.

PI 검사는 육군이 선발하고자 하는 인재상을 사전에 작성하고, 이를 지원자의 검사 결과와 일치하는 여부를 확인하고 있다. 따라서 지원자가 바람직한 모습으로 자신을 포장하는 것이 불가능하다고 보면 된다. 검사 결과는 2020년까지 인성검사 면접장에서 진행하는 면접 질문에 활용하였으나, 2021년도에는 PI검사가 제외되었다.

인재 유형의 참조 패턴과 종류는 다양하며, 모험가형, 과학적 전문가형, 창의적 분석가형, 지배형, 전문가형, 권위적 관리 및 영업형, 설득적 관리 및 영업형, 이타적 서비스형, 사교적 흥미형, 판촉형, 근면형, 실무형, 장인형, 학자형, 개인주의형 등이 있으며, 지원자가 스스로 어떤 유형의 인재에 해당하는지를 인식하고 일관성 있게 답변하는 것이 중요하다. <표 1-2>는 인재 유형별 특징을 도표로 정리하였다.

---

[2] '인성검사(PI)'는 개인이 가지고 있는 사고(思考)와 태도(attitude), 행동 특성을 측정하는 검사 방법이다. 이때 행동 특성은 교사 추천서가 폐지되면서 보완적인 역할을 할 수 있는 일종의 추천서라고 생각하면 되지 않을까 싶다. 다시 말해 나눔, 배려, 협력, 리더십, 공동체 의식 등을 기록할 수 있기에 상당히 중요한 요소로 작용하고 있다.
[3] 'PMG'는 'Predictive Management Group'의 약자로서 인재개발 솔루션을 주 업종으로 하는 인재채용, 인재개발, 변화관리, 성장전략 분야에 관한 경영 매니지먼트 회사이다.
[4] '4가지 요소'는 ① 지배성, ② 사교성, ③ 인내성, ④ 형식성이다.

<표 1-2> 인재 유형별 특징

인재유형	주요 특징
모험가(冒險家)	● 능동, 자기동기, 독창, 목표지향, 감정, 독립, 대담, 권위, 혁신
과학적전문가	● 결과, 위험감수, 창의, 분석, 비판, 점검, 높은 기준품질
창의적분석가	● 긴장, 빠른행동, 엄격, 완벽, 과묵, 신중, 준비, 관계규명
지배(支配)	● 매뉴얼, 엄격, 충실, 신중, 보수, 효율성(高), 무뚝뚝, 비판, 지시
전문가(專門家)	● 매뉴얼, 높은 정확품질, 권위, 과묵, 분석, 내성, 진지, 예민, 신중
권위적관리/영업	● 변화, 혁신, 대담, 자신감, 능동, 위임, 긴장, 사교, 시스템
설득적관리/영업	● 따뜻, 매력, 사교, 의사소통, 공감, 설득, 해방, 대담, 자신감
이타적서비스(利他)	● 전문가, 협력, 친화, 개방, 이타, 공감, 외향, 열정, 집중, 효율
사교적흥미(社交)	● 따뜻, 우호, 활발, 외향, 원만, 능동, 협력, 이해, 인내, 성실 등
판촉(販促)	● 외향(强), 설득, 공감, 의사소통, 위임, 자유분망, 격의(無), 도움
근면(勤勉)	● 세밀, 정확, 전문가, 규칙, 협력, 이타, 친근, 익숙한 환경
실무(實務)	● 성실, 인내, 따뜻, 친근, 반복학습, 전문가, 진지, 기대부응
장인(匠人)	● 정밀, 정확, 전문가, 이타, 호의, 비판민감, 솔직, 단도직입, 분석
학자(學者)	● 주도면밀, 정확, 신중, 정밀, 과묵, 내성, 분석, 상상, 권위, 지시
개인주의(個人)	● 독립(强), 다재다능, 저항, 대담, 목표지향, 권위, 지시, 의지(强)

제4절 선발 면접 이전에 이해와 준비가 필요한 분야(공통)

1. 면접관의 성향(character)과 특성은?

'면접관'에 관한 일반적인 인식의 이해

일반적인 의미에서 '직업군인'이라고 하면, '평생을 軍에 봉직(奉職, 공직에 종사)하고 있는 전문직업군인'을 뜻한다. 제2차 세계대전을 거치면서 이들의 개념은 다양하게 변화하였다. 군사적 측면에서는 기술혁신(RMA: Revolution in Military Affairs)으로 이전까지와 전혀 다른 새로운 전문지식 분야가 많이 생기면서 직업군인도 다양한 기능으로 변화하고 있다. 한국군은 장기복무 장교와 준사관, 부사관을 직업군인으로 부르고 있다.

장교 선발 면접에 관여하는 면접관들은 대다수 전문직업 장교로 10년 이상 군 복무를 하였다는 점이다. 특히, 수년째 같은 업무를 담당하는 경우가 많다. 이들의 특징은 전형적인 군인 말투와 특이한 군대 억양이다. 사용하는 문장도 "~다.", "~나", "~까?" 등으로 맺기에 지원자들에게는 매우 딱딱하고 사무적인 말투로 들리면서 괜스레 긴장하거나, 주눅이 들게 한다. 이러한 심리적 압박감은 지원자의 목소리를 잠기게 만들고, 자신감은 떨어지게 하여 질의응답 과정에서 말을 매끄럽지 못하게 하거나, 흐려지게 하는 결과를 가져오기도 한다.

면접관은 지원자의 자신감이 떨어지는 음색 구간과 말을 더듬는 현상, 쳐다보지 못하고 회피하는 시선, 혀짧은 소리, 심한 사투리와 격음화 현상, 어조가 불분명하거나, 자신의 의견이 불명확한 지원자들을 짧은 시간 내에 걸러낸다. 그 이유는 간단하다. 용사들을 육성(肉聲)으로 직접 지휘해야 하는 초급장교를 선발하는 과정이기에 목소리가 우렁차고도 분명해야 하기 때문이다. 또한, 야전부대에서 근무 간 짧고 간단명료하며, 정확한 단어를 구사할 수 있어야 구성원들에게 쉽게 전달할 수 있고, 쉽게 이해하게끔 할 수 있다.

면접관은 지원자가 응답하는 문장의 구성과 내용 등을 통하여 능력과 경험, 인성 등을 평가하게 된다. 이를 위해 인상, 표정, 자세, 시선, 목소리는 물론 특히 면접관의 그간 경험과 관점으로 평가하기 때문에 이들에 대하여 이해하고 준비하는 과정이 반드시 중요하다.

장교(ROTC) 후보생의 경우 면접관으로 선발하는 대상자는 육군학생군사학교 및 전국에 있는 대학교(학군단)에 근무하고 있는 학군단장(선임훈육관)들이다.

학사 장교, 학사 예비장교, 군장학생의 경우는 육군본부 및 예하 부대에서 인사 분야에 근무하는 담당자를 우선으로 선발한다. 대부분 10년 이상 복무한 소령~대령 계급까지를 대상으로 편성하나, 인성검사 면접관은 전문성을 고려하여 대위~중령 계급까지의 군종장교(목사, 신부, 법사)로 편성하고 있다.

학사 장교, 학사 예비장교와 군장학생 면접관은 대부분 소속된 부대의 상위 10% 그룹에 해당하는 최고의 인재들로 편성하며, 책임의식과 자부심이 남달리 강하다. 특히 이들은 면접에 관하여 교육을 받은 전문면접관들로서 1년 이상의 면접 경험이 있는 장교들이다. <표 1-3>은 면접관의 시각과 이들이 가지고 있는 심리적 태도를 정리하였다.

<표 1-3> 면접관의 시각과 심리적 태도

- 자신과 비슷한 사람(외모, 생각, 언어 등)을 찾는다.
- 함께 근무할 부하 장교를 선발한다는 자부심에 사명감이 높다.
- 능력보다는 성실성을 더 높게 평가한다.
- 대부분 보수적 사고로 평범함과 편안함, 조직지향적 관점이 높다.
- 달변(達辯)보다는 차분함과 자신감, 의지, 배려심을 더 평가한다.
- 핵심사항을 결론부터 간략하게 전달받는 데 익숙하다.
- 화려함보다 전투복 색상과 유사하거나 단색에 더 편안함을 느낀다.
- 부하들에 대한 다양한 면접 경험으로 진솔한 대화에 익숙하다.

2. 면접의 형태에 의한 분류

<표 1-4>는 면접 형태에 따라 분류하는 방법이다.

<표 1-4> 면접 형태에 따른 분류 방법

구 분	① 개별면접(주제발표)	② 집단면접(토론)
형 태	지원자와 면접관이 1:1 방식으로 하는 인터뷰	특정한 시험(면접)장에서 ±6명으로 편성한 각 조 단위 지원자들과 면접관이 동시에 인터뷰를 진행

① 개별 면접(발표)의 목적은 지원자가 초급장교에 부합하는 기초적인 자질과 긍정적인 인성을 보유하고 있는지 확인하기 위함이다. 장교(ROTC)후보생 지원자들은 면접관이 통제하여 질의응답으로 진행하면서 적성이 맞는지를 평가하고 있다. 학사 장교와 학사 예비 장교, 군장학생 지원자들은 면접관이 적성에 맞는지 확인하여 선발하는 기본적인 과정으로 이해하면 될 듯싶다.

   * 개인 발표에 허용하는 시간은 ±1분이기에 여기에 맞는 예상 답변 내용을 사전에 요약하여 정리 및 발표할 수 있어야 한다. 즉, 1~2개 패러그래프(文段)[5]를 이용한 핵심 단어와 문장으로 정리하는 습관을 갖추면 효과적일 것이다.

② 집단면접(토론)의 목적은 조별로 편성된 ±6명의 지원자가 지정된 한 공간에서 동시에 여러 사람과 어떻게 대화를 진행해 나가는지를 검증하는 가운데 면접관이 상대 평가로 진행하게 된다. 면접관의 혹시 모를 개인적 편견을 예방하여 이로 인하여 발생할 수 있는 부정적인 영향을 최소화하기 위한 과정이다.

   * 집단토론에 허용하는 시간도 ±1분의 여유가 있기에 여기에 맞게 핵심 내용 위주로 요약 및 정리하여 발표할 수 있게 준비하여야 한다.

---

[5] '패러그래프(文段)'는 '글에서 하나로 묶을 수 있는 짧막한 문장'을 뜻한다. 지원자가 질의응답을 하는 과정에서 지원자 자신이 무슨 말인지도 모를 정도로 장황하게 풀어쓰지 말고, 내용에 따라 구분하되, 핵심적인 단어 위주로 묶어 발표할 내용을 일목요연하게 정리하라는 의미로 보면 된다.

3. 지원자가 자신의 정보를 객관적으로 준비하는 데 필요한 핵심 Tip

<표 1-5>는 지원자가 자신의 정보를 객관적 측면에서 준비하기 위해 꼭 알고 접근하여야 할 핵심 팁(Tip)이다.

<표 1-5> 지원자가 자신을 객관적 측면에서 준비하는 데 필요한 Tip

구 분	① 업무적 측면	② 문화적 측면	③ 제3의 측면
형 태	기초적이고 시사성 있는 지식(knowledge)과 기술(skill), 장교에 대한 인식(사고방식)과 실천능력, 문제의 해결 능력 등	국가·안보·가치관, 도덕·성실·도전·창의성, team-work 능력, 진정성 등에 대한 수준 등을 개성 있게 정리	외모(용모)와 자세(attitude), 친근감과 신뢰성, 타 지원자에 비교시 긍정적인 강점 등

특히 초급장교를 희망하는 지원자들이기에 초급장교로서 갖추어야 할 기본적인 예절과 태도는 상당히 중요하게 인식하고 있다. 이는 다양한 단계에서 접하게 되는 면접관과의 직·간접적인 접촉과 질의응답 형식을 통해 진행하는 관찰 방식을 통해 평가받게 된다. 상대에 대한 존칭과 경어(敬語, 높임말)의 사용이 어설프거나, 언제 사용해야 하는지를 잘 이해하지 못하는 지원자, 응답하는 과정에서 불성실하거나, 부정·비판적인 태도를 고수(固守)하는 지원자, 질의응답을 진행하는 과정에서 쉬지 않고 다리를 떨거나, 이상하다는 반응 또는 표정을 보인 이후에도 무의식적으로 이상한 몸동작을 계속하는 지원자, 몸을 가만히 있지 못하고 반복적으로 과도하게 움직이는 지원자 등은 어떠한 면접관에게도 긍정적으로 평가를 받기가 어렵다는 점을 처음부터 유념하고 좋지 않은 습관 등에 대하여 대비할 필요가 있지 않나 싶다.

이를 위해 ① '업무적 측면'에서 면접관이 알아듣기 쉽게 기초적이면서도 최근의 시사적이고 이슈화되어있는 뉴스 또는 사례, 지원자가 가지고 있는 장교에 대한 인식(사고방식)과 장교가 되었을 때 할 수 있는 구체적으로 수립한 목표나 실천계획, 유형화할 수 있는 노력의 정도를 제시하거나, 직접 체득한 문제 해결 능력 등이 돋보이도록 준비할 필요가 있다.

② '문화적 측면'에서 지원자 본인이 가진 생각 또는 추구하는 국가관과 안보관, 평상시 국가와 사회를 바라보는 가치관, 도덕성과 성실성, 창의적인 도전정신, team-work 또는 팀플(조별 과제) 수행 능력과 성과, 진정성을 당당하게 표출할 수 있는 내용이나 실적 등을 세심하게 준비할 필요가 있다.

③ '제3의 측면'에서 면접관이 바라볼 때 긍정적인 시각으로 Image-making이 될 수 있는 외모(용모)와 외적 자세(attitude)를 갖추면 긍정적인 반응을 얻을 수 있으며, 대화하는 억양과 발성(발음)에서 친근감과 신뢰를 심어주는 대화의 기술, 긍정적인 강점 등을 잘 구분하여 상징적으로 표출할 필요가 있다.

4. 신체균형과 외적(外的) 자세

중국 당나라에서 관리를 채용할 때 기준으로 삼은 네 가지 요소는 '신언서판(身言書判)' 이다. 뜻을 그대로 해석하면, '잘 생기고(身), 말 잘하고(言), 글 잘 쓰고(書), 사리판단(判)을 똑바로 하는 사람'을 뜻한다. 한국을 비롯한 동양의 여러 국가에서도 관리를 채용하는 기준으로 삼고 있다. 현대 사회도 이를 넘어서지 않는다고 보면 될 듯싶다.

먼저, 첫인상(身)이 좋아야 호감도가 높아진다는 점은 당연하다. 둘째, 말(言)하는 재주가 좋은 데다 위트(wit)까지 있으면, 금상첨화다. 셋째, 앞의 사항에 해당하지 않더라도 글(書)을 조리 있게 잘 쓰면 된다. 글 쓰는 능력은 숙달하는 노력 정도에 따라 달라질 수 있기

신체 균형과 외적(外的) 자세

때문이다. 마지막으로 사리판단(判)을 들 수 있다. 여기에서 가장 처음에 나오는 요소는 '신(身)'이다. 말 그대로 '생긴 외양(外樣)과 균형이 잡힌 자세'를 의미하고 있다.

초급장교는 외적으로 풍기는 기본자세와 품위를 유지할 수 있는 기초 자질을 갖춘 인재를 선발하되, 부적격자를 식별하여 배제하는 데 있다. 장교는 부대원들 앞에서 육성으로 지휘해야 하는 위치이기에 외형적으로 보이는 균형 잡힌 자세가 대단히 중요하다. 외형적인 모습과 자세를 통해 지원자의 성격과 행동 습성은 면접하는

과정에서 바로 느껴질 수 있다. 이는 수많은 지원자를 대상으로 면접을 해 온 전문면접관 특유의 감각적 능력에서 나온 산물임을 이해하고 접근할 필요가 있다.

면접관으로서 임무와 역할을 맡아 진행하다 보면, 제일 먼저 지원자의 얼굴 모양과 키, 몸무게 등을 마주하게 된다. 이때 약 2~3초 정도면 지원자의 장교 적격 여부를 대충 가늠할 수 있게 되고, 지(知)·언어적 능력, 심리적 상태는 질의응답을 통해 바로 확인할 수 있다. 이러한 과정을 거치다 보면, 대다수 처음에 지원자에게서 느껴지는 생각과 실제가 크게 차이가 없음을 느끼게 된다.

이때 유념해야 할 점은 연도별 선발 면접 계획에 변화가 다소 있다는 점이다. 따라서 일반적으로 장교(ROTC) 후보생 선발 면접 과정에서 신체균형과 자세 등을 평가하는 시험(면접)장을 별도로 설치하여 구성하는 때도 있고, 학사 장교와 학사 예비장교, 군장학생의 경우와 같이 통합하여 어느 특정 시험(면접)장에서 통합하여 진행하는 때가 있다.

그러나 지원자의 처지에서는 통합하든, 분리하든 평가를 받아야 하기에 신체균형과 자세를 어디선가는 한다는 사실만 기억하고 준비하면 그뿐이지 통합하거나, 분리한다고 하여 면접을 준비하는 데 별반 차이는 없다. 따라서 지원자는 면접관이 요구할 때 또는 자연스럽게 자신의 평상시 신체균형과 외적 자세를 보이며 단순하게 면접에 응하면 그뿐이다. 이를 두고 고민할 필요가 없다는 뜻이다. 따라서 어느 시험(면접)장에서 무엇을 할 것인가는 크게 동요할 필요가 없음을 강조하고 싶다.

소결론적으로 지원자의 기본적인 신체균형 상태와 외적(外的)으로 보이는 본인의 자세를 통해 면접관은 날카로운 안목으로 장교가 지녀야 할 기본자질과 외적 자세를 평가하고 있다는 점을 염두에 두어야 한다. 즉, 평소에 자신의 신체적 균형과 외적으로 보이는 자세, 태도가 긍정적으로 작용하도록 자연스러운 분위기를 형성하는 데 노력하여야 한다. 이는 각종 면접(interview)에 응할 때도 유용하게 접목할 수 있을 것이다.

5. 면접 복장과 용모

　면접 복장은 별도의 제한을 두지 않지만, 대다수 지원자가 캐쥬얼한 정장으로 참석하기 때문에 깔끔한 정장(또는 캐쥬얼한 복장)과 구두를 착용하는 것이 무난하다. 색상은 검정 계통의 단색정장과 구두를 신고 넥타이를 매는 것이 면접관에게 단정하고 통일된 제복의 느낌을 주기 때문에 동질감에서 오는 긍정적인 첫인상의 효과를 얻을 수 있다. 그러나 모든 면접관이 같은 반응을 보이지 않는다는 점도 염두에 두었으면 한다.
　복장을 착용할 때는 몸의 균형을 표현하되, 전체적으로는 날카로움보다 부드럽고 여유가 있는 편안한 모습으로 보이도록 노력함이 바람직하다. 과거에는 제복을 입는 학과(학생)의 경우 제복을 착용하고 참석하였으나, 긍정적인 반응을 얻지 못한 경우가 많이 있다. 최근엔 블라인드(Blind) 면접 방식을 적용하고 있기에 제복을 착용하는 자체가 불가능하다.
　지원자가 거주하는 지방자치단체별로 확인하여 보면, 청년취업을 장려하기 위해 '청년 면접 수당(예: 경기도 21만 원)'을 지급하거나, 면접할 때 '정장을 무료로 대여'하는 제도를 시행하고 있기에 이를 활용하면, 면접 준비에 도움이 될 것이다. 또한, 제복을 입은 지원자는 제복에 부착된 명찰과 학교(학과) 표식 등을 모두 제거할 경우 정장을 입는 효과도 거둘 수 있다. <그림 1-9>는 면접 복장으로 앉은 자세이며, <표 1-6>은 면접 복장의 착용과 용모 준비를 위해 유념할 사항을 정리하였다.

<그림 1-9> 표준적인 면접 복장과 앉은 자세

<표 1-6> 면접 복장과 외(용)모를 준비할 때 유념할 사항

구 분		주 요 내 용
면접 복장	남학생	● 체형에 따라 조금 넉넉한 품의 정장을 선택하라! ● 체형보다 과도하게 작은 복장은 피하라! ● 넥타이는 청색계열 바탕에 흰색의 작은 도트(물방울무늬)나, 사선 무늬를 선택하라! ● 앉은 자세에서 맨살이 보이지 않도록 검정색의 긴 목 양말을 착용하라! ● 구두는 끈이 있는 뾰족하지 않은 일반적 모양이나 단색을 착용하라! ● 운동화를 착용할 때 청결에 유의하라! * 검정색 운동화라도 먼지, 흙은 깔끔하게 제거
	여학생	● 가벼운 색상, 얇은 느낌의 복장이나 높은 구두는 피하라! ● 치마의 길이는 무릎 중간 정도로 적당한 길이를 택하라! ● 슈트는 직선형 라인이 단정하고 좋게 보임을 명심하라! ● 블라우스는 단색계열이나 재킷과 비슷한 색을 착용하라! ● 스타킹은 올이 나가지 않은 살색을 착용하라! ● 평상복(바지 포함) 착용 시에는 신체의 균형을 유지하는데 중점을 두어라!
외(용)모	남학생	● 이마가 드러나는 깔끔한 스포츠형으로 하라! * 염색, 탈색, 펌(파마머리) 모양은 지양(止揚) ● 양쪽 귀는 외부로 드러나도록 머리 모양을 정리하라! ● 면도하여 깨끗한 피부를 유지하되, 구레나룻은 길지 않게 정리하라! ● 특정 손톱이 길지 않도록 정리하라!

	여학생	● 앞머리는 이마와 귀를 가리지 않는 스타일로 정리하라!
		  * 염색, 탈색한 모양은 지양(止揚)
		● 긴머리는 하나로 묶든지, 단발·쇼트커트는 단정하게!
		● 과하거나 진한 메이크업이 되지 않도록 유의하라!
		  * 연한 색상의 립밤
		● 손톱은 짧게, 매니큐어는 투명 또는 연한 색을 발라라!

6. 발표 및 토의 간 자세와 시선(視線)의 처리

　대다수 지원자는 선발 면접 평가가 단순히 각 시험(면접)장에 들어서는 순간부터라고 생각하게 된다. 그러나 근처에 도착한 순간부터 시작된다고 보는 것이 정상적이다. 왜냐하면, 인근 식당과 인도(人道)에서 걸어가는 모습, 시험(면접)장에 도착하여 안내 요원의 통제, 대기실 및 복도에서 행동(태도) 및 대화, 화장실을 사용하는 가운데 면접관과 접촉할 수 있기에 마음과 자세를 항시 단정하게 갖추고 준비하는 자세가 되어야 한다.
　시험(면접)장 대기실(복도)에서는 예상 질문과 답변을 머릿속으로 그려보는 시간을 갖는 게 바람직하며, 간혹 공간의 구조상 시험(면접)장 내부에서 들리는 대화를 듣기 위하여 행동하는 비정상적인 활동은 바람직하지 않다.
　시험(면접)장에 들어서면 면접관은 지원자의 긴장을 해소해 주기 위하여 가능한 편안한 마음을 갖도록 유도하지만, 면접을 종료할 때까지는 바르게 앉아 있는 자세를 유지하는 것이 바람직하다.
　시험(면접)을 진행할 때 가장 핵심적인 요소는 자신감과 여유 있는 자세(눈빛)로 자기 의견을 정확하게 전달하는 모습이 필요하다. <그림 1-10>은 바르게 앉아 있는 자세이고, <표 1-7>은 시험(면접)장에서 발표 및 토의 간 유지해야 할 자세를 정리하였다. <표 1-8>은 평상시 바른 자세를 유지하는 방법으로 참고하면 좋을 듯싶다.

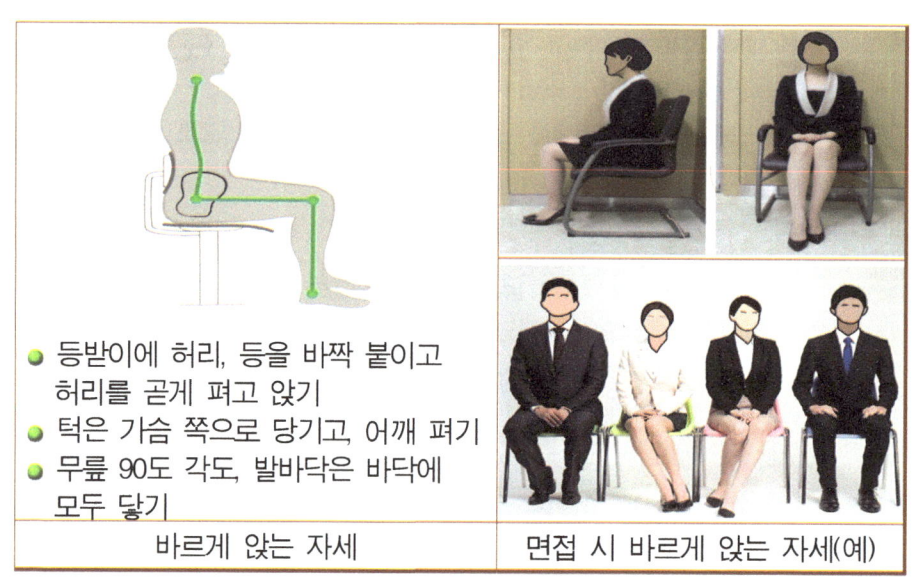

<그림 1-10> 면접 시 올바른 앉은 자세

<표 1-7> 시험(면접)장에서 유의해야 할 자세

- 시험(면접)장 근처에 설치된 흡연 장소를 준수
  * 될 수 있는 대로 금연을 권장
- 앉은 자세에서 무의식적인 습관을 최소화
  * 다리 떨기, 손 만지작만지작, 손톱 뜯기, 머리·코·귀 수시로 만지기, 발끝으로 바닥 치기, 몸을 좌·우로 흔들기 등
- 복도에서 동료 지원자와 큰 소리로 대화(對話), 비속어나 욕설 금지
- 시험(면접)장의 대화 내용을 듣기 위해 출입문에 밀착하는 행위 금지
- 토론 면접 간 다른 지원자가 발표할 때 면접관을 의식한 행동 및 시선
- 다른 지원자가 발표할 때 집중하지 않고 자신의 발표만 준비하는 태도
- 탁자에 팔꿈치를 올려놓거나, 팔짱을 끼는 행동

<표 1-8> 평상시 바른 자세를 유지하는 방법

- 몸에 힘을 뺀 상태에서 차렷 자세로 뒷몸을 완전히 벽에 밀착
  * 뒷머리, 어깨, 엉덩이, 발뒤꿈치를 벽에 밀착시키는 자세
- 양손을 펴서 손바닥을 벽에 밀착
  * 벽을 침대로 가정하고, 서서 있는 상태에서 누운 자세로 생각
- 전신 거울 앞에서 양쪽 어깨의 높이가 같은지 확인
- 3분 정도 눈을 감고 자세 유지, 양손을 바지의 옆선 위치에 내리고, 턱은 약간 아래로 당긴다.
  * 뒷머리와 벽 사이는 1~3cm 공간을 유지
- 한 발짝만 앞으로 이동하여 몸이 바른자세 형상을 기억하도록 반복한다.

* 출처: 정연아 이미지컨설턴트협회장, "품격있는 바른 모습이 '당락' 좌우," 『국방일보』, 2021. 2. 6.

7. 발음(發音)과 발성(發聲), 성량(聲量)의 처리

지원자들도 느끼겠지만, 평상시 대화를 할 때 가늘거나, 갈라지는 음색을 대하면, 썩 긍정적이거나 친화적인 느낌이 들지 않음을 느낄 수 있을 것이다. 특히 야전부대에서 직접 육성(肉聲)으로 지휘해야 하는 초급장교의 경우 짧고 정확한 발음과 단어를 구사하여야 전달하기도 쉬울뿐더러 부하들이 쉽게 알아들을 수 있기에 말하는 능력은 초급장교에게 가장 기본적으로 요구되는 능력이다.

따라서 자신감 있게 말하기 위해서는 일단 목소리(聲量)부터 우렁차고 커야 한다. 이를 위해 평상시부터 아랫배에 힘을 주고 "차렷-열중쉬어-뒤로 돌아" 등의 구령 연습을 하거나, 국기에 대한 맹세, 또는 평소 혼자서 책을 크게 읽는 연습 등을 하게 되면, 의외로 도움이 많이 됨을 느낄 것이다. 지원자의 목소리가 우렁차고 크면, 자신감과 더불어 부대(병력)를 지휘할 수 있는 기본 능력을 갖추고 있다는 점에서 장교 선발 면접 간에도 좋은 평가를 받기 마련이다. 또한, 문장을 조리 있게 구사하는 능력(speech)도 첫인상을 긍정적으로 결정지을 수 있기에 중요하다.

좋은 목소리를 내는 다섯 가지 요소는 목소리의 '크기', '빠르기', '높낮이(tone)', '엑센트(accent)', '호흡'이다. 다시 말해 목소리가 너무 높고 강하거나, 너무 작아도 상대에게 긍정적인 호감을 주기는 어렵다. 아울러 목소리 톤(tone)이 지나치게 높거나, 날카롭게 들리거나, 속도가 빠르게 되면, 말하는 사람도 듣는 사람도 빨리 지치게 됨을 인식하여야 한다. 따라서 말할 때는 습관적으로 복식(腹式)호흡[6]을 하면서 핵심적인 내용에는 엑센트(accent)를 주는 습성을 익혀야 한다. 이는 일반 면접을 할 때도 유용하게 적용할 수 있을 것이다. 이렇게 숙달한 다음 발성을 연습하게 되면, 상당한 성과를 달성할 수 있다.

소결론적으로 말 속도를 조절하지 못하고 숨도 쉬지 않은 채 답변하거나, 문장을 맺고 이어나가지 못하거나, 책을 읽듯이 억양의 고저(高低)가 없거나, 단어의 사용이 미숙한 사례 등은 사전에 개선하여야 한다.

---

[6] '복식(腹式)호흡 훈련법'은 ① 한 손은 가슴 위에 두고 다른 한 손은 배 위에 올려놓는다. ② 코로 숨을 천천히 들이마시면서 배를 서서히 부풀어 오르게 한다. ③ 숨을 내쉴 때는 들이마실 때보다 2배 정도는 더 길게 더 천천히 내뱉어야 한다. 훈련은 서 있거나, 앉아 있을 때나, 누워 있을 때도 실시할 수 있으며 반복하면, 생각보다 쉽게 습득할 수 있다.

8. 표준 발음의 필요성과 간결한 답변의 구성

초급장교 선발 과정은 전국의 4년제 대학교에 재학하고 있는 학생 전원을 대상으로 하고 있기에 일부 지원자가 지역 사투리를 사용함은 지극히 당연한 환경이다. 선발 면접을 진행하다 보면, 모두 그렇지는 않지만, 일부 억양이 센 지원자의 경우 너무 센 억양을 강하게 표현하다 보니 질문을 하는 면접관이 지원자의 말을 알아듣기 어려울 때도 가끔 있다. 그렇지않아도 같은 과정과 내용을 계속 반복하면서 피로가 누적된 면접관은 심리적으로 거부감과 피로감을 느낄 수 있다. 이때 지원자가 면접관을 피로하게 만드는 당사자가 될 필요는 없지 않나 싶다. 가능하다면, 표준 발음을 구사하도록 노력하는 것이 사회생활을 할 때도 성공하는 know-how의 하나일 수 있다. 예를 들면, "~예", "~더", "~유", "~께", "~노"로 끝나는 사투리 등은 답변을 준비하는 과정에서 표준말로 잘 다듬을 필요가 있다.

면접관의 질문에 답변하는 방법에서도 핵심을 간략하게 정리하여 설명하는 요령이 중요하다. 장황하게 설명하다 보면, 결론을 짓지도 못한 상태로 주어진 시간이 끝나 버리거나, 사족(蛇足, 쓸데없는 말)이 길어져 본질에서 벗어나기 마련이다.

군대에서 답변하는 요령이자 특성은 결론부터 먼저 말한다는 점을 이해하고 접근할 필요가 있다. 즉, 답변할 때 지원자가 생각하는 답(결론)을 먼저 얘기한 다음 간략한 설명을 곁들이면 상당히 긍정적인 평가를 끌어낼 수 있다. 예를 들면, 면접관이 "존경하는 인물에 관하여 얘기하여 보시오."라고 했을 때 A 지원자는 "예. OOO을 존경합니다. 그 이유는~", B 지원자는 "예. OO에서 태어났으며, ~하였고, ~하였으며, ~와~를 하여 국가를 위해 헌신하셨다고 생각하였기에 OOO을 존경합니다."라고 답변했다고 해보자. 지원자가 면접관의 입장이라면 A, B 중 누구에게 호감을 표현할지는 쉽게 알 수 있다.

소결론적으로 질문에 대한 답(결론)을 먼저 말한 다음 몇 줄 이내로 간략하게 문장을 정리하여 설명하는 방법을 연습하게 된다면, 다른 면접에서도 호평(好評)을 받게 될 것이다.

9. story-telling 형식에 의한 차별화된 답변을 완성

각종 면접에서 공통으로 적용되는 것이지만, 지원자가 어떤 사람인지를 외(용)모와 목소리를 통해 면접관(상대)에게 먼저 어필(appeal)할 능력이 있어야 한다. 이때 1분 남짓한 발표 기회를 활용하여 초급장교에 특화된 강점과 적성(適性)에 부합하는 인재라고 조리 있게 설명할 수 있어야 함은 기본적으로 갖추어야 할 덕목이다. 다시 말해 처음의 1분여간에 걸쳐 발표하는 자기소개와 관련한 준비 수준은 면접에서 상당한 영향을 끼친다. 이때 호감도가 낮아지거나, 평이하게 평가된다면, 결과는 긍정적이지 않을 수 있다.

면접관의 관점에서 접근하여 보자. 수많은 지원자를 면접하다 보면, 대다수 복장, 머리 모양, 스펙(spec) 등이 비슷하기 마련이다. 특별하게 호감(인간적인 매력)을 느끼는 경우는 지원자 스스로가 story-telling으로 자신의 얘기를 침착하고 당당하게 풀어내는 경우다. 그만큼 대충 교과서처럼 외워서 발표하는 내용은 전문면접관들에게는 통하지 않는다는 방증(傍證)이다. 학생들의 경우는 대다수가 비슷한 스펙(spec)을 가지고 있다. 다른 지원자들이 이구동성으로 외워서 발표하는 자기소개와 발표하는 형식에서 벗어나야 한다. 최근 스펙을 중요시한다고 하니 외형적으로 드러나는 스펙을 만들기에만 집중할 뿐 정작 그 경험과 내용은 잘 모르고 답변하는 사례가 많이 발생하고 있다. 이는 자신이 평범한 존재임을 나타낼 뿐 면접관에게 호감도를 높일 수는 없음을 명심하여야 한다.

일반적으로 'story-telling'이라고 하면 너무 부담스럽게 거창하게 접근하는 사례가 많이 있다. 특히 지원자는 학생으로서 관련 기회를 접할 기회가 많이 없기에 상당한 부담으로 작용할 가능성이 크다. 하지만 그렇게 부담을 갖거나, 어려워할 필요는 없지 않나 싶다. 학생들을 지도하는 과정에서 보면, 초기에는 소수의 학생이 접근하는데 어려워하기도 하지만, 오히려 그냥 생각 없이 말로 하던 초기에 비해 이야기하는 식으로 상대와 소통(communication)하니까 훨씬 대화 전개가 수월해졌다는 말들을 확인할 수 있기 때문이다.

'story-telling'은 지원자가 살아오는 과정에서 행복했던 일, 즐거웠던 일, 슬픈 일, 좌절을 극복한 일 등 여러 가지의 사례 중에서 핵심적인 하나의 단어, 즉, '행복' 또는 '즐거웠던' 또는 '슬펐던' 또는 '극복'을 key-word로 정한 다음 그 내용을 상대(면접관)가 이해하고 감동할 수 있도록 조리 있게 잘 엮어 나가는 것을 뜻하기 때문이다.

이때 유의할 점은 '시간(time)'이다. 면접 시간은 대다수 1분 내외로 제한되어 있기에 "주어진 시간은 절대 초과하지 말라!"라고 조언해주고 싶다. 임팩트(impact) 있게 짧고 간결하게 정리한 문장으로 자신을 나타내야 한다. 이렇게 숙달하면, 아무리 짧은 시간이 주어지더라도 주어진 시간 내에 정리된 답변을 할 수 있다. 이와 동시에 면접관의 호감 어린 질문도 더 많이 끌어낼 수 있기에 지원자가 자신의 강점과 호감도를 더욱 끌어올릴 기회도 그만큼 늘어날 수 있음을 명심하자.

소결론적으로 이러한 지원자의 노력과 의지는 면접관의 호감도를 높이게 되며 평가에 상당히 유리한 위치를 선점할 수 있게 만든다. 즉, 면접에서 성과를 달성하려면, 지원자 고유의 story-telling을 가지고 있어야 한다.

10. 지원자가 공통으로 유념할 사항

첫째, 수험표 이외에 외부적으로 튀어 보이는 장신구를 착용하지 않아야 하며, 머리는 양쪽 귀가 보이도록 단정하게 손질하여야 한다.

① 귀걸이, 목걸이. 머리 염색, 이상한 안경 등은 지양하여야 한다.

둘째, 해당 대학이나 학부(학과)를 상징하거나, 나타낼 수 있는 옷차림은 하지 않아야 한다.

① 캐쥬얼한 정장, 튀지 않게 보이는 간편 또는 점잖은 복장을 착용한다.

② 슬리퍼, 츄리닝, 짧은 바지, 요란한 옷차림 등은 최대한 지양한다.

셋째, 일반적이지 않은 튀는 복장으로 타인에게 불편함을 주지 않아야 한다.

넷째, 수험표와 신분증은 지참하지 않으면, 시험(면접)장에 들어갈 수 없기에 반드시 사전에 준비하여야 한다.

다섯째, 발표 및 토의 시 자세와 시선 처리에 신경을 써야 한다.

① 양쪽 다리를 모으고, 양손은 책상 또는 무릎 위에 자연스럽게 올려놓는다.

* 복잡한 손 모양을 만들거나, 과도한 움직임, 말과 손이 동시에 과도한 동작을 반복하는 행위(행동)는 평가에 도움이 되지 않으므로 하지 않는 게 바람직하다.

* 두 손은 모으거나, 팔짱을 끼지 않아야 하며 자연스럽게 양(兩) 무릎 위에 올려놓는 게 좋다.

* 손으로 의지하거나, 메모지, 펜 등을 만지작거리는 행위는 긍정적인 인상을 주지 않을 수 있으며, 시선은 가능한 면접관을 향하는 게 바람직함을 이해하여야 한다.

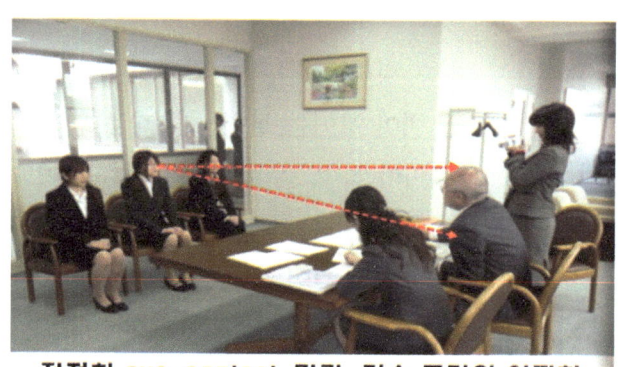

적절한 eye-contact, 머리~가슴 중간의 어떠한 지점, 자연스러운 시선처리가 핵심

② 면접관의 눈 아래 지점과 주변을 자연스럽게 주시하여 분위기나 시선 처리가 어색하지 않도록 유념할 필요가 있다. 특히 면접관의 말을 중간에 끊지 않아야 한다. 이는 일반적인 대화에서도 지켜져야 하는 기본적인 예의다.

* 답변할 때는 면접관의 반응을 주시하면서 말의 꼬리를 흐리거나, 대화를 얼버무리지 않아야 한다. 이때 가능한 표준어를 사용하여야 하며, 개인적으로 사용하는 단어(비속·유행어)는 최대한 사용하지 않는 게 바람직하다. <표 1-9>와 같이 유사한 사례를 들어 살펴보자.

사례1) 질문을 받으면, "네, 00에 대하여 말씀드리겠습니다."
사례2) 잘 모르는 질문을 받으면, "면접관님, 죄송하지만 그 부분은 잘 모르겠습니다. 앞으로 더 노력하겠습니다."
사례3) 답변이 바로 떠오르지 않으면, "면접관님, 죄송하지만 잠깐 생각할 시간을 주시겠습니까?"
사례4) 잘못 들었으면, "면접관님, 죄송하지만 다시 한번 말씀해 주시겠습니까?"
사례5) 모호한 질문을 받으면, "면접관님, 지금 질문하신 내용이 00에 대해 말씀하신 것이 맞습니까?"
사례6) 앞의 지원자와 같은 질문을 받으면, "앞 지원자분께서 좋은 말씀을 해주셨는데요, 저 역시 00으로 생각하기에 동의합니다."

③ 모르는 내용이나 잘 알지 못하는 질문이 나올 때 섣불리 아는 척하거나, 대충 넘겨짚어 얘기하지 않는 게 좋다. 이때 부정적인 내용이나 용어는 가능한 언급하지 않아야 하며, 침착하게 부드러운 대화 분위기를 이어가는 노력이 바람직하다. 과도하게 긴장할수록 차분하게 준비한 표현을 하지 못하는 원인이 될 수 있기에 심리상태를 잘 조절하여야 하며, 상대 토론(지원)자와는 어떠한 경우라도 논쟁(論爭, debate)을 피해야 한다.

여섯째, 시험(면접)장에서 만나는 모든 사람에게 예의 바르고 교양있게 행동해야 하며, 자신감 있게 그러면서도 겸손하되, 당당한 태도를 유지할 필요가 있다.

일곱째, 면접관은 다년간 다양한 전문영역에서 활동한 경력을 축적하고 있기에 초급장교에 부합되는 지원자인지를 파악하는 데는 수초면 일차적인 판단이 가능하다. 경험적 측면에서 보면, 지원자의 외모와 분위기, 키와 몸의 형태를 접하는 순간 바로 느껴진다. 이를 사전에 준비된 자료에 대입하고 몇 마디의 질의응답을 하는 과정에서 지식(知識, knowledge)·언어적 수준, 정서·감정적 상태까지 확인할 수 있음을 명심하여야 한다. 이때 긍정적으로 관심이 가는 지원자에게는 조금 더 상세하게 질문하기도 하지만, 더는 질문할 필요성을 느끼지 못하는 지원자에게는 아주 짧게 질문하거나, 바로 끝내게 됨을 유념하여야 한다. 즉, 면접관이 호감과 호기심을 갖도록 하려면, 평소 개인의 적극적인 노력이 필요하다. 이는 초급장교 선발 면접뿐만이 아니라 사회관계(communication)를 형성하는 과정에서도 필요한 부분이다.

제 2 장
장교(ROTC) 후보생 선발 면접 평가 대비

제1절 개 요

1. 총 괄

　장교(ROTC) 후보생은 총 3단계의 선발 과정을 거치는데, 면접 평가는 제2차 선발 단계로서 육군학생군사학교장의 책임하에 실시하고 있다. 현재 전국 대학교에는 총 109개의 학군단이 10개 권역으로 구분하여 운영되고 있다. 제1차 필기시험은 권역 학군단장 책임하에 시·공간을 고려하여 권역 단위로 학군단 을 묶어 필기 선발시험을 진행하고 있다.
　이때 남학생은 학군단과 권역별로 구분하여 학군단 80%, 권역 20% 정도로 할당하여 선발하게 되어있다. 여학생은 중앙에서 선발함을 원칙으로 하지만, 심의에 따라 일부는 학군단에 할당할 수도 있다. 이는 연간 선발계획에 따라 변경될 수 있다는 점을 명심하여야 한다.
　따라서 제2차 선발시험 단계인 '선발 면접 평가'도 각 권역 단위로 통합하여 진행하고 있다. 남학생 지원자는 권역 통제학군단장의 책임하에 편성한 10명 내외의 통합 평가관(면접관)이 권역 내에 있는 학군단별 설치한 면접장에서 해당 학군단장의 책임하에 순환하면서 면접 진행을 맡고 있다. 한편 여학생 지원자는 전국에 분포되어있는 여학생을 대상으로 선발하고 있기에 특성을 고려하여 육군학생군사학교장의 책임하에 학군교 본부(참모부)에 근무하는 장교 중에서 별도로 선발하여 구성한 평가관(면접관 또는 측정관)들이 권역별로 지정한 특정 학군단 또는 특정 장소에 가서 지원한 전원(全員)을 대상으로 하여 진행하고 있다.

2. 시험장별 통제 및 평가 방식

총 3개 시험장으로서 제1 시험장(개별발표와 집단 토의)-제2 시험장(개별면접)-제3 시험장(종합판정) 순으로 진행하게 되어있다. 다만, 지원자의 처지에서 본다면, 순서별로 들어가는 것이 아니라 시험장별 소요 및 대기하는 시간이 지체될 수 있기에 선발 면접의 효율성을 고려하여 시험장 순서대로 입장하지 않을 수 있다. 다시 말해 상황에 따라 불규칙하게 시험장에 들어갈 수 있다는 점을 기억한다면, 긴장이나 당황스러움을 다소 진정시킬 수 있지 않을까 싶다. 진행 상황에 따라 해당 조별로 입장하는 시험장의 순서는 수시로 바뀔 수 있기에 불안해하거나, 긴장할 필요가 없다는 점을 이해한 다음 접근하기 바란다.

각 시험장에 위치하는 면접위원장은 대령 학군단장을 원칙으로 하되, 인원이 부족할 경우 제1・2 시험장은 중령 학군단장으로 편성하고 있다. 학군단장이 부족할 경우 권역통제학군단장 책임하에 선임훈육관(소령급)을 지정하여 운영할 수 있다.

해당 학군단이 지정한 내부 특정 장소에서 등록을 마치고 나면, 조별로 편성된 지원자들은 조 단위로 면접대기실에서 대기하게 된다. 여기서 면접을 진행하는 방법에 대한 안내, 각 시험장에 입장할 때의 행동요령[7], 6~7명 단위로의 조 편성, 휴대폰 반납 및 제출[8], 조별 사회자(팀장) 선출 등을 진행한다. 이어서 조별로 이동하되, 통제 요원의 안내에 따라 해당하는 시험장의 입구 좌석에서 대기하다가 순서가 되면, 면접을 진행하게 된다.

면접 평가를 시작하기 전(前) 제일 먼저 제1 시험장에 입장하게 되는 1개 조는 사전(事前)에 별도의 대기실에서 개별발표 및 토론주제를 부여받아 약 10분간에 걸쳐 준비할 시간을 갖는다.[9] 이때 휴대폰 사용이 가능한지와 메모지를 사용할 수 있는지에 대하여 잘 확인하여야 한다.

제1 시험장은 '표현력과 논리・사회성'을 평가하기 위하여 '개별발표와 집단토론' 방식으로, 제2 시험장은 '지원동기와 성장환경, 희생정신, 국가・안보관'을 평가하기 위하여 '개별면접' 방식으로, 제3 시험장은 '인성(품성)과 종합판정'을 하기 위하여 면접위원장(해당 학군단장)이 이전에 진행하였던 시험장에서의 개인별 평가 점수를 받은 결과를 판정하

---

7) 시험장 내에서의 인사요령과 지원자가 자기를 소개하는 방법 등에 대하여 설명하고 있다.
8) 장교(ROTC) 후보생 선발 면접의 경우 연도별로 휴대폰을 사용하지 못하게 제출(반납)받거나, 제1 시험장에 입장하기 전(前)까지는 발표 및 집단토론 주제를 준비할 때 사용할 수 있도록 허용하는 사례가 있으니 해당 연도별로 다시 한번 통제 및 휴대폰 사용 여부는 구체적으로 확인할 필요가 있지 않나 싶다.
9) 일반적으로 토론할 주제는 10~15개 안이 준비되어있다.

여 누적된 '재고' 판정이 일정한 개수 이상으로 합산되면, 자동으로 '불합격'으로 처리하게 됨을 인식할 필요가 있다. 따라서 지원자가 각 시험장에서 최소한 어떻게 평가받아야 할 것인지를 이해할 필요가 있다. '신체적 균형 상태와 자세, 발성과 발음, 성량' 등은 각 시험장에서 자연스럽게 확인하게 되어있으며, 2021년부터 점수에는 반영되지 않는다.

각 시험장은 면접을 진행하는 과정에서 '탁월~저열' 등급까지의 6단계 평가 기준에 따라 지원자 개인별로 평가한 점수를 단계별로 부여하게 된다. 지원자가 합격 순위에 들기 위해서는 최소한 제2등급인 "우수" 수준 이상은 받아야 한다는 의미다. 시험장별로 준비하여야 할 내용은 다음 절에서 상세하게 설명하도록 한다. <그림 2-1>은 각 시험장 내부 배치도로서 일반적인 사례다.

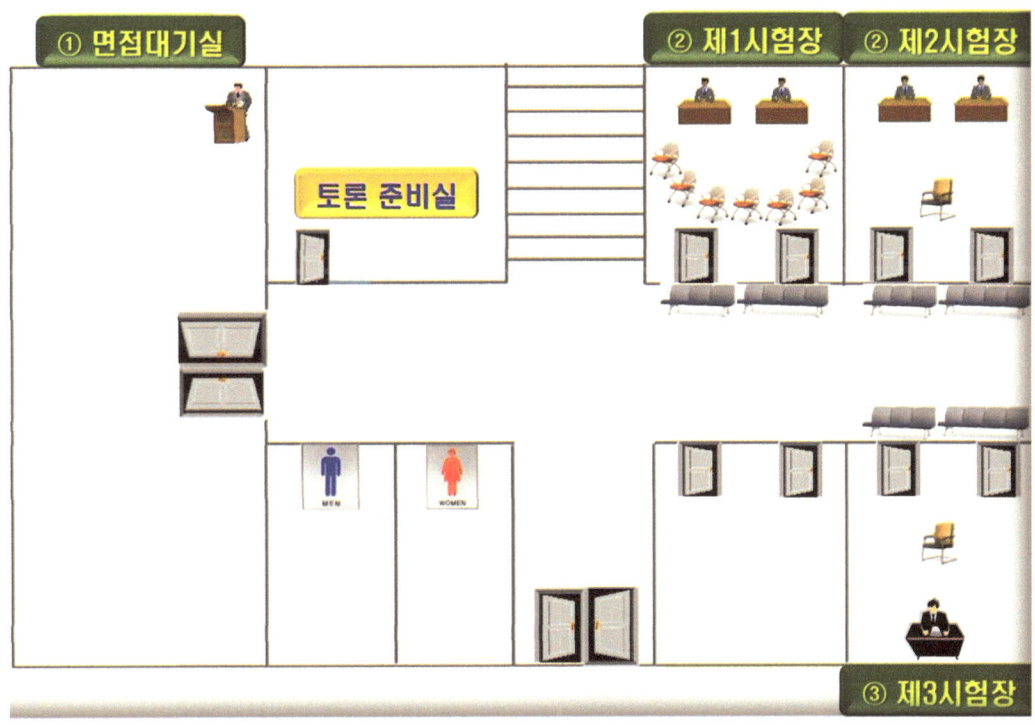

<그림 2-1> 각 시험장 배치도의 일반적인 사례

　장교(ROTC) 후보생을 선발하는 면접은 해당 학군단에서 진행하고 있으며, 전국 109개 대학교에 학군단(ROTC)이 설치되어있다. 따라서 각기 환경과 구조가 다르기에 일반적인 모형으로 배치하는 예를 들어 이해하도록 게시하였다. 학군단별 구조와 위치, 여건에 따라 1층과 2층에서 진행하거나, 단층 또는 복합 층에서 진행하는 등 학군단별로 천차만별이기에 지원자는 지원한 해당 학군단의 시험장 배치도를 문의하거나, 공지된 내용을 통해 다시 한번 정확하게 확인할 필요가 있다.

제2절 제1 시험장

"누가 보든, 보지 않든, 태도와 자세를 바르고 신중하게!"

1. 진행 절차와 핵심평가 요소, 행동하는 요령

제1 시험장은 면접관(선임훈육관 또는 훈육관) 또는 학군단(ROTC) 후보생들에 의해 사전에 6명 내외로 조 편성을 완료한다. 조(組) 단위별로 입장하면, 개인 주제발표에 이어서 집단토론을 진행한다. 진행 간 지원자 개인의 표현력과 논리성을 평가함과 동시에 타자(他者)와의 인과관계를 연결하고 끌어내는 사회성 등의 의사소통 능력을 같이 평가한다. <그림 2-2>는 제1 시험장 내부의 배치 요도다.

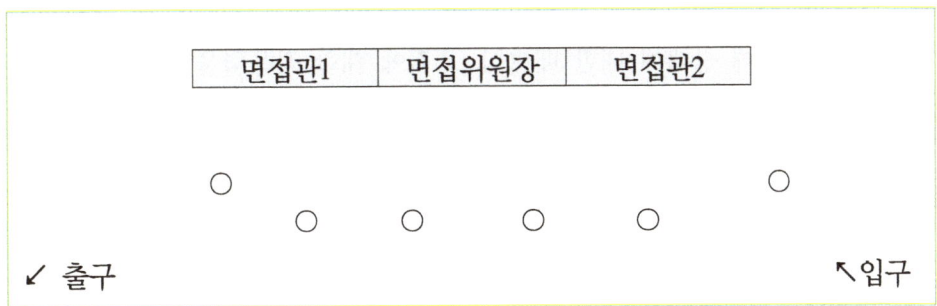

<그림 2-2> 제1 시험장 내부의 배치 요도

1.1. 평가 및 진행하는 절차

각 조 단위로 하나의 주제를 지원자들에게 부여한 다음 10분간 발표 및 토론을 준비할 시간을 준다. 이때 메모지를 이용하여 요약 및 정리할 수 있으나, 면접 간 휴대할 수 없음을 기억하여야 한다. 각 조의 면접 시간은 개인 주제발표 시간이 1분 이내로 주어지지만, 손을 들어 발표를 희망하는 경우 발표하는 기회가 주어진다. 그러나 조 전체에 할당된 시간이 평균 15분 내외임을 인식하여야 한다. 발표 및 토의 간 면접관은 보충 질문을 진행하는 등을 통해 평가요소에 대한 공정성과 객관성을 보장하고 있으며, 형평성도 고려하고 있다. 다만, 소극적인 지원자에 대하여는 면접관이 지정하여 추가적인 질문을 하기도 한다.

1.2. 핵심평가 요소

첫째, '표현력'이다. 지원자의 생각에 관하여 상대가 충분히 들을 수 있을 정도의 정확한 어휘를 사용하는 여부와 분명한 발음으로 발표하되, 간결하면서도 명확하게 전달 및 표현하는 능력이 있는지를 평가하고 있다.

둘째, '논리성'이다. 부여받은 주제를 정확하게 이해한 다음 관련한 문제를 해결 및 극복하기 위해 발표하는 과정에서 어떠한 방법(idea)을 사용하여 논리·체계적으로 접근(분석)하고 있는지, 창의적인 방법을 제시하는지 등의 여부를 평가하고 있다.

셋째, '사회성'이다. 문제를 해결하려는 열정과 의지가 있는지, 적극적인 자세와 태도를 유지하고 있는지, 상대의 문제점 지적에 대하여 감정의 절제 및 스스로 자제하는 정도, 태도의 일관성과 함께 상대에 대한 배려심, 조직에 대한 적응력을 갖추고 있는지 등도 평가요소에 포함하고 있다.

1.3. 핵심평가 기준(배점: 120점)

평가항목		긍정적으로 작용하는 분야
표현력 (40)	긍정	● 표현이 간결하고 명확한 어휘를 구사하는지, 발음은 분명하며 주제를 이해하고 있는지
	부정	● 장황하고 발음이 불분명, 시선 불안정, 태도가 불성실
논리성 (40)	긍정	● 논점이 분명한지, 합당한 근거를 제시하는지, 타인의 핵심을 이해하고 순발력 있게 대처하는지
	부정	● 논리·일관성이 부족, 주제에 대한 이해가 부족
토론 참여도 (30)	긍정	● 협조적이며, 분위기를 주도하는지, 적극적이며 합리적인 결론에 도달하는지, 타인의 의견을 배려하는지
	부정	● 지명하는 경우만 발표, 타인의 의견을 미수용/미배려, 토론에 미참여, 타인의 인격을 침해(모독)하는 발언 등
신체 균형 (10)	긍정	● 체형이나 손과 몸의 떨리는 여부가 정상으로 작동하는지 ● 손가락이 정상대로 움직이는지, 특정한 자세가 나오는지
	부정	● 신체가 불균형(이목구비의 비대칭, 심한 안면 돌출 등) ● 기형적인 걸음과 자세, 제자리 뛰는 자세의 불균형

1.4. 지원자가 유념해야 할 일곱 가지의 행동 절차 및 요령

첫째, 시험장은 주제를 부여한 다음 조별로 토론을 진행하는 집단토론을 통해 변별력을 확인하는 과정임을 이해하고 접근하여야 한다.

둘째, 지원자 중 조장(수험번호가 빠르거나, 희망자를 선정할 수 있음.)이 준비되어있는 추첨함에서 1개 주제가 쓰여있는 메모를 무작위로 선택하여야 한다.

셋째, 선택한 주제는 지원자 각자에게 주어진 메모 용지에 보통 10분 정도로 시간을 주고 생각을 정리 및 요약할 수 있도록 여건을 부여한다.

넷째, 지원자들은 수험번호순(順)으로 입장하되, 안쪽부터 차례대로 좌석에 앉는다.

다섯째, 먼저 개인 주제발표를 진행하는 데 개인 주제는 집단토론의 주제와도 연계될 수 있다. 즉, 개인 발표와 집단토론을 진행할 때 주제를 바꾸지 않고 같은 내용을 연계하여 진행할 수 있음을 이해할 필요가 있다. 따라서 굳이 구분하여 대비하기보다는 통합하여 정리하거나, 전체를 하나로 묶어 연습함이 중요하다.

여섯째, 집단토론의 진행은 면접관이 통제하여 무작위로 사회자를 지정할 수 있다. 반면에 먼저 희망자를 확인할 수도 있기에 가능하면, 손을 들어 하겠다는 의지를 보이는 게 중요하다. 면접관의 통제에 따라 ±20분 내외의 시간 동안 선정된 사회자에 의해 집단토론을 진행하게 된다. 이때 지원자는 매회당 1분 정도씩 발표할 기회를 가질 수 있으며, 최대 5회까지 발표를 할 수 있다. 이때 너무 나설 필요는 없지만, 2~3회 정도까지는 적극적으로 발표하겠다는 의지와 태도, 열정을 보여야 한다. 물론 발표하는 내용과 논리가 탄탄하여야 함은 기본이다. 발표하는 과정을 통해 표현력과 논리성, 사회성의 수준과 주도적인 노력 여부를 긍정적으로 평가받을 수 있기 때문이다. 다만, 준비한 메모 용지에 적은 내용을 그대로 읽어서는 크게 부각될 수 없음과 동시에 감점을 당할 수 있음도 명심하여야 한다. 특히 다른 지원자가 발표하는 중간에 자연스레 끼어들어 반론을 제기할 수 있으며, 이는 가점을 받을 수 있는 최상의 기회다.

　　* 답변이 탁월하거나, 주어진 주제 이외에 다른 논점이나 방향으로 잘못 이해하고 발표하면, 면접관이 지원자를 특정하여 질문할 수 있음을 인식해야 한다.

일곱째, 집단토론이 종료되고 퇴장할 때는 메모 용지는 반드시 준비되어있는 회수함에 반납하고 퇴장하여야 한다.

2. 개인 주제발표와 집단토론(소요시간: ±1분 / ±20분)

※ 공통으로 유념할 사항

구 분	주요 내용
긍정요소(☺)	시기(기간) 특정, 구체적인 사례와 내용 등을 핵심적으로 언급
부정요소(☹)	추상적이거나 불분명한 논리, '카더라~'라는 하나 마나 한 답변을 반복

2-1. 대체복무제도는 2020년 1월, 신앙 등에 따른 병역거부자에 대하여 시행되었으며, 2020년 12월 26일 최초로 63명이 입소하여 36개월 동안 교도소에서 합숙하며 복무하고 있다. 대체복무제도에 대한 지원자의 생각을 발표하고 토론하시오

* 대체복무제도: 軍 복무를 하지 않고 다른 방식으로 국방의 의무를 이행할 수 있도록 하는 제도

구 분	주요 내용
긍정요소(☺)	형사 처벌에 대한 필요성, 합리적인 대체복무 방안을 제시
부정요소(☹)	무조건 찬성 또는 반대, 내용이 불분명(불명확), 의견을 미제시

Key-word: 찬성이나 반대가 중요한 게 아니라 자기의 주장을 논리 있게 설명

<답안 만들기>

2-2. 육군의 軍 복무기간이 21개월에서 18개월로 단축되었다. 이에 관하여 지원자의 의견을 발표하고 토론하시오

* 육군·해병대 복무기간: 2020년 1월부터 18개월
  (이병→일병 2개월, 일병→상병 6개월, 상병→병장 6개월, 병장 4개월)
* 해군 복무기간: 20개월
  (이병→일병 2개월, 일병→상병 6개월, 상병→병장 6개월, 병장 6개월)
* 공군 복무기간: 21개월
  (이병→일병 2개월, 일병→상병 6개월, 상병→병장 6개월, 병장 7개월)

구 분	주요 내용
긍정요소(☺)	복무기간 단축의 장·단점에 관하여 근거 자료를 제시
부정요소(😠)	무조건 찬성 또는 반대, 복무기간에 관한 이해와 논리가 부족

> Key-word: 우리나라가 분단국가라는 현실적 측면에서 일정 수준의 병력이 대비해야 한다는 측면 또는 첨단 과학무기와 고급 전투력 양성의 필요성을 정리

<답안 만들기>

2-3. 한국군의 해외파병이 대한민국 국내·외 안보환경에 미치는 영향이 어떠한지에 대하여 지원자의 생각을 발표하고 찬반(贊反)을 토론하시오

* 해외파병[10]: 2020년 현재 UNPKO(레바논 동명부대와 남수단 한빛부대), 다국적군 평화 활동(소말리아 지역 청해부대), 국방협력(UAE 아크부대) 등에 총 1,095명이 부대·개인 단위로 작전 및 평화 활동을 수행하고 있다.

구 분	주요 내용
긍정요소(☺)	필요성과 문제점을 합리적인 근거나 자료 등에 기반하여 설명
부정요소(☹)	무조건 찬성 또는 반대하는데, 의미의 이해나 관심은 부족

> Key-word: 세계평화에 기여할 수 있는 한국의 국력과 위상을 표출할 수 있다는 긍정적인 측면과 유의할 내용을 대표적인 사례를 간략하게 정리

<답안 만들기>

---

10) '해외파병'은 2016년 해외파병을 위한 법적 근거와 허용 조건을 규정하는 「국군 해외파견활동법」 제정안을 발의하였으나, 현재까지 국방위에 계류 중으로 별다른 진척은 없는 상태다.

2-4. 각종 악·폐습을 근절시키기 위해 최근 용사들이 병영 내에서 휴대폰을 사용하고 있다. 휴대폰 사용을 허용하는 문제에 대하여 지원자의 생각을 발표하고 찬반(贊反)을 토론하시오.

　　＊ 병영 내 휴대폰 허용: 2014년부터 같은 생활관 내에서 병사 계급별로 공용 휴대폰을 지급해서 시범적으로 시행한 사업이다. 당시 00사단에서 가혹행위로 발생한 '윤일병 사망사고' 파문에 대한 개선대책으로 시작되었다.

구 분	주요 내용
긍정요소(☺)	필요성 또는 문제점을 주장, 타당한 설명이나 자료 등을 제시
부정요소(☹)	무조건 찬성 또는 반대하는 내용에 대한 이해 및 관심이 부족

Key-word: 찬성 또는 반대하는 처지에 상관없이 논리적인 설명과 이슈화되어있는 미국과 한국 내부의 사례를 간략하게 정리

<답안 만들기>

2-5. 최근 육군의 하극상 사건이 연일 언론 보도에 오르내리고 있다. 일부 주임원사(부사관)들이 '장교들이 부사관에 반말하면 안 된다.'라면서 인권위에 참모총장을 진정하는 사건도 발생하였다. 지원자의 생각을 제시하고 찬반(贊反)을 토론하시오.

* 장교단: '폭력을 관리(Management of Violence)하는 집단'
* 부사관단: '폭력을 적용하는 특정 전문가(Specialist) 집단'
* 국방부 부대관리훈령(2020.10.15.)
  - 제29조(호칭) 상급자에 대하여는 성과 계급, 직명 다음에 "님"의 존칭을 붙이되,~
  - 제31조(언어태도) ① 상급자에게는 높임말을 써야 하며~,
    ② 하급자에게는~상호 존중하고 배려하는 태도로써~

구 분	주요 내용
긍정요소(😊)	장교·부사관단의 역할을 존중, 상호 이해와 배려의 정신이 필요
부정요소(😡)	무조건 옳다 또는 잘못이라는 내용에 치중, 관심과 이해도가 부족

Key-word: 자기 생각을 솔직하게 제시하되, 편중되지 않고 어떻게 행동하여야 상호 존중과 배려, 전문성을 갖출 수 있는지를 합리적으로 정리

<답안 만들기>

2-6. 軍의 경계태세 실패 사례가 끊임없이 반복되고 있다. 軍에서는 "작전에 실패한 지휘관은 용서할 수 있어도 경계에 실패한 지휘관은 용서할 수 없다."라는 말이 있다. 지원자가 현재 장교라면, 왜! 경계실패가 반복되고 있는지에 대하여 어떻게 할 것인지 발표하고 방안을 토론하시오

* 실패 사례: 강릉 해안 잠수정 침투(1996, 택시 운전사), 속초 인근 해상 북한 잠수정 신고(1998, 꽁치잡이 어선 선장), 북한군 노크 귀순(2012), 북한어선의 삼척항 무단 진입(2019), 북한 남성 귀순(2020), 북한 남성 귀순(2021) 등

구 분	주요 내용
긍정요소(☺)	경계실패에 대한 인정, 군에 대한 신뢰를 통해 발전과 개선이 가능한 방안을 간략하게 제시
부정요소(☹)	무조건 옳고 잘못되었다는 주장, 이해 및 관심이 부족

Key-word: 어떻게 개선 및 변화하여야 할 것인지에 대하여 자기 의견을 합리적으로 설명
 * 너무 어렵고 전문적으로 접근하기보다 학생으로서의 입장에 맞게 정리

<답안 만들기>

2-7. 최근 코로나19의 급속한 확산과 1년여에 걸쳐 반복된 팬데믹으로 힘든 거리두기 활동과 어려운 환경이 계속되고 있다. 이러한 사회적 환경과 여건에서 군대(군인)는 어떻게 행동해야 할지에 대하여 지원자의 생각을 발표하고 실천이 가능한 방안을 제시한 다음 토론하시오

  * 팬데믹(pandemic): 새로운 감염병이 전 세계적으로 확산하여 유행하는 현상으로 두 개 대륙 이상의 매우 광범위한 지역에서 발병하였을 때를 의미한다.

구 분	주요 내용
긍정요소(☺)	개인 또는 집단(제대)으로 구분하여 실천 가능한 방안을 제시
부정요소(😠)	적극적인 아이디어 및 실천 요령에 관한 관심이 부족, 적극적인 의사 표현 능력이 부족

Key-word: 군대 내부의 자체 조치와 행동방침, 국민의 군대로서 국가(국민)에 도움이 되는 방안 중심으로 아이디어를 간략하게 정리

<답안 만들기>

2-8. 휴대전화의 감청 및 일반 메신저에 대한 검사 등은 범인을 잡기 위함이니 불가피하게 허용하여야 한다는 주장에 대하여 지원자의 생각을 발표하고 찬반(贊反) 주장에 관하여 토론하시오

* 메신저(messenger): 인터넷을 통해 실시간으로 대화를 나눌 수 있는 서비스로서 미리 사용자가 만들어 놓은 목록에 등재되어있는 친구가 네트워크에 로그 온 하였을 때 사용자에게 그 사실을 알려주는 방식의 프로그램을 뜻하고 있다.

구 분	주요 내용
긍정요소(☺)	범법자 검거의 필요성 또는 문제점을 주장, 근거자료 등을 제시
부정요소(😠)	무조건 찬성 또는 반대, 적극적인 참여도 및 열의 부족

Key-word: 긍정적 측면과 부정적으로 최근의 악질적인 사건 사고 사례에 대하여 간략하게 정리

<답안 만들기>

2-9. **북한의 정보기관인 정찰총국은 2000년대 초기부터 해커부대를 양성하여 랜섬웨어(악성 프로그램)를 활용하여 은행과 가상화폐 거래소를 해킹하고 최근에는 코로나19와 관련한 백신·치료제를 생산하는 제약회사까지 사이버 공세를 전방위적으로 강화하고 있다. 이러한 북한의 소행에 관하여 지원자의 생각을 발표하고 대처 방안을 토론하시오**

＊ 정찰총국: 북한 국방성 산하의 첩보·정보기관으로 대한민국과 해외 공작 활동을 총괄하고 있다. 공작원 양성과 침투, 정보수집, 파괴 공작, 요인암살, 납치·테러를 포함하여 정보 전자전에서 해킹, DDoS 등과 같은 사이버 테러를 전담하고 있다.

구 분	주요 내용
긍정요소(☺)	북한 해커부대의 실체, 합리적인 근거자료 등을 제시
부정요소(☹)	내용에 대한 이해 수준이 저조, 적극적인 해결 의지가 부족

Key-word: 북한 정찰총국의 실체와 해커부대의 활동자료를 논리적으로 설명
　　＊ 최근 뉴스에 나온 가상화폐 해킹, 백신·치료제를 생산하는 제약회사에 대한 사이버 침투 등의 대표적인 사례를 간략하게 정리

<답안 만들기>

2-10. 결혼하기 이전에 동거하는 문제에 대하여 지원자의 생각을 발표하고 찬반(贊反) 주장에 관하여 토론하시오

* 혼전 동거: 결혼하기 이전에 남녀가 한집에서 같이 사는 것을 뜻하며, 유럽 지역은 개방적 풍조이지만, 한국의 경우 많이 변화하고 있지만, 아직은 조심스러운 부분이다.

구 분	주요 내용
긍정요소(☺)	동거 필요성과 장점 또는 폐해(단점)를 합리·논리적으로 설명
부정요소(😠)	무조건 찬성 또는 반대, 답변 모호, 적극적인 참여나 열의가 부족

Key-word: 긍정적 또는 부정적 측면에서 발생한 최근의 사례 등을 간략하게 정리

<답안 만들기>

2-11. '자기결정권'이 없는 장애인[11]에게 불임이 필요하다는 주장에 대하여 지원자의 생각을 발표하고 찬반(贊反)을 토론하시오

* 자기결정권: 대한민국 헌법 제10조에서 보장하고 있는 '개인의 인격권과 행복추구권'에 전제되어 있는 개인의 '자기운명 결정권'으로서 '국가권력으로부터 간섭 없이 일정한 개인적인 사항에 관하여 스스로 결정할 수 있는 자의적인 권리'를 의미하고 있다.

구 분	주요 내용
긍정요소(☺)	필요 또는 불필요하다는 내용을 합리적으로 설명, 사례를 제시
부정요소(☹)	무조건 찬성 또는 반대, 적극적인 의사 표현 및 관심이 부족

Key-word: 몇 가지의 전제 요건과 동의 문제 등을 논리적인 설명과 장애인의 자기 결정권에 관하여 시사성 있는 최근의 사례를 간략하게 정리
　* 양육 현실의 어려움과 부모의 불임수술 결정에 찬성(62.9%, 2019년)
　* 반인권적인 비판도 있지만, 양육 현실 자체가 '고통'

<답안 만들기>

---

11) '장애인'은 2008년 4월 11일 <장애인 차별금지 및 권리 구제 등에 관한 법률>에서의 사용하고 있는 법적으로 공식 용어이다. 일부에서 '장애우'로 부르고 있으나, 이는 장애인을 조금 더 가까이하자는 긍정적인 의미에서 만든 용어로서 동정심을 전제로 하고 있기에 '장애인'이 더 적합한 용어임을 이해하여야 한다.

2-12. 성범죄자에 대한 개인 신상정보를 공유하는 데 대한 사회적 논쟁이 있다. 이들을 처벌해야 하는지, 아니면, 개인 권리도 중요하기에 굳이 처벌은 과하다는 주장 등에 관하여 지원자의 생각을 발표하고 찬반(贊反)을 토론하시오

> * 성범죄자 신상정보: 지금까지 '성범죄자 신상정보'라는 우편 방식으로 고지(告知)하였다. 그러나 2021년 1월5일부터 여성가족부의 결정으로 모바일을 통한 신상 고지를 시행하고 있다. 19세 미만의 자녀가 있는 세대(가구) 주(主)에게 카카오톡을 통해 해당 지역에 거주하는 성범죄자의 신상정보를 안내하고 있다. 요즈음은 '디지털교도소'라는 사이트 등이 활성화되어있다.

구 분	주요 내용
긍정요소(☺)	필요성 또는 노출 등의 문제점을 합리적으로 제시
부정요소(😠)	무조건 찬성 또는 반대, 개념에 대한 이해 및 관심이 부족

> Key-word: 몇 가지의 전제 요건과 동의 문제 등을 논리적인 설명과 몇 가지의 사례를 제시한 다음 합리적으로 설명
> * 아동 청소년 성범죄 사례, 디지털 성범죄 사례, 'n번방' 사건 등을 정리

<답안 만들기>

2-13. 성범죄자는 '화학적 거세'가 필요하다는 주장이 힘을 얻고 있다. 이러한 주장에 대하여 지원자의 생각을 발표하고 찬반(贊反) 주장에 관하여 토론하시오

* 화학적 거세: '성폭력 범죄자에게 호르몬제를 투여하여 범죄자의 성 충동을 억제하는 일'로서 한국은 '성폭력 범죄자의 성 충동 약물치료에 관한 법률'에 근거하여, 16세 미만 어린이에 성폭력을 저지른 범죄자 중에서 재발 우려가 큰 '성도착증'12) 환자만을 대상으로 한다.

구 분	주요 내용
긍정요소(☺)	필요성 또는 문제점을 주장, 합리적인 설명이나 자료 등을 제시
부정요소(☹)	무조건 찬성 또는 반대, 적극적인 참여도 및 관심이 부족

Key-word: 몇 가지의 전제 요건과 동의 문제 등을 논리적인 설명과 몇 가지의 사례를 제시한 다음 합리적으로 설명
  * 최근 이슈화되어 있는 '조두순 아동 성폭력 사건, 서울·부산시장 성추행 사례' 등을 간략하게 정리

<답안 만들기>

---

12) '성도착증(Paraphilia)'은 원인은 명확하게 밝혀지지 않았으나, 정상적인 성행위는 상호 동의가 이루어진 상태에서 진행하는 비파괴적인 작용이지만, 이 기준에서 벗어나 '비정상적인 형태로 성적 만족을 얻는 것'을 뜻한다. 다만 모든 개인적인 성적 기호 모두를 성도착증이라고 하지는 않는다.

2-14. 헌법재판소의 '헌법 불합치[13]'로 낙태죄가 폐지되었다. 원하지 않은 임신으로 인한 낙태는 허용해야 하는지, 생명 윤리를 존중하는 차원에서 금지가 맞는지에 대하여 지원자의 생각을 발표하고 찬반(贊反)을 토론하시오

* 낙태금지법: '부녀가 약물이나 기타 방법으로 낙태하는 것을 금지하는 법'으로서 2019년 4월 11일 헌법재판소가 이에 관하여 '헌법 불합치'로 결정함으로써 2021년 1월 1일 낙태죄가 폐지되었다.

구 분	주요 내용
긍정요소(☺)	허용 또는 반대 사유를 논리적인 근거나 자료 등으로 제시
부정요소(☹)	무조건 허용 또는 반대, 논리의 불명확 및 이해가 부족

Key-word: 헌법 불합치 결정의 의미와 관련한 생각 등을 논리적으로 설명
<답안 만들기>

---

13) '헌법 불합치'는 '해당 법률이 위헌(違憲)으로 헌법에 위배되지만, 다음 법을 개정할 때까지 한시적으로 그 법을 존속시킨다.'라는 의미다.

2-15. 경찰이 흉기 소지자를 체포하는 과정에서 범인이 격렬하게 저항하면, 체포에 어려움이 발생하고 경찰의 신상에 위협을 받게 된다. 이때 총기를 사용하여 체포하는 행위에 대하여 지원자의 생각을 발표하고, 찬반(贊反)을 토론하시오

* 총기 사용 5대 요건: ① 정당방위, ② 장기 3년 이상의 징역 등이 의심될 때, ③ 구속영장 집행에 항거할 때, ④ 3회 이상 투항 명령에 불응할 때, ⑤ 대간첩작전에 불응할 때다. 이로 인하여 경찰은 강력범죄 빈발과 불심검문에 불응하는 시민을 처벌하는 규정의 신설과 총기 사용 요건을 완화하려는 노력에 대하여 인권단체들은 강력하게 반발하고 있다.

구 분	주요 내용
긍정요소(☺)	방어적 목적의 정당·당위성을 논리 정연하게 표현 및 제시
부정요소(☹)	무조건 찬성 또는 반대, 총기 완화에 대한 이해나 관심이 부족

Key-word: 왜! 찬성(반대)하는지를 발표하되, 합리·논리적인 측면에서 접근
  * 인권단체의 '인권존중사회에 역행' 논리나, 옹호 사례를 간략하게 정리

<답안 만들기>

2-16. '사형제도'의 존폐(存廢)에 대하여 긍정·부정적인 측면에서 지원자의 생각을 발표하고 찬반(贊反)을 토론하시오

* '사형제도': 수형자의 생명을 박탈하는 것을 주된 내용으로 하는 형벌 제도로서 생명형(刑) 또는 극형이라고 불린다. 정치·사회·윤리·종교적 측면에서 중요하게 다루어지고 있으며, 국가의 질서를 유지해야 한다는 측면에서 타당하다는 주장과 인간의 고귀한 생명에 대한 처벌이므로 폐지함이 마땅하다는 주장이 충돌하고 있다.

구 분	주요 내용
긍정요소(☺)	사형제도의 폐단과 인권의 중요성을 강조, 처벌의 당위성을 사례와 함께 제시
부정요소(😠)	무조건 찬성 또는 반대, 존폐문제에 대한 이해나 관심이 부족

Key-word: 왜! 찬성(반대)하는지를 발표하되, 합리·논리적인 측면에서 접근
  * 사형제도 집행을 부활하는 데 찬성과 반대 논리를 구체적으로 정리

<답안 만들기>

2-17. 최근 이중 국적을 허용하는 문제가 이슈화가 되어있다. 이에 관하여 지원자의 생각을 발표하고 찬반(贊反)을 토론하시오

* 이중(二重) 국적: 개인이 동시에 둘 이상의 국적을 갖는 것
* 복수(複數) 국적: 한 사람이 합법적으로 2개 이상의 국적을 가진 것

구 분	주요 내용
긍정요소(☺)	허용함으로써 나타나는 국익, 타당한 설명·대체 방안을 제시
부정요소(☹)	무조건 찬성 또는 반대하는 내용에 대한 이해 및 관심이 부족

Key-word: 찬성 또는 반대하는 처지에 상관없이 합리·논리적으로 설명
  * 계속 이슈화되고 있는 유명 가수에 대한 입국 거부 사례와 불법적으로 행해지는 각종 병역 비리 등 대표적인 사례 몇 가지를 간략하게 정리

<답안 만들기>

2-18. 사회적 문화 수준이 발달하면서 타인의 흡연에 대한 불쾌감과 아이들에 해롭기에 어린이 보호구역 등에 대한 보행 중 흡연 금지법 등이 제정되었다. 이러한 법 제정이 국민의 기본권을 침해하는지, 간접흡연 피해를 줄이는 방법인지에 관하여 지원자의 생각을 발표하고 찬반(贊反)을 토론하시오

* 흡연 금지법: 한국은 2015년 1월 1일부터 레스토랑과 바(Bar), 카페 등의 공공장소에서 규모에 상관없이 흡연을 금지하고 있다.

구 분	주요 내용
긍정요소(☺)	필요성 또는 문제점을 간략하게 논리적으로 제시
부정요소(😠)	무조건 찬성 또는 반대, 소극적인 의사 표현 및 관심이 부족

Key-word: 왜! 찬성(반대)하는지를 설명하되, 합리·논리적으로 근거를 설명
 * 청소년기에 흡연 시 호흡기계의 암 발생 위험도 상승, 美 도시의 청소년 1/4 이상이 천식이라는 문제점 등의 대표적인 사례 1~2가지를 간략하게 정리

<답안 만들기>

2-19. 소방관이 지방직 공무원에서 국가직 공무원으로 전환되었다. 이에 관한 지원자의 생각을 발표하고 찬반(贊反)을 토론하시오.

* 소방공무원: 대형 재난이 반복하여 발생하면서 국가재난관리체계에 대한 개선 및 안전보장에 대한 사회적 요구가 증대되는 반면에 열악한 근무 환경과 낮은 처우로 문제가 많았다. 따라서 2020년 4월 1일부로 사기(士氣)의 진작과 책임을 강화하는 차원에서 신분을 전환하였다.

구 분	주요 내용
긍정요소(☺)	당위성 또는 문제점을 간략하게 논리적으로 제시
부정요소(☹)	무조건 찬성 또는 반대, 소극적인 의사 표현 및 관심이 부족

Key-word: 왜! 찬성(반대)하는지를 설명하되, 합리·논리적으로 근거를 설명
　　　　* 소방관들의 열정과 헌신 봉사의 희생정신이 언론에 보도된 사례를 정리

<답안 만들기>

2-20. 선거연령이 기존의 만 19세에서 만 18세로 하향 조정된 데 대하여 어떻게 생각하는지 지원자의 생각을 발표하고 찬반(贊反)을 토론하시오.

* 선거연령 인하: 2020년 12월 공직선거법 개정으로 2002년생인 18세부터 투표를 할 수 있게 되었다.

구 분	주요 내용
긍정요소(☺)	평등권과 정치적 표현의 자유 등의 내용을 합리적으로 제시
부정요소(☹)	무조건 찬성 또는 반대, 적극적인 의사 표현이나 관심이 부족

Key-word: 왜! 찬성(반대)하는지를 설명하되, 합리·논리적인 측면에서 접근
   * 2017년 조사 결과: 찬성(49%), 반대(48%)가 나왔을 때의 두 가지 쟁점인
     ① 정치적 판단 능력, ② 제도적인 차별 측면을 간략하게 정리

<답안 만들기>

2-21. 연예인과 운동선수의 대학 특례입학을 허용(불허용)해야 한다는 논쟁에 대하여 어떻게 생각하는지 지원자의 생각을 발표하고 찬반(贊反)을 토론하시오

* 특례입학(特例入學): 대학이 정하는 기준과 방법에 따라 특례로 이루어지는 입학

구 분	주요 내용
긍정요소(☺)	장점 및 필요성, 입학 시 문제점을 합리·논리적으로 제시
부정요소(☹)	무조건 찬성 또는 반대, 의미에 대한 이해나 관심이 부족

Key-word: 왜! 찬성(반대)하는지를 설명하되, 합리·논리적인 측면에서 접근
 * 특권층 자녀의 선별적 입학, 2011년 가수 아이유의 특례입학 거절 사례 등을 간략하게 정리

<답안 만들기>

2-22. 연예인과 운동선수가 국제대회(경연)에서 메달 등을 획득하면, 국위를 선양했다는 이유로 軍(병역) 면제를 하는 데 대하여 어떻게 생각하는지 지원자의 생각을 발표하고 찬반(贊反)을 토론하시오

* 국위선양(國威宣揚): '나라의 권위나 위세를 널리 떨치게 한다.'라는 의미다.
* 본래의 의미: 1868년 4월 6일, 일본 메이지(明治) 정부가 발표한 '명치 원년 5개 조(條)'에서 유래된 용어로 '일본 정부를 세계에 널리 알리자'라는 데서 시작하고 있기에 긍정적이지만은 않다는 점을 알아야 한다.

구 분	주요 내용
긍정요소(☺)	병역면제의 중요성을 찬성 및 반대 견해를 합리적으로 제시
부정요소(😠)	무조건 찬성 또는 반대, 의미에 대한 이해나 관심이 부족

Key-word: 왜! 찬성(반대)하는지를 설명하되, 합리·논리적인 측면에서 설명
  * BTS, 야구 또는 축구 국가대표 등의 현실적인 사례를 간략하게 정리

<답안 만들기>

2-23. 요즈음 세계에서 한류 문화가 각광(脚光) 받고 있다. 특히 해외에서 인기를 얻고 있는 K-pop 과 최근의 트로트 열풍 등을 비롯한 한류 문화의 확산은 어떤 요인에 의한 것인지에 대하여 지원자의 생각을 발표하고 토론하시오.

* 한류 문화: '한국의 문화'를 의미하며 한류를 만든 10대 요인을 요약할 수 있다. 대표적으로 K-pop 과 아이돌, 전통가요, 드라마, 한식 등을 들 수 있다.

구 분	주요 내용
긍정요소(☺)	한류 문화가 형성된 10대 요인 또는 대표적인 사례를 제시
부정요소(☹)	한류 문화 자체에 대한 이해나 관심이 부족

Key-word: 합리·논리적인 측면에서 대표적인 사례를 간략하게 정리하여 설명
 * 싸이, 방탄소년단, 한국 영화의 국제영화상 수상 등의 사례를 정리

<답안 만들기>

2-24. 불법체류자의 아이들이 의료 혜택과 교육 혜택을 받지 못하는 현실에 대하여 특별체류 자격을 부여하고 보호해야 하는지, 아니면 다른 주장이 있는지에 대하여 지원자의 생각을 발표하고 찬반(贊反)을 토론하시오

* 불법체류자: '체류국의 관련 법령을 위반하면서 체류하고 있는 상태에 있는 사람'을 의미한다. 체류하는 상태가 불법이므로 어떠한 법적 권리도 갖지 못하게 되어있다. 관련 업무는 법무부 출입국 외국인 정책본부(출입국 관리소)에서 담당하고 있다.

구 분	주요 내용
긍정요소(☺)	아동복지의 중요성 또는 체류자격 부여했을 때의 문제점을 논리적 근거를 제시
부정요소(☹)	무조건 찬성 또는 반대, 의미에 대한 이해나 관심이 부족

Key-word: 왜! 찬성(반대)하는지를 발표하되, 합리·논리적인 측면에서 접근
　　　　* 국제결혼 또는 위장 결혼 등의 합법·불법적인 사례를 균형있게 정리

<답안 만들기>

2-25. 정부는 북한과의 평화협정 체결을 위하여 당사국 간 또는 3~4자 간 해결을 위하여 노력하고 있다. 이러한 현상에 대하여 지원자의 생각을 발표하고 찬반(贊反) 주장에 관하여 토론하시오.

* 평화협정: 전쟁이나 적대적인 상태를 일시적으로 정지하는 정전협정과 달리 전쟁의 종결과 평화의 회복을 목적으로 맺는 조약을 뜻한다.

구 분	주요 내용
긍정요소(☺)	필요성 또는 문제점을 주장, 근거나 자료 등을 합리적으로 제시
부정요소(☹)	무조건 찬성 또는 반대, 적극적인 참여도 및 관심이 부족

Key-word: 필요성이나 문제점에 대하여 합리적인 논리와 설명 자료를 사례를 들며 간략하게 설명
 * 언제, 어떠한 내용으로, 무엇을 어떻게 하면 좋을 것인지를 근거있게 정리

<답안 만들기>

2-26. 대북단체의 대북 전단을 살포하는 문제가 전 국민적으로 첨예한 쟁점이 되어있으며, 이는 최근 '대북 전단 살포 금지법'이 통과되었다. 이러한 현상에 대하여 지원자의 생각을 발표하고 찬반(贊反)을 토론하시오.

　* 대북 전단 살포 금지법: 군사분계선 일대에서 대북 전단 등의 살포행위를 금지하고 이를 위반하면, 3년 이하의 징역 또는 3천만 원 이하의 처벌을 받도록 하는 내용으로 2020년 12월 14일 국회 본회의를 통과하였고, 3월 30일 법으로 시행한다. 미국 의회의 부정적인 반응이 강하다.

구 분	주요 내용
긍정요소(☺)	필요성 또는 취약점을 주장, 논리적인 설명이나 자료 등을 제시
부정요소(😡)	무조건 찬성 또는 반대, 안보 분야에 관한 관심이 저조

Key-word: 찬성 또는 반대하는 처지에 상관없이 논리적인 설명과 최근 이슈화되어있는 미국과 한국 내부의 사례를 간략하게 정리하여 설명

<답안 만들기>

2-27. 급변하고 있는 동북아 정세에서 우리나라가 정치·외교적 균형을 잃지 않기 위해 어떤 태도를 보여야 할 것인지에 관하여 지원자의 생각을 발표하고 찬반(贊反)을 토론하시오

* 한반도 주변의 5대 변수: 일본·중국·북한·러시아·미국(순서는 무관)
* 한·북·미 정상회담 추진과 비핵화를 진행한 사례, 인도-태평양 전략, 일본의 과거사와 독도 문제 등

구 분	주요 내용
긍정요소(☺)	주변 국가의 이해관계와 정부의 대응, 대책을 조리있게 제시
부정요소(☹)	무조건 찬성 또는 반대하는 내용에 대한 이해 및 관심이 부족

Key-word: 최근의 북핵 관련 상황과 한반도 주변의 동맹국 간 이해관계에 따른 장단점을 간략하게 설명하되, 최근의 시사 내용을 중심으로 설명

<답안 만들기>

2-28. 우리나라가 당면한 안보 현실에서 가장 위협이 되는 국가와 주적(主敵)은 누구인지와 현재의 논쟁에 대하여 어떻게 생각하는지 지원자의 생각을 발표하고 찬반(贊反)을 토론하시오

* 주적(主敵): 현실주의적 대외 관점에서 당면한 안보환경에 주된 위협이 되는 국가를 의미하며, '2020 국방백서'에 '북한은 적'이라는 표현이 빠진 것에 대한 논쟁이 있다.

구 분	주요 내용
긍정요소(☺)	북한 정권과 노동당, 북한군과 예비전력임을 합리적으로 제시
부정요소(😠)	무조건 긍정 또는 반대, 의미에 대한 이해나 관심이 부족

Key-word: 장교가 되고자 하는 시각에서 생각을 정리하여 발표하되, 합리·논리적인 측면에서 접근

<답안 만들기>

2-29. 북한이 장거리 미사일을 발사하고 전술용 최첨단 유도무기를 개발하는 등 반복되는 군사적 도발에 대하여 우리 軍의 갖추어야 할 올바른 자세는 무엇인지에 대하여 지원자의 생각을 발표하고 토론하시오.

* 유도무기: 가용한 센서로부터 획득된 정보를 활용하여 표적 지역으로 유도되어 확보한 표적 정보를 바탕으로 지상·해상·공중의 다양한 목표물을 정밀하게 타격하는 무기체계를 의미하고 있다.

구 분	주요 내용
긍정요소(☺)	국제사회와 대한민국에 대한 중대한 도발 행위로 철저한 전투준비와 단호한 응징태세를 유지할 필요성을 조리있게 제시
부정요소(😠)	추상·이상적인 표현과 의미에 대한 이해나 관심이 부족

Key-word: 북한의 도발 책동에 대한 군의 심리·물리적 대비태세 유지가 필요하다는 점과 시사적인 대표적인 사례 몇 가지를 간략하게 정리

<답안 만들기>

2-30. 매년 몇 차례에 걸쳐 실시하던 韓·美 연합훈련이 최근 주춤한 상태이다. 계속 진행하여야 할는지, 아니면, 중지해야 하는지에 대한 지원자의 생각을 발표하고 찬반(贊反)을 토론하시오.

* 韓·美 연합훈련: 미국이 한반도에 발발(勃發)할 것으로 판단하는 전쟁 상황을 전제하고 이를 억제하기 위한 목적으로 진행하는 연합훈련을 통합한 명칭이다

구 분	주요 내용
긍정요소(☺)	한반도 내에서 전쟁을 억제해야 한다는 필요성, 계속 발전할 수 있는 대책을 마련하여야 한다는 등을 논리적으로 제시
부정요소(☹)	추상·이상적인 표현과 의미에 대한 이해나 관심이 부족

Key-word: 연합훈련의 당위성이나, 필요 없다고 생각할 경우 왜! 필요 없는지에 대하여 언론 보도에 나왔던 대표적인 시사(時事) 사례를 간략하게 정리

<답안 만들기>

2-31. 제주도에 건설한 해군기지에 대하여 어떻게 생각하는지에 대하여 지원자의 의견을 발표하고 찬반(贊反)을 토론하시오

* 제주 해군기지: 해군과 정부에서 2015년부터 2016년까지 제주 서귀포(강정마을)에 전투함 20여 척과 15만급 크루즈선 2척이 동시에 정박할 수 있는 기지를 건설하였다. 찬반 논쟁이 계속되고 있으며, ① 지질학적 측면, ② 환경단체들에 의해 반대가 심하였다. 이외에도 설계와 무허가 선박 운항에 대한 논란 등으로 첨예한 반응이 많이 있다.

구 분	주요 내용
긍정요소(☺)	해상교통로 확보와 국방력 증대 가능성, 경제적 발전과 안보 및 평화 보장 노력에 관하여 긍정적인 사례를 제시
부정요소(☹)	단순한 찬성과 반대에 몰입, 의미에 대한 이해나 관심이 부족

Key-word: 동북아 정세의 급변에 따라 제주 해군기지는 제주 남방해역에 대한 해군의 작전 반응시간(21→8H)이 단축 및 해상 확보가 가능한 사례를 정리

<답안 만들기>

2-32. 중국이 한반도의 역사를 왜곡하면서까지 동북공정을 진행하는 이유가 무엇이라고 생각하는지, 어떻게 대처해야 하는지에 대하여 지원자의 생각을 발표하고 토론하시오

* 동북공정(東北工程): '동북변강역사여현상계열연구공정(東北邊疆歷史與現狀系列研究工程)'의 줄임말로서 2002년 2월 18일부터 중국 정부가 공식적으로 '중국의 국경 안에서 전개된 모든 역사를 자국의 역사로 만들기 위해 추진하고 있는 국가적 연구 프로젝트'로 고구려와 발해의 역사를 중국의 역사로 주장하는 가운데 특히 고구려를 '고대 중국의 지방 민족 정권'으로 취급하고 있다.

구 분	주요 내용
긍정요소(☺)	근거 자료 등에 기초하여 중국이 한반도의 역사를 왜곡하는 주장과 논리를 합리적으로 제시
부정요소(😠)	무조건 찬성 또는 반대, 동북공정에 대한 이해가 부족

Key-word: 역사적으로 볼 때~, 지리적으로 볼 때~, 국제법적으로 볼 때~, 또는 최근에 발생하고 있는 대표적인 사례 중 시기와 장소, 내용을 간략하게 정리

<답안 만들기>

2-33. 중국 시진핑이 주창하고 있는 군사굴기(軍事崛起)와 분발유위(奮發有爲) 등에 대하여 지원자의 생각을 발표하고 토론하시오

* 군사굴기(軍事崛起): '군사적으로 우뚝 선다.'라는 뜻으로 군사 대국화를 간다는 의지를 대외에 표명한 내용이다.
* 분발유위(奮發有爲): '떨쳐 일어나서 해야 할 일을 해야 한다.'라는 뜻으로서 '중국에 이익이 되는 모든 일에 적극적으로 영향력을 행사하겠다.'라는 해상 우위 전략이다.

구 분	주요 내용
긍정요소(☺)	'군사굴기'와 '분발유위'에 대한 의미와 외형적으로 보이는 중국의 군사 대국화, 해양 전략에 대한 근거를 간략하게 제시
부정요소(😠)	단어의 의미에 대한 이해도나 관심이 부족

Key-word: 마오쩌둥과 덩샤오핑을 거쳐 시진핑에 이르기까지의 군사 대국화 추진 의지와 진행 내용을 간략하게 정리
* 마오쩌둥: 지구전 사상과 유격전 사상, 연안 방어전략
* 덩샤오핑: 근해 적극 방어전략, 전진 방어전략
* 시진핑: 마오쩌둥과 덩샤오핑의 연장선에서 '군사굴기'와 '분발유위'를 주창

<답안 만들기>

2-34. 일본의 독도 영유권 주장과 이에 대한 대처 방안에 대하여 지원자의 생각을 발표하고 찬반(贊反)을 토론하시오

* 독도 영유권: 대한민국이 1952년 1월 18일 '인접 해양의 주권에 관한 대통령 선언'을 선포하자 일본 정부도 같은 해 1월 28일 다케시마(독도)에 대한 영유권을 한국 정부에 보내오면서 외교적 쟁점으로 부상하였고, 현재에 이르게 되었다.

구 분	주요 내용
긍정요소(☺)	역사・지리・국제법적 측면에서 주장, 근거자료 등을 제시
부정요소(☹)	무조건 찬성 또는 반대, 독도에 관한 관심이 부족

Key-word: ① 역사적 측면에서 볼 때~, ② 지리적 측면에서 볼 때~, ③ 국제법적 측면에서 볼 때~로 구분하거나, 최근에 빈발(頻發)하는 영해・영공 침범 사례 등에서 시기와 장소, 핵심 내용을 간략하게 정리

<답안 만들기>

2-35. 2012년 일본에서 도난당한 대한민국의 문화재인 불상(佛像) 두 점에 대하여 일본이 다시 돌려달라는 주장이 있다. 이에 관하여 반환하여야 할지, 아닌지 지원자의 생각을 발표하고 찬반(贊反)을 토론하시오.

* 불상: 부처의 형상을 표현한 조각이나 화상을 뜻하고 있다.
* 문화재 반환: 문화재가 불법적으로 제작된 원래의 국가에서 떠나 다른 국가의 공공기관(개인)이 소장하고 있는 문화재를 원소유국에 반환해야 한다는 주장을 의미하고 있다.

구 분	주요 내용
긍정요소(☺)	문화재 반환의 중요성 또는 반환할 필요성이 없다는 논리적 근거(자료 또는 사례)를 제시
부정요소(😠)	무조건 반환에 찬성 또는 반대, 주제에 관한 관심 및 이해 부족

> Key-word: 일본 쓰시마섬에 있는 사찰에서 도난당한 불상 두 점이 국내에 반입되었던 사례의 핵심 내용을 간략하게 정리

<답안 만들기>

2-36. 미국이 성주 기지에 사드(THAAD, 종말단계 고고도 지역 방어체계) 시스템을 배치한 데 대한 논쟁이 계속되고 있다. 이에 대하여 어떻게 생각하는지 지원자의 생각을 발표하고 찬반(贊反)을 토론하시오

* THAAD(Terminal High Altitude Area Denfense): 미국이 개발하여 2017년 성주 기지에 배치하였고, 사거리는 125mile, 최대고도는 93mile이다. 2016년 상당한 논란이 발생하였는데, 방어용 미사일이지만, 중국 내부가 감시당한다는 이유로 중국이 극렬하게 반대하면서 한국에 대한 경제보복이 시작되었고, 국내에서는 유해 전자파의 악영향과 전쟁 발발 시 우선 공격대상이 된다는 점, 부동산 가격 하락 등을 들 수 있다.

구 분	주요 내용
긍정요소(☺)	북한 위협에 대비할 필요성의 강조, 문제점을 타당하게 제시
부정요소(☹)	무조건 찬성 또는 반대, 의미에 대한 이해나 관심이 부족

Key-word: 왜! 찬성(반대)하는지를 설명하되, 합리·논리적인 측면에서 접근
* 중국의 한국에 대한 경제보복 등과 관련한 대표적인 사례 등을 정리

<답안 만들기>

2-37. 4세대 전쟁, 즉, 최첨단 정밀무기를 주로 사용하는 미래 전쟁에 대비해야 하는 육군의 역할이 무엇인지에 대하여 지원자의 생각을 발표하고 토론하시오

* 4세대 전쟁(Fourth Generation Warfare): 1989년 윌리엄 린드 박사가 처음 정의한 용어로서 '21세기에 등장한 새로운 형태의 비정규·비대칭 전쟁'을 뜻한다. 전쟁의 주체가 국가보다는 테러집단, 마약 등의 범죄집단, 체제에 대한 불평불만 집단, 국제적으로 연계된 비국가 행위자 등이다.

구 분	주요 내용
긍정요소(☺)	북한의 사이버·심리전 공격, 비군사적 도발에 대비 등
부정요소(☹)	4세대 전쟁 자체에 대한 이해나 관심이 저조, 의견이 불분명

Key-word: 왜! 대비해야 하고, 어떠한 역할이 필요한지를 논리적으로 접근
　　　　　* 4차 산업혁명에 따른 과학 기술을 국방 분야에 적용한 사례 등을 정리

<답안 만들기>

제3절 제2 시험장

> "간략하고 분명한 의사 표현과 진정성 있는 태도가 최대 관건!"

1. 진행 절차와 핵심평가 요소, 행동하는 요령

제2 시험장은 조별로 입장하게 되지만, 수험번호(순서)에 따라 개별면접 방식으로 ±5분의 시간을 배정하고 진행한다. 이 시험장은 초급장교로서 기초적인 자질과 적성에 부합하는지를 확인하는 과정으로 지원자의 '지원동기(motivation)'와 '성장(가정)환경', '학교생활', '희생과 봉사정신', '국가·안보관'에 대한 사고방식과 관련 지식에 대한 이해도 및 수준, '발성과 발음'을 평가하고 있다. 이때 지원동기는 사전에 '자기소개서' 형식으로 작성한 내용을 서면(書面)으로 제출받아 확인한 다음 현장에서 면접을 통해 질문하고 대답하는 '질의응답' 방식을 추가로 적용하고 있다. 이러한 과정을 거치면서 비현실적이거나, 이상(idea)·추상적인 유형의 지원자를 가려내고 있다. <그림 2-3>은 제2 시험장 내부의 배치 요도다.

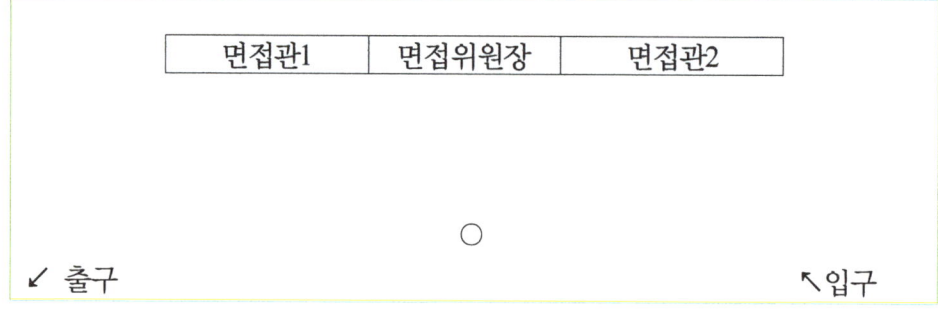

<그림 2-3> 제2 시험장 내부의 배치 요도

1.1. 평가 및 진행하는 절차

평가방법은 2개 단계로 나누어진다. 제1단계는 서류를 검토하는 과정이다. 선발 면접 평가를 진행하기 이전에 지원자가 작성한 '자기소개서[14]'와 '고등학교 생활기록부' 등 관련 자료를 통해 지원하게 된 동기와 성장(가정)환경에 관련한 내용을 확인하게 된다. 제2단계는 제출받은 자료를 검토하는 과정에서 특이한 사항이나 의문점이 생기는 내용은 별도로 검증(verify)하거나, 시험장에서 면접관(위원장)의 추가적인 질문을 통해 확인하고 있다.

이때 지원자의 기록에 의존하는 서면(문서) 중심으로 진행하는 평가는 지양하고 지원자의 내면(內面)을 확인할 수 있는 현장 면접을 중심으로 하는 평가 방식을 적용한다. 이를 위해 서면을 확인하는 과정에서 추가로 필요한 부분은 당일 현장에서 구두(口頭) 면접으로 결정하고 있다.

1.2. 핵심평가 요소

첫째, '지원동기'이다. 어떠한 연유로 지원하였는지를 확인하면서 지원자의 주관과 소신에 관하여 분명하고 진정성 있게 story-telling 형식으로 발표하되, 간결하면서도 명확하게 전달 및 표현하는 능력을 갖추고 있는지를 평가하고 있다.

둘째, '성장(가정)환경'이다. 이는 가정환경에 더하여 학교생활과 단체활동 등에 대하여 폭넓게 평가하고 있다.

셋째, '희생과 봉사 정신'이다. 실천적 의지(will)가 우수한지, 다양하고 실질적인 봉사활동 경험이 있는지, 헌신할 수 있는 자세가 되어있는지를 평가하고 있다. 이때 학교(학과) 커리큘럼에 포함되어 봉사한 경험은 긍정적으로 평가받을 수 없음을 기억할 필요가 있다.

넷째, '국가·안보관[15]'이다. 육군의 초급장교로서 갖추어야 할 기초적인 자질과 적성

---

14) '자기소개서'는 앞·뒷면으로 되어있음을 명심하여 내용 기재를 빠뜨리지 않아야 한다. 요구하는 대로 요약 및 정리하는 것도 능력이기 때문이다. 포함 분야는 ① 성장(가정) 환경(부모 형제가 몇 명이라는 형식적인 내용보다는 어떠한 분위기인지, 왜! 좋은지 등 감동할 수 있는 특징을 개성 있게 표현하는 게 좋지만, 허위로 작성할 경우 불이익이 초래됨), ② 성장 과정(학교생활과 동아리 활동 경력, 학생회 간부 경력, 대외적으로 인정받을 수 있는 봉사활동 등), ③ 자신의 자아상을 표현(성격 또는 성향과 좌우명, 국가·안보·가치·인생관, 미래의 최종 목표 등), ④ 지원동기와 실현을 할 수 있는 비전(vision) 또는 포부 등으로 최대한 솔직하고 진정성 있게 작성하는 노력이 평가에 긍정적인 요소로 작용할 수 있다. '자기소개서' 작성 양식(예문)은 ROTC 후보생과 관련한 면접 기법 맨 마지막 부분에 수록하였으니 참고하기 바란다.

에 대하여 평가하고 있다. 국가관이 무엇을 의미하는지, 안보관이 무엇을 의미하는지를 명확하게 이해하고 준비하여야 있다.

1.3. 핵심평가 기준(배점: 120점)

평가항목		긍정적으로 작용하는 분야
지원동기 (10)	긍정	● 자발적 지원 또는 부모와 본인이 모두 하기를 희망
	부정	● 다른 직업을 위해서나, 졸업하려는 목적 또는 타인의 권유에 의한 지원
성장환경 (10)	긍정	● 안정적인 가정환경과 가족관계, 긍정적 품성, 직책 유경험자, 대내외 표창 수상 경력 등
	부정	● 가족 간 갈등 또는 평범한 내용, 대인관계가 무난(無難)
희생정신 (20)	긍정	● 실천적인 의지 보유자, 다양한 봉사경험과 사례
	부정	● 교과 과정의 일환 또는 통상적인 봉사경험, 이기·개인적인 성격, 공명심(功名心)
국가관 (40)	긍정	● 국가관에 대한 이해와 의미를 이해, 합당한 근거를 제시하고 순발력 있게 대처하는지
	부정	● 논리·일관성이 부족, 장황하나 이해가 부족
안보관 (40)	긍정	● 안보관의 개념과 의미에 대한 이해 수준, 합당한 근거를 제시하고 순발력 있게 대처하는지
	부정	● 논리·일관성이 부족, 장황하나 이해가 부족

1.4. 지원자가 유념해야 할 네 가지의 행동 절차 및 요령

첫째, 면접을 진행하기 이전에는 시선을 면접관에게 집중하되, 최대한 긴장하고 있는 모습이 보이면 상대적으로 불리하게 됨을 인식하여야 한다. 따라서 심리적으로도 그래야

---

15) '국가관(國家觀)'은 '대한민국(조국)에 대한 개인의 가치관이나 태도'를 뜻하며, 국가의 목적과 의미, 국가의 성립, 국가의 형태 등에 대하여 개인이 가진 체계적인 견해나 입장이 어떠한지를 확인하기 위함이다. 육군 초급장교로서 어떠한 마음가짐과 어떠한 책임감과 헌신이 필요한지를 이해하는지를 확인하기 위함으로 이해하면 될 듯싶다. '안보관(安保觀)'은 '대한민국의 안전보장에 대한 개인의 견해나 입장'이 무엇인지를 확인하기 위함이다. 남북이 분단되어있는 대한민국의 현실에 대하여 장교로서 갖추어야 하는 기본적인 견해와 태도를 요구한다고 보면 될 듯싶다.

하겠지만, 최대한 자연스럽게 편안한 상태의 모습을 보여주어야 한다.

둘째, 면접을 진행하다 보면, 지원자가 긴장하여 답변과 대응을 하는 과정에서 의도하지 않게 면접관에게 불필요한 반문(反問)을 많이 하게 된다. "예? 다시 한번 말씀 해주십시오.", "잘 못 들었습니다.", "~이해가 잘 안 됩니다.", "무슨 말인지 모르겠습니다.", "옆 지원자의 말과 같습니다." 등 불필요한 말을 생각 없이 하거나, 너무 긴장하여 불필요한 내용을 장황하게 늘어놓은 등의 태도는 최대한 하지 않아야 하며, 핵심에서 벗어나거나, 생뚱맞은 내용을 답변하는 등의 행위는 자제하는 게 좋다. 이러한 행위는 긍정적인 평가보다 오히려 부정적인 평가를 받기가 십상이다.

셋째, 답변이나 대화하는 과정에서 다리를 흔들(떨)거나, 손가락(주먹)을 가만히 두지 못하고 허공을 찌르거나, 눈을 계속 깜박거리거나, 초점이 없는 것처럼 두리번거리거나, 손가락(손) 또는 코 주변을 문지르거나, 귀를 만지작거리거나, 몸을 비비 꼬는 등의 행동은 하지 않는 게 좋다.

넷째, 답변(응답)하는 과정에서 당당하고 자신감 있는 목소리를 유지하여야 한다. 답변하면서도 지원자 스스로가 주제에서 벗어나지 않고 있는지, 조리 있게 답변하는지를 점검하여야 한다.

다섯째, 일부 면접관(면접위원장)의 경우 "장교로 갈 수 있는 과정이 다양한데 왜! 하필 ROTC(학군단)를 지원했는지?"에 대하여 집요하게 추궁하며 압박하는 사례가 가끔 발생한다. 정상적으로 보기는 힘들지만, 지원자의 의지를 확인하는 과정이니 괜스레 긴장하지 말고 명확한 의지를 보이거나, 자신의 확고한 생각을 일관성 있게 피력(반복)하면 된다.

여섯째, 개별면접을 종료하고 퇴장할 때도 입장할 때와 마찬가지로 안정적이고 여유가 있는 자세와 태도를 유지할 필요가 있다. 퇴장할 때까지 면접관은 예리한 시선으로 지원자가 보이는 균형된 자세에 대하여 평가하기 때문이다.

1.5. 면접관이 자주 묻고 긍정적으로 인식하는 key-word

> "story-telling 방식으로 자신감을 가지고 당당하게 답변하되, 내용은 핵심적으로 요약(30초~1분 이내)"

☆ 지원동기: 애국심이 느껴질 수 있는 직·간접적인 경험 사례를 다양하게 작성(준비)하여야 한다.

☆ 성장(가정)환경: 집안의 가훈(家訓)과 이를 선정한 의미, 의미를 부여할 수 있는 집안

의 내력 또는 자랑할 만한 사실, 가족 현황이 아닌 의미가 있는 가족 간의 관계 등을 간략하게 요약하여야 한다.

☆ 희생과 봉사 정신: 대외적으로 봉사 활동한 경험 중 의미를 부여할 수 있는 사례를 story-telling 형식으로 간략하게 정리하여야 한다.

☆ 국가・안보관: 지원자의 생각을 국가안보와 국익(國益), 국민을 위하는 차원에서 정리하여야 한다.

* 장교라는 신분을 전제(前提)하고 준비하는 열정이 필요하다.

2. 네 가지 분야의 평가요소와 답변(대응) 기법

※ 공통으로 유념할 사항

구 분	주요 내용
긍정요소(☺)	자기소개서와의 일관성을 유지하되, 핵심 내용을 story-telling 형식으로 간략하게 발표
부정요소(😠)	이상적(理想的) 또는 추상적(抽象的)인 모호한 답변, 이기주의자, 염세적・비판적인 사고방식을 고집
질의응답 패턴	여러 개의 질문을 준비한 안(案) 중에서 2~3개 항목만 선택하여 집중적으로 진행

2-1. 지원하게 된 동기(배점: 10점)

"자신의 성격이나 적성 등과 연계하여 장교가 되려는 이유를 구체적으로 설명"

구 분	주요 내용
긍정요소(☺)	● 본인 또는 부모, 모두 희망, 외향적 성격과 적성에 부합 ● 영향을 받은 주변 인물과 본인의 적극적인 노력을 제시
부정요소(😠)	● 장교 이외의 직업 또는 졸업을 위한 목적, 부모의 권유 등

① **지원자 본인의 판단인지, 다른 요인(영향)에 의한 것인지**

- 학군단에 지원할 때 가장 크게 영향을 받은 사람과 지원자가 이를 위해 노력했다면, 어떠한 방법으로 어떠한 방향에서 얼마만큼 노력하였는지?
- 왜! 지원자가 장교(ROTC) 후보생으로 선발되어야 하는지, 그 당위성은?
- 미선발될 경우 지원자는 어떻게 할 것인지에 대하여 생각한 것이 있다면?
- 지원자가 면접관이라면, 어떠한 유형의 인재를 장교(ROTC) 후보생으로 선발할 것인지?
- 장교가 되기를 결심하게 된 계기가 있다면?, 장래 목표와 비전이 있다면?
- 지원자의 성격이나 적성 등을 고려할 때 어떠한 측면이 장교에 적합하다고 생각하고 있는지?
- 지원자가 장교로 임관한다면, 어느 분야에서 근무하고 싶은지?
- 장교(ROTC) 후보생이 된다면, 어떻게 하겠다는 각오인지? 의무복무 장교를 원하는지?, 아니면, 장기복무(전문직업) 장교를 하기 위함인지? 아니면, 다른 목표가 있는데, 그 목표를 달성하는데 필요한 중간 단계인지?
- 직업 장교를 생각하고 지원한 것인지, 단순히 의무복무를 마치기 위함인지? 지원자의 목표는 무엇인지? 왜! 장교를 해야만 한다고 생각하는지?
- 장교가 왜! 되려고 하는지, 무엇을 위함인지?
- 장교의 어떤 부분에서 매력이나 장점으로 느끼고 있는지?
- 장교(ROTC) 후보생으로 선발된다면, 지원자의 목표와 각오는?

② **과연 장교 신분에 적합한 인재인지 아닌지**

- 장교로서 가장 힘들거나, 어려운 일은 무엇이라고 생각하는지, 들어본 적이 있는지, 지원자가 그 상황에 있다면 어떻게 극복할 것인지?
- 지원자는 무엇 때문에 장교(ROTC) 후보생으로 적합하다고 생각하는지?
- 지원자가 장교로서 상관과 동료, 부하들에게 존경과 신뢰받는 Leader가 되기 위해서는 어떠한 노력과 열정이 필요하다고 생각하는지?
- 지원자가 roll-model로 삼고 싶은 軍 관련 인물은 누구인지? 어떠한 점을 따르고 싶고 배우고 싶은 것인지?
- 장교(직업군인)로서 가치관과 갖출 덕목은 무엇이라고 생각하는지?
- 모범적인 덕목을 갖추기 위한 지원자의 노력과 장교(ROTC) 후보생으로 선발된다면, 그 성과를 높이기 위하여 어떻게 행동(실천)해야 한다고 생각하는지?

- 지원자가 내세울 만한 가장 큰 장점과 최종 목표는 무엇인지?
- 장교(ROTC) 후보생이 된다면, 자신의 최종 목표를 이루기 위해 지금부터 어떠한 노력을 할 것인지?

③ 후보생이 되려는 의사를 철회하거나, 포기할 가능성 유무(有無)

- 대학 생활을 영위하는 과정에서 겨울·여름 방학 기간을 이용한 입영훈련과 소집 등으로 통제받을 것인데 따라올 수 있는지? 없다면, 왜! 그런지?
- ROTC 후보생이 되면, 아르바이트가 일부 제한될 수 있는데, 갑작스럽게 생활고에 쪼들린다면, 어떻게 할 것인지?
- 의무복무 장교로 임관하였다가 직업 장교로 전환하고 싶은데, 가족이나 여자친구(지인) 등이 강하게 반대한다면, 지원자는 어떻게 할 것인지?
- 장교(ROTC) 후보생으로 선발되었으나, 학업을 계속하고 싶고, 복무기간이 길기에 병사로 군에 입대하고 싶은 생각 또는 해외 유학 기회 등이 생긴다면, 굳이 후보생으로 있을 필요가 있는지?
- 지원자가 학문 쪽으로 계속할 기회가 있거나, 관련 경력을 쌓기 위해 복수전공 또는 해외연수(유학)를 신청하려고 하는데, 학군단의 통제와 일정이 맞지 않을 경우가 생기거나, 제한을 받게 된다면?
- 신체적 질병이 생기거나, 이전에 다친 부위가 악화(惡化)하여 ROTC 후보생 신분을 유지하는 데 어려움이 생기거나, 회의(懷疑), 후보생 신분에 지장을 받을 수 있는 어려움에 직면했을 때 어떻게 행동할 것인지?

2-2. 성장(가정) 환경(배점: 10점)

> "가족관계는 숫자나 현황이 중요한 게 아니라 어떠한 관계로 형성되어 있는지를 간략하지만, 구체적으로 설명"

구 분	주요 내용
긍정요소(☺)	우수한 품성, 안정적인 가정환경, 리더직책 유경험자, 모범적인 학교생활자(대외 표창 수상자 포함), 어려운 환경 극복 경험
부정요소(😠)	배타·폭력·극단적인 사고, 조직 및 리더 직책을 미경험

① **성장환경과 가족관계**

- 지원자의 가족을 소개하고, 어떻게 성장했는지?
- 지원자에게 부모님은 어떠한 존재로 느끼고 있는지? 생각이 없음? 어려움?
- 가족과 부모님에 대한 자부심이나 존경심이 있다면, 무엇인지?
- 가족과 친구 사이에서 지원자의 장점(단점)이 있다면?, 어떻게 평가받고 있다고 생각하는지? 그 이유는?
- 가족 중에서 가장 신뢰하는 사람이 있다면? 그 이유는?
- 가족과 자주 대화하는지?, 한다면, 주제는 주로 어떠한 내용인지?
- 부모님이나 선생님 또는 따르고 싶은 인물은 누구인지? 그로부터 받은 선한 영향력이 있다면? 그리고 이를 어떻게 실천하거나 적용하고 있는지?
- 현재 가정에서 가장 큰 고민거리가 있다면, 무엇인지?
- 현재 가정에서 가장 즐거운 일이 있다면, 무엇인지?
- 부모님이 가장 귀하게 강조하시는 교훈(가훈)이 있다면?
- 지원자의 성격을 한마디로 정리한다면, 어떤 성격을 가졌다고 생각하는지?
- 주변에서 바라보는 지원자의 성격은 어떻게 평가받고 있는지?
- 지원자의 인생에서 가장 소중한 것은 무엇인지? 왜! 그렇게 생각하는지? 이를 이루기 위해 실천한 노력이 있다면?
- 성공이나 실패했던 경험이 있다면? 이를 통해 지원자가 깨달은 점은? 성공을 위해 발전적으로 적용하거나, 변화시킨 내용이 있다면?
- 지원자의 과거를 기억할 때 어느 시절이 좋았는지, 그 이유는?
- 개인적인 행동과 집단 활동 중에서 지원자가 좋아하는 활동은 무엇인지? 그 활동을 좋아하게 된 이유가 있다면?

② **학교생활과 사회성**16)

- 방학이나 주말에는 주로 무엇을 하며 시간을 보내는지?, 친구의 초대를 받았는데, 고향의 부모님이 내려오라고 연락이 오면 어떻게 행동할 것인지?
- 동아리 활동이나 모임에 참석했다면, 어떠한 종류의 활동이나 모임인지? 그곳에서 지원자의 역할이나 직책은?, 역할이나 직책에 관한 생각은?
- 지원자에게 학교는 어떠한 의미인지?, 친구들과의 관계 정도는?
- 지금까지의 학교생활 중 가장 자랑스럽고, 가장 후회되는 것이 있다면?
- 친한 친구와 다툼이나 갈등이 발생한 사례가 있는지? 왜! 다투었는지? 어떻게 해결 및 극복하였는지?
- 친구나 선·후배, 폭력배 등으로부터 폭력을 당했거나, 행사한 경험은?
- 있다면, 언제인지? 어떤 상황이었는지?
- 지금 유사한 상황이 발생한다면, 이전과 같이 행동할 것인지? 아니면, 다른 방법이 강구할 마음이 있는지?
- 초등학교와 중학교, 고등학교 시절을 추억해 볼 때 가장 기억에 남는 일이 있다면? 그 이유는?
- 지원자가 가지고 있는 지난 학창 시절의 추억이 있다면? 그 이유는?
- 지원자는 친구들에게 어떠한 인물로 비치고 있다고 생각하는지? 그 이유는?, 어떠한 사람으로 기억되기를 바라는지?
- 일상생활과 종교활동 중 무엇이 더 중요하다고 생각하는지? 장교로 임관하여 근무하다 보면, 업무로 인하여 종교활동이 제한을 받을 수 있는데, 이에 관한 지원자의 생각은?
- 지원자의 건강을 유지하기 위하여 어떠한 노력을 하고 있는지?
- 지원자의 생활신조나 자신의 인생에서 가장 소중한 것은 무엇인지?
- 매달 용돈은 얼마나 사용하며, 주로 어떤 용도로 사용하는지?
- 부모님과 일주일에 몇 차례 통화하는지, 횟수나 주된 내용은?
- 우리 가족의 가장 큰 장점 세 가지는?

---

16) '사회성(sociality)'은 인간의 근본적인 성질, 즉, 인격과 성격을 분류할 때 나타나는 특성의 하나로서 '사회에 적응해나가는 개인의 소질이나 능력 또는 대인관계의 원만함 정도'를 뜻하고 있다.

③ 건전한 가치관과 종교관

- 지원자의 종교와 종교관은 무엇인지?
- 지원자가 인생에서 가장 중요하게 생각하는 가치관이 있다면?
- 일생을 살아가면서 변함없이 실천하고 싶은 덕목이 있다면, 무엇인지?
- 대학 생활을 하는 과정에서 동계·하계 방학 기간을 이용하는 입영훈련과 소집 등의 통제를 받게 될 것인데 따라올 수 있는지? 없다면, 그 이유는?
- 장교(ROTC) 후보생이 되면, 일반 학생 때는 문제가 없던 아르바이트가 일부 제한될 수 있다. 이로 인해 생활고나 어려움에 쪼들린다면, 어떻게 할 것인지?
- 의무복무 장교로 임관하였다가 직업 장교로 전환하고 싶은데, 가족이나 여자친구(지인) 등이 반대하고 있다. 지원자는 어떻게 결정할 것인지?
- 지원자가 학문을 계속할 기회가 생기거나, 軍 이외에 관련 경력을 쌓기 위해 복수전공 또는 해외연수(유학)를 신청하려고 하는데, 학군단의 통제와 방향이 자신의 목표 및 미래와 맞지 않을 경우나 제한이 발생한다면?
- 신체적 질병이 생기거나, 이전에 사고로 인해 다친 부위가 악화(惡化)하여 장교(ROTC) 후보생 신분을 유지하는 데 어려움이 생기거나, 회의(懷疑)감이 들거나, 후보생 신분에 지장을 초래 받을 수 있는 어려움에 직면했을 때 지원자는 어떻게 행동할 것인지?, 어떠한 방향으로 판단할 것 같은지?
- 지원자가 믿고 있는 종교 이외의 다른 종교를 믿는 사람들에 대하여 어떻게 생각하는지? 다른 사람의 종교도 존중되어야 한다고 생각하는지? 아니면, 다른 생각을 하고 있는지? 그 이유는 무엇인지?
- 종교적 신념을 이유로 군 복무에 반대하는 주장(의견)에 대한 지원자의 생각은 무엇인지?
- 어려운 상황(일)이나, 힘들고 고달픈 환경에 직면했을 때 종교에 의지한 경험이 있는지? 당시에 어떠한 점이 지원자를 의지할 수 있게 하였는지?
- 지원자가 기억하는 집안의 가훈(家訓)은 무엇인지?, 가훈이 없다면, 가훈으로 삼고 싶은 문장이나 용어가 있는지?
- 종교가 다르다는 이유로 타 종교(신도)를 배척하는 사례를 주변에서 종종 접할 수 있다. 종교가 다르다는 이유로 자기가 믿는 종교 이외는 배척하고 핍박을 당연시하는 사람들에 대한 지원자의 생각은?
- 지원자가 인생을 살아오면서 가장 중요하게 생각하는 가치관이나 덕목이 있다면, 무엇인지?
- 부모님이 말씀하시는 소중한 가치관 중에 기억나는 게 있다면?

2-3. 헌신과 봉사의 희생정신17)(배점: 20점)

구 분	주요 내용
긍정요소(☺)	희생정신 탁월, 강력한 실천적 의지가 뚜렷, 다양한 봉사경험
부정요소(☹)	개인·이기적인 사고방식, 공명심(功名心)

① 대내·외 봉사활동 경험과 포용성

- 도움이 필요한 사람에게 어떠한 형태로든 도움을 준 경험(사례)이 있는지?
  있다면, 그러한 행위를 하게 된 계기는 무엇이라고 생각하는지?,
  없다면, 왜! 자신이 그러한 도움을 요청받지 않았거나, 요청받지 못한데
  대하여 자신에게 어느 정도의 점수를 주고 싶은지?, 그 이유는?
- 지원자가 스스로 평가할 때 자신이 처음부터 자원하여 참여한 것인지?,
  아니면, 주변의 시선과 자신의 명예(자존감)를 높이려는 방법인지?
- 참여한 봉사활동은 주로 어떠한 유형(종류)이었고, 어떠한 의미인지?,
  있다면, 지원자에게 어떠한 깨달음(보람, 자부심 등)을 갖게 하였는지?
- 지원자가 참여한 봉사활동 중 가장 기억에 남고 보람과 자랑할만한 사례가
  있다면, 구체적으로 얘기해 볼 수 있는지?
- 지난 학창 시절 친구들에게 괴롭힘을 당한 친구를 도와준 경험은?,
  아니면, 도움을 외면한 사례는?, 있다면, 왜! 외면할 수밖에 없었다고
  생각하는지?, 지원자가 이전과 같은 마음가짐을 갖고 있다면, 앞으로도
  유사한 상황에 직면할 수 있다. 이때 어떻게 행동해야 한다고 생각하는지?
- 다른 사람들의 복지나 봉사를 위해 자신을 희생한 인물 중 존경하는 인물이
  있다면, 누구인지?, 그 이유는?, 어떠한 점이 본받을만하다고 생각하는지?
- 지원자가 불이익을 감수하며 다른 사람을 도와준 경험이 있는지? 있다면,
  왜! 그랬는지?, 유사한 사례가 발생하면 도와줄 마음이 있는지? 그 이유는?
- 자신의 나라가 아닌데도 불구하고 6·25전쟁에 참전하였던 우방국의 참전
  용사들이 힘들게 살아가고 있는 모습들을 가끔 접하게 된다. 지원자는
  이들의 모습을 보고 어떠한 생각을 가지게 되고, 그들을 위해 어떠한 노력을
  기울여야 한다고 생각해 본 적이 있는지?, 아니면, 남의 나라 문제이니
  더 해줄 필요가 없는지? 아니면, 이외의 다른 생각을 하고 있는지?

---

17) '희생정신'은 '남을 위하여 자신의 목숨이나 재물, 명예, 권리, 자유 따위를 바치는 정신'으로 여기서는 장교단의 구성원으로서 국가(국민)를 위해 목숨을 바쳐 헌신하겠다는 사명감과 소명의식(calling)을 포함하고 있다고 이해하면 좋을 듯하다.

② **희생정신과 올바른 가치관**[18]

- 세월호 침몰 사건 당시 생존자의 구조 활동에 참여한 해군과 민간잠수부, 자원봉사자들의 모습을 보면서 느낀 감정은?
- 연평도 포격 도발 당시 화염 속에서도 끝까지 포탑을 사수하던 해병대원의 모습을 볼 수 있다. 지원자가 느낀 점이 있다면?
- 천안함이 침몰했던 사건에서 북한의 소행으로 판명되었다. 이때 지원자가 느낀 점이 있다면?
- 당장 경제적 어려움이 있는데, 국가(사회)를 위해 일정 금액을 지출할 수밖에 없다면, 지원자는 어떻게 행동할 것인지?
- 도시에서 생활하던 지원자는 가정형편이 경제적으로 어려워지면서 환경이 열악한 지역에서 생활할 수밖에 없게 되었다. 이때 어떻게 할 것인지?
- 방학이나 주말에 주로 무엇을 하며 시간을 보내는지?, 갑자기 친구 초대를 받았는데, 고향의 부모님이 내려오라고 연락이 오면 어떻게 행동할 것인지?
- 동아리 활동이나 모임에 참석했다면, 어떠한 종류의 활동이나 모임인지?, 그곳에서 지원자의 역할이나 직책은?, 역할이나 직책에 관한 생각은?
- 지원자에게 학교는 어떠한 의미인지?, 친구들과의 관계 정도는?
- 친한 친구와 다툼이나 갈등이 발생한 사례가 있는지? 왜! 다투었는지?, 어떻게 해결 및 극복하였는지?
- 지원자가 가지고 있는 지난 학창 시절의 추억이 있다면?, 그 이유는?
- 초등학교와 중학교, 고등학교 시절을 추억해 볼 때 가장 기억에 남는 일이 있다면? 그 이유는?
- 지원자는 친구들에게 어떠한 인물로 비치고 있다고 생각하는지?, 그 이유는? 어떠한 사람으로 기억되기를 바라는지?
- 일상생활과 종교활동 중 무엇이 더 중요하다고 생각하는지?, 장교로 임관하여 근무하다 보면, 업무로 인하여 종교활동이 제한을 받을 수 있는데, 이에 관한 지원자의 생각은?
- 지원자가 인생에서 가장 중요하게 생각하는 가치관이 있다면?
- 장차 장교로서 군과 국가를 위해 어떠한 역할을 하고 싶은지?
- 살아가는 동안 변함없이 실천하고 싶은 덕목이 있다면, 무엇인지?
- 장교에게 요구되어야 할 덕목이 있다면, 무엇이라고 생각하는지?

---

[18] '가치관'은 '어떠한 상황이나 환경에 처하더라도 올바른 판단과 조치를 반드시 실천하겠다는 의지(will)와 신념(belief), 태도(attitude)'를 뜻하고 있다.

2-4. 국가관과 안보관

※ 공통으로 유념할 사항

구 분	주요 내용
긍정요소(☺)	주제에 대한 이해가 탁월하고, story-telling 형식에 따른 답변을 논리·합리적으로 설명
부정요소(☹)	독특한 사고방식을 소유, 병역기피에 긍정적 측면으로 바라보는 사고(思考), 韓·美 동맹에 부정적인 인식 구비자

2-4-1. 국가관(배점: 40점)

구 분	주요 내용
긍정요소(☺)	국가관이 건전, 관련 이해도가 높고, 합리·논리적인 설명
부정요소(☹)	장황하고 비논리적 또는 단순하게 강한 의지만 표출

① 올바른 역사 인식과 국가관

- 북한이 지금 당장 도발한다면, 어떻게 행동할 것인지?, 장교(ROTC) 후보생 신분에서 어떻게 하는 것이 국가(군)에 도움이 된다고 생각하는지?
- '국가(State)'란 무엇인지?, 어떻게 해야 국가에 충성 및 기여할 수 있는지? 지원자만이 기여할 수 있는 분야(영역)나 강점이 있다면?
- 대한민국의 우수성은 무엇이며, 우리가 국제사회에 기여하고 있는 분야에 관하여 대표적인 사례를 제시하고 설명할 수 있는지?
- 대한민국이 지속 발전하면서 선진국 대열에도 합류하기 위해서는 어떠한 노력이 필요하고, 어느 분야에서 분발해야 하는지를 제시한다면?
- 대한민국이 6·25전쟁을 겪고 난 이후 온갖 어려움과 위기에도 불구하고 그간 초고속 성장을 할 수 있었던 원동력과 결정적인 요인은 무엇인지?
- 한국군이 해외파병을 통해 얻을 수 있는 국가적 위상과 성과는 무엇인지?
- 대한민국은 한반도의 유일한 합법 정부이다. 정통성을 알리기 위한 대표적인 사례 몇 가지를 제시하거나, 설명한다면?
- 6·25전쟁이 발발한 원인은 무엇이고, 이후 최근까지 북한이 의도를 갖고 외국은 배격한 상태에서 '우리민족끼리' 공조해야 한다고 주장하고 있음은 익히 알려진 사실이다. 이와 관련한 지원자의 생각은?
- 최근 종교 및 개인 신념을 이유로 병역을 거부하는 일부 '양심적 병역 거부자'들에 대한 지원자의 생각은? 그 이유는?

② **이념적 성향**

- "'민주주의 국가'에서는 국가의 이익보다 개인의 이익이 우선한다."라는 주장이 있다. 이에 대한 지원자의 생각은?
- 남북통일은 어떠한 형식(방식)으로 되어야 한다고 보는지? 통일만 된다면, 어떠한 방식으로 하여도 문제없다는 주장에 대하여 어떻게 생각하는지?
- "우리 민족이 통일만 된다면, 국가의 이념이나 정치제도는 문제가 될 것이 없다."라는 일부의 주장에 대하여 어떻게 생각하는지? 그 이유는?
- 대한민국의 체제와 북한 체제의 특징을 비교하고 지원자가 생각하는 이상적인 정부의 체제는 무엇이라고 생각하는지? 그 이유는?
- 얼마 전 인천상륙작전의 상징인 더글러스 맥아더 장군의 동상을 철거하여야 한다는 문제로 여론이 둘로 갈라진 적이 있다. 왜! 이러한 의견 충돌이 일어난다고 생각하는지?
  공방(攻防)이 일어난 원인은 무엇이라고 생각하는지?
  지원자는 어느 쪽 주장이 타당하다고 생각하는지?
- 자유민주주의와 공산주의(사회주의) 양 체제의 특징을 비교하고 어느 체제가 상대적으로 우수하고 정당성을 갖는다고 생각하는지? 그 이유는?

2-4-2. 안보관(배점: 40점)

구 분	주요 내용
긍정요소(☺)	안보관이 건전, 관련 이해도가 높고, 합리·논리적인 설명
부정요소(😡)	장황하고 비논리적 또는 단순하게 강한 의지만 표출

① **대적관(對敵觀)과 우방국에 대한 인식**

- 북한이 도발한 사례 중 대표적인 몇 가지를 제시할 수 있는지?, 도발 책동이 다시 발생한다면, 정부와 국민, 군이 어떻게 대응해야 할지를 구체적으로 제시한다면? 그 이유는?
- 대한민국의 현실 적국은 어디라고 생각하는지? 그 이유는?
- 우리의 적은 누구인지? 왜! 그렇게 생각하는지?
- 북한이 대를 이어 오면서 주한미군의 철수를 주장하는 저의가 무엇인지?, 우리나라에서 북한의 주장에 동조하는 단체(인물) 등에 대하여 어떻게 생각하고 있는지? 그 이유는?

- 북한이 미국을 비롯한 세계 강대국들의 반대에도 불구하고 핵 개발을 계속하고 있고, 장·단거리 미사일을 수시로 발사하고 있다. 최근은 장거리 정밀유도무기 개발로 한반도 전역이 위협받고 있다. 이에 대한 지원자의 생각은?
- 북한은 대한민국에 어떠한 존재이며, 지원자가 장교(ROTC) 후보생 또는 장교라면, 이들에 대하여 어떻게 처신해야 한다고 생각하는지? 그 이유는?
- 미국은 한국과 혈맹(血盟)의 관계다. 최근 韓·美 간 방위비 분담금 협상, 인도-태평양 전략 등에 동참과 관련한 불협화음 등이 발생하고 있다. 또한, '주둔군 지위협정(SOFA)'에 의해 미군에게 주어진 과도한 혜택 등이 도마 위에 올라 있다. 이로 인해 주한 미군을 철수해야 한다는 주장에 동조하는 기류가 있다. 지원자의 생각은 어떠한지?
- 서해 북방한계선(NLL)은 무엇인지, 어떠한 상황인지에 대하여 설명한다면?, 연평도 포격과 같은 도발이 재발한다면, 국가와 국민, 군이 어떻게 대응해야 한다고 생각하는지?
- 2021년도는 6·25전쟁이 일어난 지 71주년이 되는 해이다. 현재 한반도가 직면하고 있는 안보 상황에 대하여 어떻게 생각하는지? 몇 가지의 대표적인 사례를 제시한다면? 그 이유는?

② 軍에 대한 인식과 안보 의식

- 대한민국과 북한의 역사적 정통성을 논쟁한다면, 어느 쪽이 상대적으로 정당하다고 생각하는지?
- 사회(공산)주의에 자유민주주의를 비교한다면, 어느 쪽이 우월하다고 생각하는지? 그 이유는?
- 남·북한이 통일되어야 하는지? 그렇다면, 그 당위성은 무엇이라고 생각하는지?
- 한반도를 둘러싼 동북아 정세와 안보환경 구도를 어떻게 생각하는지?
- 지원자는 대한민국의 국가안보를 수호하기 위하여 어떠한 실천 노력을 할 수 하는지? 무엇을, 어떻게 해야 한다고 생각하는지?
- 북한은 대한민국에 핵 발사와 무력도발을 통한 위협과 평화협정(평화통일) 용어를 병행하여 사용하고 있다. 이유(목적)가 무엇이라고 생각하는지?
- 중국이 2000년대 초부터 '동북공정(東北工程)'을 진행하면서 역사를 왜곡하는 저의(의도)가 무엇이고, 우리가 어떻게 대응해야 한다고 생각하는지?

- 일본은 최근까지도 독도 영유권을 주장하고 있으며, 위안부 강제 동원과 징용노동자에 대한 사과와 배상 등에 대한 반성의 태도를 보이지 않고 있다. 우리가 어떻게 대처해야 하며, 국민은 어떻게 행동해야 할지에 대한 생각은?
- 일본은 자위대를 전쟁이 가능한 군대로 만들고자 노력하고 있다. 이에 대하여 우리나라가 대비하여야 할 분야가 있다면, 무엇이라고 생각하는지?, 일본이 한반도에 대한 도발을 자행한다면, 지원자는 어떻게 행동할 것인지?
- 대한민국이 왜! 막대한 국방예산을 사용하면서 군대를 유지해야 하는지에 대한 지원자의 생각은? 軍이 과연 필요하다고 생각하는지? 아니면, 軍이 그렇게 필요하지 않다는 주장에 대한 지원자의 생각은?
- 국가와 軍은 어떠한 상관관계에 있는지? 평상시에 軍이 대한민국의 안보를 위해 어떠한 역할을 하고 있는지? 어떠한 역할을 해야 하는지?
- 일본과 중국, 러시아의 방공식별구역 무단 확장과 대한민국의 방공식별구역(KADIZ)에 무단으로 침범하는 사례가 빈발하고 있다. 국내·외적으로 어떠한 의미가 있는지? 이에 대한 지원자의 생각과 취해야 할 처신이 있다면, 어떠한 것이라고 얘기할 수 있는지?
- 정부 시책에 반대하며 다수의 국민을 선동하여 국가 전복을 꾀하는 종북(從北) 단체가 아직도 일부 존재하고 있다. 현재 시점에서 국가 또는 국민이 어떻게 처신해야 하는지에 대한 지원자의 생각은?
- 장교(ROTC) 후보생으로서 학교생활 간 어떻게 행동해야 하고, 장교로 임관하면, 어떻게 행동해야 할 것인지에 대한 지원자의 생각은?
- 상관이 부당한 지시나 행동을 강요한다면, 지원자는 어떻게 할 것인지?
- 군대는 계급 사회로서 계급을 구분하고 있는 이유와 필요성에 대하여 지원자의 생각은 무엇인지? 왜! 필요하며, 왜! 계급을 구분하여야 하는지?

제4절 제3 시험장

> "자기의 소신과 방향성을 분명히 하고 내용은 일관되게"

1. 진행 절차와 핵심평가 요소, 행동하는 요령

　제3 시험장은 해당 학군단장이 시험위원장(이하 면접위원장)이 된다. 각 시험장에서 채점한 결과를 토대로 하여 면접시험에 대한 종합판정과 인성(품성)을 심층적으로 평가하는 마지막 과정이다. 이때 심층 면접을 위해 개인별로 입장하게 되며, 소요시간은 ±5분으로 이해하면 될 듯싶다.

　면접관은 준비되어있는 개인별 신상(身上) 자료와 채점 결과를 기초로 하여 필요한 부분은 질의응답 방식을 통해 최종적으로 판정한다. 이때 '인성검사(MMPI)'와 '직무성격 검사(PI)' 결과에 대한 자료를 사전에 검토하는 과정에서 의문이 생기거나, 직접 지원자에게 재확인이 필요하면, 현장에서 직접 질문하면서 답변을 요구하기도 한다.

　면접관은 지원자의 응답을 들은 다음 평가 기준과 비교하여 탁월에서부터 저조(저열) 대상까지 순서를 매긴다. 이때 점수를 매기는 기준은 평가 기준과 일치하는 내용이 많으면, 역량을 우수하게 평가받을 수 있고 해당하는 부분이 적으면, 점수는 낮게 부여받을 수 있다고 보면 된다. 3명의 면접관이 모두 각자 점수를 부여하고, 각 시험장에서 면접관별로 부여한 시험장별 종합점수를 합산하여 결과를 작성하게 된다. <그림 2-4>는 제3시험장 내부의 배치 요도다.

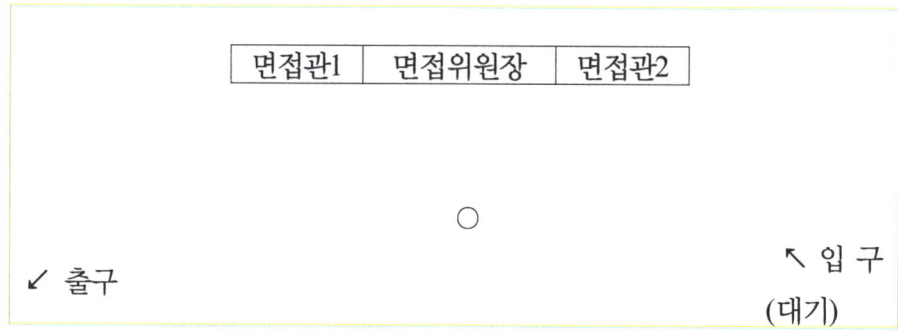

<그림 2-4> 제3시험장 내부의 배치 요도

1.1. 평가 및 진행하는 절차

평가는 다양한 미니 인터뷰(MMI)[19] 방식을 채택하여 사전에 지원자가 정형화된 양식에 맞게 작성하여 제출하거나, 추가 확인이 필요하여 별도로 제출받은 면접 참고자료[20]를 병행하여 확인한 다음 합산하여 점수를 결정하는 방식이다. 이때 지원자의 인성(품성)과 관련한 의문점에 관한 확인(선별)이 가능하도록 만든 질문지를 면접장 앞에서 대기하고 있는 지원자들에 주어 필요한 답변을 준비할 수 있도록 10분여의 시간을 부여하고 있다. 이후 해당 지원자가 입장하여 면접을 진행하는 과정에서 구두로 확인하는 절차를 거치게 된다. 종합판정 결과는 '합격', '불합격', '재고'로 분류하고 있다.

세부 절차로는 1명씩 입장하게 된다. 면접관은 참고자료를 확인한 다음 한국국방연구원(KIDA)에서 제공한 결과표와 AI 면접 결과지에 나와 있는 관련된 항목과 복무적합도를 검사한 결과를 중심으로 질문을 이어가게 된다. 이때 면접장별 판정 결과와 제3면접장의 평가결과를 종합하여 전체적으로 합·불합격을 판정하고 있음을 이해하여야 한다.

1.2. 핵심평가/판정 요소

제3시험장의 핵심평가/판정 요소는 크게 여섯 가지 분야로 구분하여 평가하고 있다.

첫째, '정서적 안정감(emotional stability)[21]'이다. 이때 ① 갈등이나 스트레스를 유발하는 요인을 정확하게 인지하고 있거나, ② 주변과의 관계가 원만하거나 문제를 해결할 수 있거나, ③ 충동적인 감정을 잘 추스르거나, 문제가 발생하여도 극복할 의지가 충만해 보인다면, 긍정적으로 평가받을 수 있다. 반면에 ① 비전(vision)이나 목표 의식이 아예 보이지 않거나, ② 피동·수동적이거나, ③ 책임 의식 또는 해결하려는 의지가 빈약하게 보인다면, 부정적으로 평가받을 수밖에 없다.

---

19) 'MMI'는 'Multiple Mini Interview'의 약자로서 '다양한 미니인터뷰 또는 시나리오에 기반한 질문에 대한 답변'으로 진행하는 방식을 뜻하고 있다.
20) ① 자기소개서, ② 복무적합도 검사 결과지, ③ 직무성격 검사(PI) 결과지, ④ 필요하면, 고교생활기록부 등을 추가로 제공하고 있다.
21) '심리검사'에서 활용하고 방법의 하나로서 33개 항목으로 구분되어 있다. 이 검사는 틀린 답을 찾는 게 아니라 자신이 생각과 가장 일치하는 곳에 표시하게 되어있는 질문지 형식의 검사다.

둘째, '원만한 성격(smoothness)22)'이다. 이때 ① 문제가 생겼을 때 서로의 생각 차이와 쟁점이 무엇인지를 정확하게 파악하고 있거나, ② 상대와 갈등을 해결 및 설득하기 위한 노력이 있거나, ③ 대화를 회피하지 않고 원만하게 소통(communication)하면서 좋은 결과를 만들기 위하여 노력한다면, 긍정적으로 평가받을 수 있다. 반면에 ① 갈등을 해소하기 위한 별다른 노력의 흔적이 보이지 않거나, ② 상대와의 관계가 개선되기는커녕 갈등의 골이 오히려 심해진다면, 부정적으로 평가받을 수밖에 없다.

셋째, '개방성(openness)23)'이다. 이때 ① 스스로 자신의 부족한 점을 반성하고 새로운 가치(현실)를 깨우치며 수용 및 배우고자 하는 의지가 강하거나, ② 다른 사람의 의견을 존중하며 서로 의견 및 가치관이 다르더라도 포용 및 배려할 줄 아는 사람이거나, ③ 자기만의 고집(아집)을 부리지 않고, 상황에 유연하게 대처할 수 있다면, 긍정적으로 평가받을 수 있다. 반면에 ① 자신의 부족함이 무엇인지 알면서도 개선하려는 노력이 보이지 않는다거나, ② 자기중심적인 사고방식의 소유자로서 다른 사람의 의견 및 가치관을 수용하지 않는다거나, 무조건 거부(부정)하려고 한다면, 부정적으로 평가받을 수밖에 없다.

넷째, '성실성(sincerity)24)'이다. 이때 ① 부여받은 업무와 목표를 달성하기 위해 적극적으로 노력하는 유형으로 주어진 책임과 성과를 다하려는 책임 의식이 강하거나, ② 업무(과제)를 수행할 때 스스로 인내하면서 끈기와 집념으로 끝까지 업무를 완수하려는 의지가 강하거나, ③ 주변과 직·간접적인 경험적 요인을 통해 개선 및 발전하고자

---

22) '외향성(extroversion)'은 '활동적이고 감정이 겉으로 잘 나타나는 성격으로 사교적이고 주변에 동화하기 쉬우며, 외부 세계에 관심을 드러내는 성격'을 뜻하고 있다.
23) '개방성(openness)'은 '개인(집단)이 다른 개인(집단)과 자유롭게 교류하거나 교감을 나누는 상태 또는 성질'을 뜻하고 있다.
24) '성실성(sincerity)'은 '세심하고 면밀하면서 부지런한 성격'을 뜻하고 있다.

하는 의지가 강하고 업무를 지시하는 대로만 하기보다 자신이 고민하여 계획을 발전시키고 창의적인 방법으로 발전시키기 위해 노력하는 측면이 있다면, 긍정적으로 평가받을 수 있다. 반면에 ① 자신의 미래에 대한 비전(vision)이나, 목표 의식이 없는 가운데 시키니까 한다는 수동·피동적으로 행위를 하거나, ② 책임의식이 없고, 업무를 해결 및 극복하려는 의지와 절실함이 없다면, 부정적으로 평가받을 수밖에 없다.

다섯째, '외향성(extrovert)[25]'이다. 이때 ① 자신감을 가지고 당당하게 적극·능동적으로 업무를 수행하고자 노력하거나, ② 기존에 수행하는 방식보다 성과 있는 대안(代案)을 찾기 위해 노력하거나, ③ 발전적인 기회를 얻기 위해 스스로 배우고 찾으려고 노력한다면, 긍정적으로 평가받을 수 있다. 반면에 ① 성과 창출을 위한 노력이 보이지 않거나, ② 기존에 하는 방식대로만 업무를 수행하면서도 소극적이거나, ③ 문제에 봉착했을 때 해결 및 극복하려는 의지가 보이지 않는다면, 부정적으로 평가받을 수밖에 없다.

여섯째, '정직성(honesty)[26]'이다. 이때 ① 군조직(집단)에 기여하고 필요한 인재가 되기 위해 적극적으로 노력하거나, ② 업무를 수행하는 과정에서 문제가 발생하였을 때 자신이 실수 또는 잘못했음을 솔직하게 인정 및 반성하거나, ③ 개인의 이익보다는 군조직(집단)의 이익을 우선시하면서 신의를 존중하는 자세가 엿보인다면, 긍정적으로 평가받을 수 있다. 반면에 ① 군 조직(집단)의 이익을 우선하기보다 개인의 이익을 중요하게 생각하고 이기적으로 처신하거나, ② 잘못에 대한 반성은커녕 주변의 잘못이라고 둘러대거나, ③ 자신의 문제가 아니라 규정에 문제가 있다고 비판·부정하거나, ④ 개인·이기적인 성향과 모든 일에 책임을 지지 않으려는 회피 주의적 성향을 가지고 있다면, 부정적으로 평가받을 수 있다.

---

25) '외향성(extrovert)'은 '새로운 사람들과 쉽게 어울리고, 다양한 부류의 사람들과 우정을 나누는 것을 좋아하는 성격'을 뜻하고 있다.
26) '정직성(honesty)'은 '거짓이나 숨김이 없이 참되고 바른 성질'로 정의하고 있다. 양심의 본질이라고 할 수 있지만, 여기서 '양심(conscience)'이라는 용어는 마음에서 우러나는 정직성과는 다르게 도덕주의나 심판주의 의식이 깔려 있다고 보는 게 좋을 듯싶다.

1.3. 핵심평가 기준(배점: 90점)

구 분	인성검사와 직무 성격검사 결과	인성과 품성	종합판정
배 점	10	20	60

1.4. 지원자가 유념하여 준비해야 할 행동 또는 자세

첫째, 채점은 탁월-우수-기준-미흡-저조(저열)라는 5개의 평가항목을 기준으로 하여 채점을 하기에 면접관의 질문에 분명하고 당당하게, 그리고 일관성 있는 표현으로 자기가 가지고 있는 희망 사항과 미래 목표에 관하여 면접관(위원장)의 뇌리에 박히도록 분명하고 또렷하게, 그리고 합리적인 논리(reasonable argument)로 설명할 필요가 있다. 전문 면접관(위원장)은 그간의 축적된 경험과 풍부한 직무 지식을 갖고 있기에 지원자가 발표하기 위하여 시작하는 앞부분의 문장만 듣더라도 어떠한 내용을 발표하려는지 즉각 이해하고 평가할 수 있음을 인식하여야 한다.

둘째, 면접관(위원장)은 면접 진행을 블라인드 방식으로 진행하기에 누구인지 모르는 상태에서 질의응답을 하고 지원자의 인성(품성)과 관련한 내용을 확인하기에 지원자 스스로가 "나는 힘들 것 같다." 또는 "나는 면접관(위원장)과 안면이 있으니 좋은 점수를 받을 거야."라는 불필요한 긍정·부정적인 선입견은 좋은 결과로 나타날 수 없음을 깨우쳐야 한다. 어디에 의존하는 심리에서 대충 때우려고 하는 방식은 통하지 않는다는 의미다. 이로 인하여 괜스레 긴장하거나, 방심하는 순간 지원자가 그간 힘들여 쏟아부은 노력이 수포(水疱, blister)가 되는 사례가 많이 발생하고 있음에 유념할 필요가 있다.

셋째, 군에서는 "마지막 5분이 중요하다."라는 말들이 회자(膾炙, 널리 사람들의 입에 오르내림)되곤 한다. 지원자가 정말 장교(ROTC) 후보생이 되고 싶다면, 마지막까지 긴장을 늦추지 말고 자신이 준비한 내용을 다 뽑아내어 끝났을 때 아쉬움이 남지 않도록 해야 한다.

1.5. 면접관들이 진행하는 절차와 지원자의 행동 key-word

> "정신을 바짝 차리고 면접관(면접위원장)이 묻는 내용의 핵심이 무엇인지를
> 확인하되, 발표할 때 일관성을 유지(1분 이내)."

첫째, 면접관은 지원자가 시험장에 입장하면서 느껴지는 분위기와 눈빛(눈동자), 들어올 때와 앉아 있는 자세(태도)를 주시(注視)한다. 지원자를 선별(選別)할 수 있는 마지막 관문이기 때문이다. 이때 일부 앞의 면접장에서 걸러지지 않은 문제의 소지가 있다고 평가된 인원들도 여기에서 판정하고 있음을 이해하여야 한다.

둘째, **면접관**(면접위원장)의 질문은 그다지 많지 않지만, 경험 측면에서 돌아보면, 가장 기초적이자 핵심적인 질문이라고 하여도 지나친 말이 아닐 것이다. 사례를 들어보자. 0000년도 선발 면접 간 앞의 면접장에서 거의 만점에 가까운 점수를 받은 지원자가 입장하였다. 질문에 대한 답변이 학생의 수준에서 대단히 우수하였고, 훌륭한 모범답안이라고 하여도 지나치지 않을 만큼 상당한 수준이었다. 다만 이때 한 가지 묘한 느낌을 받았다. 자연과학계열이었는데, 발표하는 지원자의 눈빛이 상당히 묘했고, 한편으로는 너무 짜 맞춘 듯한 섬찟한 느낌을 받은 사람이 면접위원장 혼자만이 아니라는 점을 같이 평가한 면접관의 표정을 통해서도 알 수 있었다.[27] 이후 다른 면접장의 면접위원장들과 종합 심의를 진행하는 과정에서 의외로 다수의 면접위원장이 유사한 느낌을 받았음을 알게 되었다. 결과적으로 그 지원자는 최종 불합격하였고, 이는 軍을 위해서도 다행으로 생각하고 있다. 해당자는 평소 학교생활을 하면서도 친구들에게 잘난 척하거나, 자기주장이 먹히지 않으면, 무조건 상대를 강하게 비판하기 일쑤였고, 자신이 생각하는 이외는 긍정하지 않는 염세주의(pessimism)적 성향의 학생으로 뒤늦게 확인하였다.[28] 자기 혼자 똑똑하고 잘난 척하는 것은 인정할 수 있지만, 軍은 조직(집단)을 우선시하는 국가의 공식적인 폭력집단임을 인식할 필요가 있다. 장교(ROTC)후보생은 야전부대에서 육성 지휘를 할 수 있는 초급장교를 선발하는 과정이다. 나 혼자 잘난 척하는 장교는 전장(battle-field)에서 부하들이 믿고 따르지 않을뿐더러 승리를 기대할 수도 없음을 이해하고 접근할 필요가 있다.

---

[27] 시험위원들은 현역군인으로서 실무부대에 근무하면서 수많은 부류의 구성원(상관·동료·부하)을 지도를 받거나, 통제(지휘)해보았고, 학군단에 근무하면서 후보생들을 지도하고 있는 신분이다. 특히 육군의 미래와 지원자의 인생(전문직업)을 좌우하는 중요한 순간을 대충 넘어가지 않는다.

[28] '염세주의(pessimism)'는 '비관주의(앞으로의 일이 잘되지 않으리라고 생각하여 자신 없어 하거나 매사에 희망을 품지 않으려는 의식이나 태도)'라고도 하며, '세계는 원래 불합리하며 비애(悲哀)로 가득하기에 행복이나 기쁨은 일시적인 현상일 뿐이라고 믿는 관념'으로 이해하면 되지 않을까 싶다.

2. 여섯 가지 분야의 평가요소와 답변(대응) 기법

2.1. '정서적 안정감(emotional stability)' 측면

> "멘탈(mental)이 흔들리지 않아야 하며, 차분하게 상황에 대처"

① 지원자가 생활해오는 과정에서 정신·감정적으로 상당히 견디기 어려운 스트레스 상태에 있었지만, 잘 대처(대응)하였다고 스스로 대견해 하였던 경험이 있는지, 있다면, 구체적인 사례를 설명해 보시오.

- 어떠한 상황(환경)에서 발생한 것인지?
  발생하게 된 중요한 원인은 무엇이라고 생각하는지?
- 스트레스가 발생한 초기에 지원자가 느꼈던 감정은?
- 이후 어떠한 태도를 보였으며, 왜! 그렇게 하였는지?
- 상황에 대하여 대처(대응)하였던 당시의 기억을 떠올린다면, 무엇이 있는지?
- 지원자가 대처(대응)하여 어떠한 결과를 가지고 왔는지?
- 주변의 사람들은 당시 어떻게 평가하였는지를 얘기할 수 있는지?
- 현재 시점에서 그러한 상황이 똑같이 발생한다면, 지원자는 그때와 똑같이
  대처(대응)할 것인지?
  * 아니면, 그때와는 또 다른 방식과 수단으로 대처(대응)할 것인지?

② 주변 지인(知人)들과의 인간관계를 형성하는 과정에서 어려움이나 갈등을 겪었던 경험이 누구나 한 번쯤은 있을 것이다. 지원자가 그러한 처지에 직면하였을 때 이를 해결 및 극복하기 위해 어떻게 노력하였는지 설명해 보시오.

- 어떠한 일로 어려워했거나, 갈등을 겪게 된 것인지?
- 지원자가 초기에 느낀 감정은? 이후 극복하는 과정에서 어려웠던 점을
  몇 가지로 정리하여 꼽으라면?
- 갈등을 해결 및 극복하기 위해 어떠한 노력을 하였는지?
- 이를 위해 다른 사람의 도움을 받았는지? 받지 않았다면, 그 이유는?
- 이때의 경험이 지원자에게 어떠한 긍정·부정적인 영향을 주었는지?

- 긍정적인 영향은 무엇인지? 부정적인 영향은 무엇인지?
- 현재 시점에서 그러한 상황이 똑같이 발생한다면, 지원자는 그때와 똑같이 대처(대응)할 것인지?
  * 아니면, 그때와는 또 다른 방식으로 대처(대응)할 것인지?

③ 학교생활이나 아르바이트를 비롯한 사회생활을 하는 과정에서 불확실한 상황에 부닥치었을 때나, 모호한 상황으로 인하여 스트레스를 받은 경험이 있었다면, 구체적으로 어떠한 것이었는지 설명해 보시오.

- 어떠한 일이 지원자의 마음을 힘들게 하였고, 당시 어떠한 생각을 가졌으며, 자신이 취했던 자세(태도)는?
- 당시 지원자가 스스로 감정을 조절하거나, 자제(自制)하려고 노력한 방법이 있는지? 있었다면, 그러한 노력으로 스트레스가 감소하였는지?
- 이때의 경험이 지원자에게 어떠한 긍정·부정적인 영향을 주었는지?
- 긍정적인 영향은 무엇인지? 부정적인 영향은 무엇인지?
- 현재 시점에서 유사한 상황이 똑같이 발생한다면, 지원자는 그때와 똑같이 대처(대응)할 것인지?
  * 아니면, 그때와는 또 다른 방식으로 대처(대응)할 것인지?

④ 지원자가 학생의 신분이니만큼 공부를 하거나, 교수님으로부터 부여받은 어떠한 프로젝트의 진행, 학교 내에서 할 수 있는 시간제 인턴과정을 하는 중에 힘들었던 경험이 있다면, 어떠한 것이었는지 구체적인 사례를 들어 설명해 보시오.

- 어떠한 일이 지원자를 힘들게 하였고, 어떠한 생각을 가졌으며, 당시 지원자가 취했던 자세(태도)는?
- 당시 지원자가 이를 벗어나기 위해 노력한 자신만의 방법이 있는지?
  * 있었다면, 그러한 노력으로 힘든 현상이 감소하였는지?
- 당시 노력하는 과정에서 구체적으로 목표를 정하거나, 실천 방안을 계획한 적이 있는지?
- 이때의 경험은 지원자에게 어떠한 긍정·부정적인 영향을 주었는지?
- 긍정적인 영향은 무엇인지? 부정적인 영향은 무엇인지?
- 당시 힘든 상태를 벗어나기 위해 노력하였던 경험을 통해 지원자는 무엇을 배웠거나, 느끼게 되었는지? 있다면, 주로 어떠한 종류인지?

2.2. '원만성(smoothness)' 측면

> "사회성(sociality)이 원만하며, 건전하고 긍정적인 이미지를 표출"

① 지원자가 생활해오는 과정에서 자신의 의견이나 생각과는 반대의 관점에 있는 사람과 이견(異見)을 조율하거나, 힘들게 주변을 설득하였던 경험이 있다면, 구체적인 사례를 들어 설명해 보시오.

- 어떠한 상황(환경)에서 대립한 것인지?
 * 의견이 부딪히게 된 핵심 논점은 무엇이었는지를 한마디로 정리한다면?
 * 자신이 원하는 결론을 내기 위해 어떠한 방법과 노력을 실천하였는지?
- 마지막으로 결론지은 내용이 지원자가 처음에 했던 의견(주장)과 어느 정도 차이가 있었는지?
 * 있었다면, 어떻게, 얼마나 변경되었는지?
 * 변경된 내용은 어떠한 것이었는지?
- 마지막 결론에 도달하면서 지원자가 느낀 감정은 어떠한 종류였는지?
 * 마음에 들지 않았으나 어쩔 수 없었는지?
 * 아니면, 자신의 마음에 얼마나 충족되었는가를 백분율(%)로 정리한다면?
 * 결정되어 진 내용은 무엇이었는지 구체적으로 얘기한다면?

② 친밀하게 지내던 친구(知人)와 멀어지게 되었으나, 다시 친구 관계를 회복하기 위하여 노력한 사례가 있다면, 구체적으로 설명해 보시오.

- 어떠한 상황(환경)에서 멀어지게 된 것인지?
 * 멀어지게 된 결정적인 원인 또는 결정적인 계기가 무엇이었는지?
 * 지원자가 친구 관계를 회복(복원)하기 위하여 노력한 방법이 있다면?
- 노력하는 과정에서 통상 오해와 갈등이 생기기 마련인데, 본인으로 인하여 생긴 것인지?
 * 아니면, 친구(지인)가 오해와 갈등의 직접적인 원인을 제공한 것인지?
 * 그렇다면, 그 이유가 무엇인지?, 아니라면, 그 이유는?
- 갈등이 발생하게 된 근본적인 이유는 무엇이라고 생각하는지?
 * 당시의 경험은 지원자에게 긍정·부정적인 영향 중 어떠한 종류의 것인지?
 * 왜! 그렇게 생각하는지?

③ 일반적으로 처음 만나는 사람들과의 대화나 인간관계를 맺기는 상당히 어색하고 어렵다. 지원자가 처음 새로운 친구와 교우 관계를 맺으면서 어려워했던 경험이 있다면, 사례를 들고 구체적으로 설명해 보시오.

- 교류하게 된 계기는 무엇이었고, 장소는 어디였는지?
- 힘들어하게 된 결정적인 원인은 무엇인지?
- 새로운 친구와의 친분을 맺고 좋은 관계를 유지하기 위하여 지원자가 노력한 방법이나 행위가 있다면, 어떤 것인지?
- 새로 친분을 맺다 보면 통상 오해나 갈등이 생기기 마련인데, 그 이유는 무엇이었는지? 없었다면, 그 이유는?
- 오해나 갈등이 발생하게 된 근본적인 이유는 무엇이라고 생각하는지?
- 당시 경험은 지원자에게 긍정·부정적인 측면에서 어떠한 영향을 미쳤다고 생각하는지? 왜! 그렇게 생각하는지?

④ '단체 활동'이나 '조(팀) 단위로 과제(team play)'를 진행하는 과정에서 오해나 갈등을 겪었거나, 관계로 인해 힘들어했던 경험이 있다면, 사례를 들고 구체적으로 설명해 보시오.

- 발생하게 된 계기는 무엇이었고, 장소는 어디였는지?
- 진행하던 과제는 어떠한 내용이었는지?
- 팀원이 힘들어한 이유는 무엇이었는지?
- 난관을 극복(해결)하기 위해 노력한 방법(수단)이 있다면, 무엇이었는지?
  예) 업무의 분장은 어떻게 하였고, 갈등 관계에 있을 때 어떻게 관리하고 동기부여를 위한 지원자가 활동한 내용은 구체적으로 무엇이었는지?
- 지원자는 당시에 어떠한 직책이었고, 어떻게 행동하였는지?
 * 그렇게 행동하게 된 이유는?
 * 지원자가 행동한 결과는 어떠했는지?
- 당시의 경험을 되돌아볼 때 지원자가 잘한 점이나, 반성할 점이 있다면, 어떠한 점을 반성하고 있는지? 왜! 그렇게 생각하는지?

2.3. '개방성(openness)' 측면

> "다른 지원자와 자유롭게 교류 및 교감하는 태도를 유지"

① 지원자 스스로가 전공이나 어학, 관련 자격증 등의 전문성(expertise)을 개발하기 위하여 노력한 경험이 있다면, 사례를 들고 구체적으로 설명해 보시오.

- 지원자가 생각할 때 본인이 가진 전문성은 무엇이라고 생각하는지?
- 지원자의 전문성이 상대적으로 취약한 점이 있다면, 무엇인지?
  * 그렇게 생각하게 된 이유는 무엇인지?
- 전문성을 더욱 발전시키기 위하여 구체적으로 계획을 수립한 적이 있는지?
  * 있다면, 구체적으로 얘기할 수 있는지?
  * 없다면, 왜! 수립하지 않았는지? 환경적인 문제인지?
  * 스스로 노력할 마음이 없었다면, 그 이유는?
- 지원자는 전문성을 높이기 위하여 어느 정도의 수준으로 노력과 시간을 투자하였는지?
  * 얼마나 변화하였고 성과가 있었음을 정량적으로 내세울 수 있는지?
  * 그 성과가 현재의 모습과 비추어 볼 때 과거와 비교할 수 있는 수준인지?
- 지원자의 전문성은 다른 지원자들과 비교할 때 어느 정도라고 생각하는지?

② 주변에서 아무도 모르는 사이에 지원자는 스스로 실수(잘못)를 저질렀고, 이에 관하여 직접·간접적으로 책임을 진 경험이 있다면, 구체적인 사례를 들고 설명해 보시오.

- 지원자는 어떠한 문제를 책임져야 했는지?
  * 당시 취했던 구체적인 어떤 행동이 있다면?, 그렇게 행동한 이유는?
- 책임을 지고 난 다음의 지원자에게 돌아온 결과는 어떠하였는지?
  * 이때의 경험을 통해 깨우친 점이 있었다면, 무엇인지?
- 지원자가 활동한 학생회(동아리 또는 조직)에서 다른 사람에 모범이 되었던 사례가 있는지? 있다면, 어떠한 종류와 방법이었는지?
- 지원자가 자신에게 칭찬하여 주고 싶은 일이 있다면, 무엇인지를 간략하게 사례를 들어 설명할 수 있는지?

③ 지원자와는 다른 생각과 가치관이나, 자기 생각(주장)과는 맞지 않았지만, 이를 수용한 경험적 사례가 있다면, 구체적으로 설명해 보시오.

- 지원자의 생각과 다른 가치관(주장)은 어떻게 달랐던 것인지?
  * 달랐음에도 자신과 다른 생각(주장 또는 가치관)을 수용하게 된 계기나
  * 결정적인 이유가 있다면?
  * 지원자가 스스로 '소신이 없네.' 또는 자신의 가치관(주장)이 다른 사람에게 지적을 받았다고 생각할 수 있는데, 이에 관하여 기분은 상하지 않았는지?
- 당시의 경험을 되돌아볼 때 지원자가 잘한 점이나, 반성할 점이 있다면, 어떠한 점을 반성하고 있는지? 왜! 그렇게 생각하는지?
- 당시의 경험이 지원자에게 어떠한 영향을 가져왔다고 생각하는지?

④ 지원자의 가치관이나 성격을 형성하는 데 가장 큰 영향을 받았다고 생각하고 있는 환경, 인물, 계기가 있다면, 설명해 보시오.

- 구체적으로 어떠한 환경이었는지? 어떠한 인물이었는지?
  * 어떠한 계기가 결정적으로 작용하였는지?
  * 영향을 받기 이전과 비교할 때 일상생활(삶)이 어떻게 변화하였는지?
  * 이를 알고 있는 지인(친구 또는 가족)이 있는지?, 그 반응은?
- 지원자의 변화는 주변에 어떠한 영향을 주고 있다고 생각하는지?
  * 이로 인해 갈등이나 오해를 빚는 경우가 없었는지?, 있다면, 무엇인지?
- 지원자가 조금 더 발전적으로 변화(개선)하고 싶은 분야가 있다면? 없다면, 그 이유는?

2.4. '성실성(sincerity)' 측면

> "세심하고 차분하며, 부지런한 면모(面貌)를 자연스레 표출"

① 지원자 스스로가 책임을 지고 어떠한 과제(업무)를 완수했던 사례가 있다면, 구체적으로 설명해 보시오.

- 어떠한 과제(업무)였고, 왜! 지원자가 맡게 되었는지?
- 과제(업무)를 수행하는 과정에서 어떠한 어려움이 있었는지?
  * 어려움을 해결하기 위해 지원자는 어떠한 방법과 수단을 강구하였는지?

- 지원자가 잘했다고 생각하는 점은? 왜! 그렇게 생각하는지?
* 지원자가 잘하지 못했다고 생각하는 점은? 왜! 그렇게 생각하는지?
- 당시의 경험은 지원자에게 어떠한 영향을 가져왔다고 생각하는지?

② 지원자가 살아오면서 가장 보람과 성취감을 느꼈던 사례가 있다면, 구체적으로 설명해 보시오.

- 어떠한 이유로 보람(성취감)을 느끼게 되었는지?
- 보람(성취감)을 달성하기 위하여 지원자가 수립한 목표나 계획이 있었다면, 구체적으로 어떠한 내용과 수준이었는지? 그 이유는?
- 도움을 받았다면, 어떠한 수준과 내용인지?, 받지 않았다면, 그 이유는?
* 어려웠던 점과 어떻게 극복하였는지?
* 그 과정에서 얻거나, 배운 게 있다면 무엇이라고 생각하는지?
- 당시의 경험은 지원자에게 어떠한 영향을 가져왔다고 생각하는지?

③ 지원자가 다른 사람에 비해 경험이 부족한 분야나 진행하기가 어려운 과제(업무)를 부여받아서 추진했던 사례가 있다면, 구체적으로 설명해 보시오.

- 어려운 과제(업무)를 해결하기 위하여 노력한 점이 있다면?
- 특별한 목표나 계획을 세웠다면, 어떠한 내용인지?
- 혼자 진행할 수 있는 수준이었는지? 도움을 받지 않았다면, 그 이유는?
* 당시 어려움을 해결하기 위하여 지원자가 투자한 노력의 정도는?
* 어떠한 점이 가장 어려웠고, 어떻게 극복할 수 있었는지?
- 당시 지원자가 잘했다고 생각하는 점은? 왜! 그렇게 생각하는지?
* 잘하지 못했다고 생각하는 점이 있다면, 왜! 그렇게 생각하는지?

④ 지원자가 평소에 접해보지 않았거나, 익숙하지 않은 과제(업무)를 맡았지만, 경험과 인맥 등을 최대한 활용하여 성과를 달성했던 사례가 있다면, 구체적으로 설명해 보시오.

- 부여받은 과제(업무)는 어떠한 종류(내용)였고, 어떠한 상황이었는지?
- 과제(업무)를 달성하기 위해 지원자가 취한 행동은? 무엇이 힘들었는지?
* 힘들 때 어떻게 하였는지? 포기하지 않고 진행한 이유는? 그 결과는?
* 당시 지원자가 힘들고 어려움에도 끝까지 포기하지 않고 도전한 이유는?
- 지원자가 생각할 때 가장 잘한 행동으로 기억하는 게 있다면, 무엇인지?

2.5. '외향성(extrovert)' 측면

> "일반적으로 생각하는 활발한 이미지와 큰 목소리, 강한 행동력보다 활기찬 에너지와 자신의 주장을 열정적으로 표출"

① 지원자가 동아리 활동을 하면서 팀(집단)에 어려운 문제가 생겼을 때 주도적으로 해결한 사례가 있다면, 구체적으로 설명해 보시오.

- 어떠한 문제(내용)였고, 동아리 전체를 책임지는 직책 및 역할이 있었을텐데
  * 왜! 지원자가 주도적으로 해결하게 되었는지?
- 어려운 문제를 해결(극복)하는 과정에서 어떤 게 가장 힘들었는지?
  * 힘들지 않았다면, 왜! 힘들지 않았는지? 그 이유는?
  * 힘들었다면, 왜! 힘들었는지? 그 이유는?
- 팀(집단)이 문제를 해결(극복)하는 과정에서 지원자가 맡은 역할은?
  * 주어진 것인지?, 아니면, 스스로 행위를 한 것인지? 했다면, 그 이유는?
  * 지원자가 행위를 하는 과정에서 주변에서의 평가는?
  * 왜! 그렇게 평가했다고 생각하는지?
- 스스로 판단할 때 그 당시의 평가는 적절하다고 생각하는지?
  * 아니라면, 그 이유는 무엇이라고 생각하는지?
- 당시의 경험은 지원자에게 어떠한 영향을 가져왔다고 생각하는지?

② 최근 2~3년 사이에 지원자가 도전하거나 수행한 일 중에서 가장 의미 있다고 기억하는 일(업무)이 있다면, 무엇인지에 관하여 사례를 제시하고 구체적으로 설명해 보시오.

- 어떠한 과제(업무)였고, 당시 지원자가 맡았던 직책(역할)은?
  * 책임자나 주도할 수 없는 직책이었다면, 어떻게 할 수 있었는지?
  * 어떤 계기로 도전(수행)하게 되었는지?
- 지원자가 그 도전을 통하여 구체적으로 얻은 성과가 있다면?
- 지원자가 도전(수행)을 잘했다고 생각하는 점은? 왜! 그렇게 생각하는지?
  * 지원자가 잘하지 못했다고 생각하는 점은? 왜! 그렇게 생각하는지?
- 당시의 경험은 지원자에게 어떠한 영향을 주었다고 생각하는지?

③ 지원자가 최근까지 했던 대외활동 중에서 자신이 주도적이었다고 기억하는 일(과제)이나, 의미 있다고 기억하는 일(업무)이 있다면, 무엇인지에 관하여 사례를 제시하고 구체적으로 설명해 보시오.

- 어떤 일(과제)을 수행하였는지?
- 수행하는 과정에서 발생한 문제는 없었는지? 있다면, 어떤 내용인지?
- 성과(목표)를 달성하기 위해 지원자가 구체적으로 수립한 계획(목표)이
  * 있다면, 어떠한 내용의 것이었는지?
  * 다른 사람의 도움을 받았다면, 그 이유는?
  * 당시에 습득한 know-how가 있다면, 무엇인지?
- 당시의 경험은 지원자에게 어떠한 영향을 주었다고 생각하는지?

④ 지원자가 학업이나 외국어 능력 등을 개발하기 위하여 목표를 세웠거나, 성공적으로 성과를 달성한 사례가 있다면, 구체적으로 설명해 보시오.

- 목표를 세우게 된 특별한 계기가 있었는지?
- 목표를 달성하기 위하여 어떤 내용을 어떻게 수립하였는지?
- 목표를 달성하기 위하여 구체적으로 활동한 사례가 있는지?
- 목표가 지원자에게 얼마나 도전적인 과제였는지?
  * 아니면, 그냥 다른 사람이 한 것을 흉내 냈는데도 성공하였는지?
- 능력을 추가로 개발하기 위하여 노력한 점이 있다면, 구체적으로 무엇인지?

2.6. '정직성(honesty)' 측면

"잘못했으면, 잘못했다! 거짓(허위)됨 없이 진정성 있고 솔직하게 자신의 긍정적인 의견과 생각을 표출"

① 지원자는 자기의 행동이 결과적으로 피해당할 수 있다고 여기면서도 자신의 의지에 따라 정직한 행동(행위)을 하였던 사례가 있다면, 구체적으로 설명해 보시오.

- 왜! 피해를 보면서까지 정직하게 행동(행위)하였는지?
- 당시의 지원자가 피해를 본 결과에 대하여 느끼게 된 점은?
  * 피해가 없었다면, 왜! 없었다고 생각하는지?
  * 결과적으로 나타난 현상에 대하여 지원자가 느낀 점이 있다면?

- 주변이 피해를 보았다면, 어떻게 행동하였는지?
 * 유사한 상황에 또다시 직면하게 된다면, 어떻게 행동할 것인지?
 * 이전과 같이 행동하지 않겠다면, 왜! 그렇게 생각하는지?
- 당시의 경험은 지원자에게 어떠한 영향을 가져왔다고 생각하는지?

② 학교나 단체에서 친구들과 같이 활동하다가 해당 규정이나 원칙을 지키기가 어려웠던 사례가 있다면, 구체적으로 설명해 보시오.

- 어떤 성향의 단체였고, 어떤 상황(내용)이었는지?
- 구성원들의 규모나 성격들은 어느 정도였는지?
- 이때 처리하는 과정에서 겪었던 갈등이나 알력, 마찰이 있었는지?
 * 있었다면, 어떠한 원인 때문에 발생하였다고 생각하는지?
 * 없었다면, 그 이유나 환경이 어떠했기 때문이라고 생각하는지?
- 결과적으로 나타난 현상에 대하여 지원자가 느낀 점이 있다면?
 * 본인 또는 주변 친구가 피해를 본 것이 있는지? 그 이유는?
- 당시의 경험은 지원자에게 어떠한 영향을 가져왔다고 생각하는지?

③ 학과나 팀플(과제 동아리), 일반 동아리 활동을 하면서 지원자의 신념과 원칙, 가치관을 지키기 위하여 양보하거나 희생을 한 경험 또는 사례가 있다면, 구체적으로 설명해 보시오.

- 어떤 조직이었고, 어떤 상황(여건)이었는지?
 * 이때 지원자는 어떤 행동을 했고, 그렇게 행동한 이유가 있다면?
- 긍정·부정적인 결과에 대하여 깨닫거나, 배운 점이 있다면, 무엇인지?
- 이외에 다른 사람의 모범이 되었거나, 동아리(조직) 활동을 하면서 스스로 칭찬하고 싶은 사례가 있는지? 있다면, 구체적으로 무엇인지?
- 당시의 경험은 지원자에게 어떠한 영향을 가져왔다고 생각하는지?

④ 부정(부패)한 행위나, 정직하지 못한 행위를 직접 목격하였고, 이에 관하여 실망한 경험 또는 사례가 있다면, 구체적으로 설명해 보시오.

- 구체적으로 어떤 상황(문제)이었는지?
- 이때 지원자는 어떤 행동을 했고, 그렇게 행동한 이유가 있다면?
- 긍정·부정적인 결과에 대하여 깨닫거나, 배운 점이 있다면, 무엇인지?
- 당시의 경험은 지원자에게 어떠한 영향을 가져왔다고 생각하는지?

제5절 신체균형과 자세, 발성, 발음, 성량 대비 요령

1. 개 요

이 절은 기존의 제3 시험장에서 진행하던 내용으로서 2020년부터 제외된 분야이다. 2021년부터는 모든 면접장에서 확인하고 있기에 전체를 이해할 필요가 있는 내용으로 판단하여 그대로 수록하였다. 제도는 항상 변화하기에 내용 전반을 시험장 형식으로 정리하였으니 참고하기 바란다.

> "각 시험장에 입장할 때와 나올 때 걷는 자세와 태도는 당당하게, 발표할 때 내뱉는 발음(發音)은 분명하게, 성량(聲量)은 크게!"

2. 진행 절차와 핵심평가 요소, 행동하는 요령

장교(ROTC) 후보생이 되면, 2학년 마지막 동·하계 방학 기간에 학군교에 입영하여 기초 군사훈련을 받고, 학기 중에 학군단에서 군사교육(훈련)을 받을 수 있는 기본이 되어 있는지를 확인하기 위한 평가 방식이다. 조(組) 단위로 진행하며, 소요시간은 ±10분이 배정되어 있다. 이 면접장은 초급장교로서 기본자세와 태도, 품위를 유지할 수 있는 등의 기초 자질을 갖추고 있는 인재를 선발함과 동시에 부적격자를 판별하는 과정이다. <그림 2-5>는 2020년 이전에 진행하던 제3 시험장 내부의 배치 요도다.

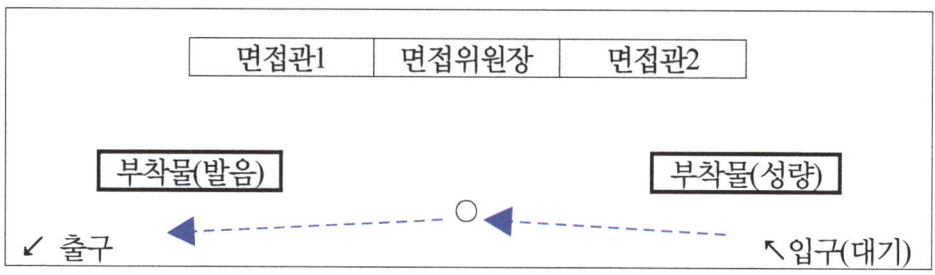

<그림 2-5> 제3 시험장 내부의 배치 요도(~2020년)

2.1. 평가 및 진행하는 절차

평가 방식은 2개 단계로 나누어 진행한다. 제1단계는 신체적 균형과 기본적인 자세를 확인하는 과정이다. 이때 체형(體形)이나, 손과 몸의 떨리는 여부 또는 신체가 정상적으로 작동하는지를 꼼꼼하게 확인함을 기억하여야 한다. 제2단계는 발성과 발음의 분명함과 소리 크기나 성량을 확인하는 과정이다. 이때 특정한 자세가 나오지 않거나, 특정한 발음이 되지 않는 여부를 주의 깊게 확인하고 있다.

2.2. 핵심평가 요소

첫째, '신체적 균형과 자세 측면'에서 신체가 비균형이거나, 기본적인 자세에서 결함 요소(결격 사유)가 발생하면, 불리하게 평가받을 수 있다. 따라서 균형감각과 운동신경을 평가함을 이해하여야 한다.

둘째, '성량과 발음 측면'이다. 교정이 가능하면, 문제가 없지만, 교정(矯正)이 어렵다면, 불리하게 평가받게 됨을 이해하여야 한다.

2.3. 핵심평가 기준

평가항목	주요 내용/ 불리하게 평가할 수 있는 요인
신체균형과 자세	🟢 이해하기 어려운 결함 요소(결격 사유)가 발생하면, 다른 요소에서 우수할지라도 배제 대상이 될 수 있다. * 불리하게 평가받을 수 있는 요소 ・신체 불균형: 이목구비가 비대칭, 심한 안면 돌출, 신체(身體)와 안면(顔面, 얼굴)의 비대칭 등 ・기형적으로 걷거나, 제자리 뛰는 자세의 불균형: 제자리 뛰기, 앉았다 일어서기, 입장(퇴장)할 때의 자세 등
성량과 발음	🟢 발음과 성량에서 장교(ROTC) 후보생의 품위에 적합하지 않다고 평가할 경우 불리하게 평가받을 수 있다. * 불리하게 평가받을 수 있는 요소 ・발음(발성) 장애: 무슨 말인지 이해하지 못할 정도의 발음과 듣지 못할 정도로 적은 소리, 혀짧은 소리, 비염, 발성이 불분명/부정확 등

2.4. 지원자가 유념하여 준비해야 할 행동 또는 자세

첫째, 치료했는데 불구하고 완치는 불가능하다고 판단되는 심한 흉터가 있거나, 사시(Strabismus)[29]는 지원 자체가 어려움을 명심하여야 한다. 특히 어떤 형태이었든 몸에 문신을 새겨서는 안 되며, 문신을 지우려고 한다면, 문신을 한 흔적 자체가 없어야 함을 인식할 필요가 있다.

둘째, 외부로 보이는 큰 반점이 없어야 한다.

셋째, 약 30도 이상이 휘어있는 내반슬(O형) 다리나 외반슬(X형) 다리 형태가 되지 않아야 한다.

넷째, 발음은 분명하여야 하며, 성량은 크고 정확하여야 한다.

2.5. 면접관들이 진행하는 절차와 지원자의 행동 key-word

> "정형화되어있는 방식을 먼저 설명하기에 그대로 행동으로 옮기면 되지만, 자세와 발성(발음)은 분명하게(±1~2분 소요)."
> * 진행순서: ① 성량과 발음 – ② 신체 균형과 기본자세 – ③ 기타

이 내용은 진행 절차와 순서를 이해하기보다 어떻게 행동과 자세를 해야 하는지를 이해하는 데 초점을 맞추어야 한다.

첫째, 면접관은 지원자가 시험장에 입장하면서 걷는 자세와 시선 처리, 답변하는 태도 등을 자연스럽게 바라보고 있다. 이때 움직이는 자세와 방향에 대하여 하나씩 구체적으로 설명과 통제를 한다. 따라서 지원자는 통제 및 안내하는 내용을 잘 새겨듣고 행동으로 따라가면 된다. 이때 면접관이 진행하는 순서와 문장은 귀를 기울여 새겨들어야 하며, 불필요한 추가 질문이나 의문은 표시하지 않는 게 좋다. 긍정적이지 못한 인식을 주기 때문이다. "다시 한번 말씀해 주시겠습니까?", "잘 못 들었습니다.", "예?~", "무슨 말씀인지!~" 등은 면접관의 진행을 방해하며, 불쾌감을 줄 수 있어 평가받는 데 결코 도움은 되지 않음을 알아야 한다.

둘째, 입장할 때 기본 제식동작을 평가하게 되며, 퇴장할 때도 제식동작을 평가하여 점수에 반영한다.

---

29) '사시(Strabismus)'는 '두 눈이 똑바로 정렬되지 못하는 상태'를 뜻하고 있다. 즉, 어떤 물체를 주시하고자 할 때 한쪽 눈의 시선은 해당 물체를 바라보지만, 다른 쪽의 눈은 그렇지 못한 상태를 의미하고 있다.

3. 두 가지 분야의 평가요소와 답변(대응) 기법

3-1. '신체균형과 자세' 평가

구 분	주요 내용
긍정요소(☺)	● 바른 걸음과 올바른 차려자세, 안정된 시선 처리 ● 분명하고 깔끔한 동작, 균형된 직립(直立) 자세
부정요소(☹)	● 어설픈 동작과 자세, 팔과 다리가 따로 노는 제식동작 ● 쪼그려 앉거나, 일어날 때 뒤뚱거림, 바르게 걷지 못할 때

3-2. '성량(聲量)과 발음(發音)' 평가

구 분	주요 내용
긍정요소(☺)	● 배에서 울려 나오는 우렁차고 묵직한 소리 ● 명확한 발음과 문장을 읽을 때 또박또박 끊고 분명한 소리 ● 읽고 쉬는 순간을 포착, 발음이 분명하고 꼬이지 않는 소리
부정요소(☹)	● 어설픈 동작과 자세, 팔과 다리가 따로 노는 행위 ● 웅얼거리거나, 무슨 말인지 들리지 않을 정도의 적은 소리

① 성량(聲量): 네 가지 종류의 안(案) 중 한 문장을 특정하여 진행

> 예1) 부대차렷! 열중 쉬어! 뒤로 돌아!

　* key-word: "배에서 울려 나오는 우렁차고 묵직한 소리로 크게"

② 속도감과 어조: 네 가지 종류의 문장 중 한 문장을 특정하여 진행

> 예1) 00이 있는 자에게는 00가 있고, 00가 있는 자에게는 00가 있다. 그리고 00이 있는 자에게는 00이 있고, 00이 있는 자에게는 00이 있다고 한다.

　* key-word: "명확한 발음과 문장을 또박또박 끊어서 정확하게 발음"

③ 정확한 발음 정도: 네 가지 종류의 짧고 긴 문장 중에서 각 한가지씩을 특정하여 진행

예1) 긴 문장: 앞 집 0죽은 묽은 0 풋 0죽이고, 뒷집 0죽은~
예2) 짧은 문장: 그네 0장사 헛 0장사~,

* key-word: "읽고 쉬는 순간을 포착함이 중요하고, 발음은 꼬이지 않게"

제6절 최근 3년간 시험장별 주요 질문사례와 특징

☆ 이 절은 2020년도 이전(以前)의 시험장에서 진행하였던 주제이기에 4개 시험장에서 진행하였던 사례와 내용을 그대로 수록하였음을 이해하고 접근하기 바란다.

1. 2학년(사관후보생) 과정

1.1. 제1 시험장 주제

- 헌법재판소 낙태죄 폐지의 헌법 불합치에 대한 지원자의 의견은 무엇인지?
- 보행 중 흡연 금지법 제정(制定)에 대한 지원자의 생각은?
- 성범죄자 개인 신상정보를 공유하는 사람들을 처벌해야 하는지?
- 소방관의 국가직 공무원 전환에 대한 지원자의 의견은?
- 인공지능(AI)이 사회 전반에 접목되는 데 대한 지원자의 의견은?
- 직업에는 귀천이 없다고 하지만, 3D 직종은 사회적으로 인식이 좋지 않다. 이에 관한 지원자의 생각은?
- 군부대 장병들이 일과 이후에 휴대폰을 사용하는 데 대한 지원자의 의견은?

1.2. 제2 시험장 주제: 압박하는 방식으로 진행

- 왜 정장을 입고 있는지? 교수님들이 복장과 자세에 대하여 가르쳐주신 것은 아닌지?
- 남북통일이 어떠한 방식으로 진행되었으면 하는지에 대한 생각은?
- 고등학교의 생활은 어떠했는지?
- 가장 인상 깊게 기억하는 봉사활동이 있다면, 언제-어디서-어떠한 목적으로 진행한 활동이었는지? 그것을 통해 느낀 점은 무엇인지?
- 병자호란이란 무엇이고, 그것을 통해 얻은 교훈이 있다면?

- 세월호 사건에서 민간잠수부나 민간어선이 자발적으로 도움을 준 데 대하여 지원자가 느낀 점은?
- 전시상황에서 전투를 앞둔 병사나 장교들은 공포감과 죽음에 대한 두려움 때문에 생리현상(소변, 대변)을 잘 조절하지 못한다.
  지원자는 전쟁에 어떤 마음가짐으로 참가할 것이며, 평소 생각하는 가치관이 있다면, 무엇인지?
- 2.8 독립선언이란 무엇인지?
- 우리나라의 역사는 자랑스러운 역사인가? 부끄러운 역사인가?
- 韓·美 동맹이 필요하다는 현실적 주장에 대한 지원자의 생각은?
- 우리가 자주국방에 성공하였다고 자평(自評)하지만, 일부에서는 자주국방에 실패하였다고 주장하고 있다. 지원자는 성공이라고 생각하는지?, 아니면, 실패라고 생각하는지?
- 자주국방에 성공 및 실패한 사례를 설명할 수 있는지?
- 장교의 리더십은 핵심은 무엇이라고 생각하는지?
- 군인에 있어서 '자기희생'은 무엇이며 '자기희생'이라고 할 때 떠오르는 인물은 누구인지? 그 인물을 선택한 이유는 무엇인지?
- 장교(ROTC) 후보생에 지원하게 된 동기는 무엇인지?
- 장교(ROTC) 후보생에 지원하는 데 영향을 미친 인물은?
- 우리의 한글이 우수한 이유와 한글을 올바르게 사용하여야 하는 이유가 있다면?
- 군인을 '군복을 입은 시민'이라고 얘기들을 하는 데 대하여 지원자는 어떻게 생각하는지?
- 군복의 의미는 무엇이라고 생각하는지?
- 태권도의 장·단점이 있다면, 무엇이라고 생각하는지?
- '호국보훈'이라는 뜻과 의미를 어떻게 생각하는지?
- 지원자가 생각하기에 대한민국의 자주국방이 실패한 사례에 관하여 자신의 의견과 발전하는 데 도움이 될 아이디어가 있다면?
- '희생정신'을 갖기 위한 바람직한 덕목은 무엇이라고 생각하는지?
- 한국이 역사가 자랑스럽다고들 한다. 지원자의 생각은?,
  자랑스럽게 생각하지 않는다면, 그 이유는? 아니라면, 그 이유는?
- 군인을 군복을 입은 시민이라고 이야기하곤 한다. 이러한 표현에 대한 지원자의 생각은? 아니라면, 그 이유는?

1.3. 제3 시험장의 특징

● 발음을 요구하는 문장과 발음의 난이도가 상당히 크다.

* key-word: 목소리가 작으면, 가장 큰 소리로 해보라고 권유할 때 빠르게 자신의 목소리나 발음을 수정하여야 한다.

1.4. 제4 시험장의 특징

질문이 다양하고 난이도가 다르기에 주의해야 할 점 위주로 정리

● 지원자가 작성하여 제출한 자기소개서의 내용을 여러 번 확인하고 들어갈 필요가 있음. 제2 시험장뿐만 아니라 제3 시험장에서도 자기소개서의 내용에 기초한 질문을 많이 한다.

● 외모(용모)와 답변에 관해 질문이 많음. 일부는 지원자의 긴장을 풀어주기 위한 배려라고 생각하지만, 날카롭다고 인식하였음.

사례1) 평소에 하는 머리 모양인지?, 왜! 그렇게 하는지?
사례2) '넥타이를 맬 줄 아는가?, 넥타이는 지원자가 고른 것인지?'
사례3) '복장은 왜! 그렇게 평소에 하지 않을 정장을 하였는지?'
　　　 '누가 그렇게 정장을 입으라고 시켰는가?'
　　　 '지원자 자신은 정장이 어울린다고 생각하는지?'
사례4) 학교에서 '군대 예절이나 면접 때 사용하는 용어를 누구에게 지도받았는지?'
사례5) '00학과 지원자들은 어떤 장교가 되고 싶은가? 라는 질문을 했을 때 답변하는 내용이 다 비슷하네?'

● 체력이 저조하게 평가된 지원자에게 체력이 저조한 원인이나 이유가 무엇인가"에 대한 질문은 반드시 하고 있음.

사례1) '왜! 저조한 기록이 나왔는지?'
사례2) '왜! 2년간이나 체력이 똑같이 저조하고, 향상되지 않는지?'
사례3) 면접관이 이해할 수 있는 구체적인 이유가 있다면?

● 무단결석이 많은 지원자 또한 시험위원(장)을 설득할 수 있는 정당한, 그리고 합리적인 이유가 필요함.

사례1) '왜! 무단결석을 하였는지? 부득이한 사유인지? 아니면, 그냥 결석한 것인지?'

> 사례2) '무단결석을 할 때의 심정은? 무덤덤하였는지?
> 아니면, 조금은 걱정되거나, 조바심이 나는 심정이었는지?'
> 성적이 걱정된다면, '왜! 무단결석을 했는지?'
> 사례3) '무단결석은 습관적으로 하는 것인지?, 부모님의 반응은?
>
> ● 지원자가 자기소개서에 인생의 좌우명(座右銘)을 사자성어로
> 기재한 경우 한자의 음과 뜻을 구체적으로 확인하고 있음.
> 이 질문을 하였을 때 응답하지 못하는 지원자가 예상외로 많음.
> ● 갑작스럽게 요구하는 질문이 있기에 당황 및 긴장하게 됨.
> 사례1) '애국가 0절을 불러보라!'
> 사례2) '어떠한 상황을 제시한 다음 적합한 사자성어는 무엇인가?'

* key-word: 지원자의 특성이나 자기소개서에 작성한 내용에 따라 질문 내용이 다양하며 난이도도 지원자의 시험장별 평가된 점수와 내용, 상황에 맞추어 각기 달라진다. 따라서 질문을 복기(復棋)[30]하여 암기(暗記)하기보다는 유의할 점으로 이해하고 접근할 필요가 있다.

2. 1학년(예비후보생) 과정

2.1. 제1 시험장의 주제

> ● 선거연령이 만 19세에서 만 18세로 하향 조정되었다. 이에 대한
> 지원자의 의견은 무엇인지? 토의해보시오.
> ● '자기 결정권'이 없는 장애인의 불임(不姙)에 대한 지원자의 의견은
> 무엇인지? 토의해보시오.
> ● 초등학생에게 일정한 놀이시간을 부여하는 제도와 주장에 대하여
> 지원자의 의견은 무엇인지? 토의해보시오.
> ● 2019년 7월에 시행된 해외 IT 기업에 디지털세를 부과하는 법안
> 통과에 대하여 어떻게 생각하는지 발표하고, 토의해보시오.

---

30) '복기(復棋)'는 '바둑을 두면서 경과를 검토하기 위해 처음부터 다시 그 순서대로 바둑을 두어 보는 행위'를 의미하고 있다.

2.2. 제2 시험장의 주제

- '희생정신'이라면, 뇌리에 떠오르는 인물은? 그 이유는?
- 일반인의 희생정신과 군인의 희생정신에 차이가 있다면, 무엇이라고 생각하는지?
- 학교생활을 하면서 어떤 모습으로 지내는지? 그 이유는?
- 지원자는 지난 시절에는 어떤 사람이었다고 생각하는가? 그 이유는?
- 고등학교 생활 중에서 가장 기뻤던 일이나, 가장 슬펐던 기억은?
- 봉사활동을 하고 싶은 분야가 있다면?
- 봉사활동 시간을 0시간으로 정해 놓았는데, 그 이유는?
- 韓·美 동맹을 중요하게 인식하는 데 대한 지원자의 생각은?
- 남북통일의 필요성과 국민으로서 마땅히 취해야 할 자세는 무엇이라고 생각하는지?
- 주한미군이 철수해야 한다. 철수하면 안보에 구멍이 뚫리기에 꼭 필요하다. 등이 주장들이 있는데 관하여 지원자의 생각은?
- 병자호란이 일어난 원인이 무엇이라고 생각하는지?
- 일본과의 계속된 분쟁(갈등)에 관한 지원자의 생각은?
- 장교의 리더십은 어떠해야 하며, 핵심은 무엇이라고 생각하는지?
- 장교가 되는 과정이 많은데, 왜! ROTC를 선택했는지? 그 이유는?
- 장교 리더십의 핵심은 무엇이라고 생각하는지?
- 장교로서 기본적으로 가져야 할 자세와 태도가 있다면?

2.3. 제3 시험장의 특징

- 신체균형과 자세가 잘 나오지 않으면, 반복하여 확인할 수 있다.
- 발성과 발음을 요구하는 문장이 난이도가 상당히 크다.
  사례1) 00가는 00 00가는 00
  사례2) 000네 000는 00해도 00하고 000네 000는 00해도 00하네.

* key-word: 목소리가 작으면, 가장 큰소리로 해보라고 권유할 때 빠르게 자신의 목소리나 발음을 수정하여야 한다.

2.4. 제4 시험장의 특징

자기소개서, 생활기록부에 기재된 내용 등에 관하여 질문

- 지원자가 제출한 자기소개서에 도전 내용이 있는데, 도전하여 본 경험이나 경력은 몇 가지 종류인지?
- 도전했을 때 가장 어렵거나, 힘들었던 점이 있다면?
- 생활기록부의 타 직업란에 기재할 때 현재 지원한 군인 직업과 다른 직업 중 어느 쪽을 선택할 것인지?
- 감명 깊게 읽은 책이 있다면?
- 정장을 입은 이유는?, 이전에도 정장을 입은 적이 있는지?
- 00상을 받았는데 어떠한 이유로 받은 것인지?
- 머리 모양이 특이한데 요즘 유행하는 스타일인지? 그렇게 하고 참석한 이유는?
- 00기관(단체)에서 봉사활동을 하였는데, 봉사활동은 왜! 하는지? 그 이유는?
- 지원자가 생활하는 방의 청결 상태는 어떻다고 생각하는지?
- 부모님이 지원자의 생활 방식에 관하여 평가하는 정도는?
- 좋아하는 사자성어가 있다면?
- 현재 지원자의 상황에 어울린다고 생각하는 사자성어가 있다면?
- 리더십을 경험하며 가장 힘들었던 적은?, 가장 보람이 있던 적은?
- 아침형 인간과 저녁형 인간의 차이점은?
- 지원자가 장교로서 갖추어야 할 인성(품성), 체육활동 측면에서 장점이 있다면?
- 지원자가 장교에 적합하다고 생각하고 있다면, 무엇인지?
- 지원자는 자신을 어떤 사람이라고 생각하는지?
- 좋아하는 것과 잘하는 것이 있다면?
- 애국가 0절을 아는지?, 안다면, 불러볼 수 있는지?
- 왜! 사랑하는 사람과 소중한 사람이 다른지?
- 모범생과 문제아 중 나중에 더 성공할 것 같다고 생각하는 유형은?

자기소개서에 기재한 내용이 있을 때 질문

- 재수하면서 힘들었던 기억이 있다면?, 그 이유는?
- 지원자의 리더십 유형을 도형으로 간단하게 표현한다면?
- '화전양면전술'에 대하여 설명할 수 있는지?
- 지원자가 태어난 OO 지역을 대표하는 인물은 누가 있는지?

면접관이 같은 대학교(학과)가 같은 조에서 답변할 때 돌발적인 질문

- "OO대학교(학과 또는 학부) 지원자들은 어떤 장교가 되고 싶은지를 질문하였을 때 답변이 천편일률적으로 같거나, 비슷한 것 같네!"라고 의문을 표시하면서 지원자들의 반응을 살핀다.

* key-word: 지원자의 특성이나 자기소개서에 작성한 내용에 따라 질문 내용이 다양하며 지원자의 시험장별 평가된 점수와 내용, 상황에 맞추어 각기 달라진다. 따라서 질문을 복기(復棋)하여 암기(暗記)하기보다는 유의할 점으로 이해하고 접근할 필요가 있다.

장교(ROTC) 후보생 '자기소개서' 작성 예문 #2-1-1

자기 소개서(I)

⑧ 사회경험 (3개월 이상) / 군경력 / 봉사활동 (3개월 이상)	근무처(직장명/부대명)	연락처	기 간	담당직위
	봉사활동은 1365에 반영된 사항만 기입하되, 3개월 이상되는 꾸준한 활동만 기록			

⑨ 자 격 / 면 허	내 용	급수/점수	취득일자	인정기관

⑩ 상훈 (고교이상)	내 용		수여일자	인정기관

⑪ 국가유공자 자녀	유공내용 (구체적)	발행기관	유공자 성명	본인과 유공자의 관계

장교(ROTC) 후보생 '자기소개서' 작성 예문 #2-1-2

자기 소개서(Ⅱ)

⑫ 현재까지 살아오면서 (가정, 학교, 교우관계 등)	※ 자신의 가족에 대한 소개 및 자랑거리, 가훈, 교우관계 등 최대한 상세히 기록
⑬ 특별한 경험 (해외연수, 학생회장 등)	※ 태어나서 현재까지의 성장과정별 동아리 및 서클활동, 사회단체 및 학교에서의 간부로서의 생활 경험 여부, 상훈 여부 및 기타 내용을 최대한 상세히 기록
⑭ 자아표현 (성격, 국가관, 안보관, 좌우명, 가치관 등)	※ 지원자의 성격 및 좌우명, 인생의 가치관, 국가관 및 안보관 등 자신이 살아가는 데 영향을 주는 요소 및 자기 자신에 대한 표현을 최대한 상세히 기록
⑮ 현재까지 내 자신에게 장점과 단점	※ 본인의 장점과 단점을 각 1개 이상씩 최대한 상세히 기록
⑯ 지원동기 (체크)	권유(부모, 선배, 친구) 홍보물(현수막, 포스터, 리플릿, 신문) 인터넷(대학 홈페이지, 학군교 홈페이지, SNA) 기타:

위 내용은 확대 또는 축소를 하지 않았으며 진실만을 충실하게 작성하였습니다.
2021년   월   일

* 양식변경금지, 워드로 작성 가능(A4 1장) / '맑은고딕" 서체, 글씨 11pt, 줄 간격 160%

장교(ROTC) 후보생 '잠재역량 평가 요소 및 기준' #2-2

잠재역량 평가 요소 및 기준

분야		점수	적용 기준					
① 언어	영어 지필 평가		TEPS		TOEIC		TOEFL(IBT)	
		+1.0	601~700점		730~805점		85~93점	
		+2.0	701~800점		810~875점		94~102점	
		+3.0	801점 이상		880점 이상		103점 이상	
	영어 구술 평가		Opic	TEPS Speaking	TOEIC Speaking LEVEL	TOEIC Speaking SCORE	ESPT	
		+1.0	IM 1	51~60점	5	110	601~700점	
		+2.0	IM 2	61~70점	5	120	701~800점	
		+3.0	IM 3이상	71점 이상	6 이상	130 이상	801점 이상	
	제2 외국어		JPT (일본)	JLPT (일본)	新HSK (중국)	DELF (프랑스)	TORFL (러시아)	ZDaf (독일)	DELE (스페인)
		+0.5	C레벨 이상	N4이상	3~4급 (중급)	DELF B1이상	1단계	B1이상	B1이상
		+1.0	B레벨 이상	N2이상	5급이상 (고급)	DALF C1이상	2단계	C1이상	C1이상
② 무도단증		+0.5	-1단 이상(품증 미인정) 단증, 자격증, 인증서(6종) *태권도, 합기도, 검도(해동검도 포함), 유도, 택견, 특공무술					
③ 전산자격증		+0.5	-컴퓨터 관련 국가공인자격증 *대한상공회의소: 워드프로세서(1급), 컴퓨터 활용능력 1·2급 *한국정보산업연합회: PCT 500점 이상 국가공인자격증					
④ 한국사능력 검정시험		+1.0	심화 3급(60~69점)			*국사편찬위원회 주관 시험		
		+1.5	심화 2급(70~79점)					
		+2.0	심화 1급(80점 이상)					
⑤ KBS한국어 능력시험		+1.0	-3급(3+급, 3-급)					
		+2.0	-2급 이상(1+급, 1-급, 2+급, 2-급)					
⑥ 안보학관련 과목학점이수		+1/ +2	-군사학 관련 5개 과목 중 2개 과목까지 (과목당 1점) -군사학: 북한학, 리더십, 전쟁사, 국가안보론, 무기체계론					
⑦ 국위선양 (대회입상)		+0.5	-전국체전 동메달(3위), 국가주관 아시아 대회 동메달(3위), 세계대회 동메달(3위) 이상 입상자 -문화체육관광부장관 주관대회 동메달(3위) 이상 입상자					
⑧ 전문자격증		+0.5	-전문자격증: 기능사, 산업기사, 기사 -정부(산하)기관, 산업인력관리공단 상위 1개만 인정(정부공인)					
⑨ 리더십분야		+0.5	-일반학과 리더십 과목 수강(2학점 이상) *과목명에 리더십 관련 문구 포함시 적용(수강완료시 인정) -자격증 인정 *정부 산하기관 '한국직업능력개발원'에 등록된 기관 *군 특수성을 고려하여 군 조직에 적용 가능한 교육내용 *수강생을 소집(30h이상)하여 이론, 토의, 실습, 발표 등 생활화 교육 프로그램 적용 *부대에서 리더십 교육을 10회 이상 실시한 기관					

* 고교출결은 감점 미적용, 항목별 중복 가점 가능, 1개 항목 內에서 중복적용 불가
* 평가 요소/기준은 매년 일부 항목에 변동이 있으니 당해연도에 반드시 확인이 필요

제 3 장

학사 장교와 학사 예비장교, 군장학생 선발 면접 평가 대비

제1절 개 요

1. 총 괄

학사 장교와 학사 예비장교, 군장학생 선발 면접은 육군인사사령관의 책임하에 계룡시 소재의 인재선발센터(선재관)에서 실시하고 있다. 평가 일정은 연도별 모집계획에 따라 다소의 변동은 있으나, 학사 장교와 학사 예비장교 선발 면접은 대략 10~11월경에 실시하며, 총 10일간 600여 명을 대상으로 진행하고 있다. 군장학생 선발 면접은 6~7월경에 실시하며, 총 17일간 1,000여 명을 대상으로 한다. 3개 선발 면접 과정은 모두 육군본부에서 개인별 면접 일자 및 등록 시간을 전체적으로 공지하거나, 또는 개인별로 통보하고 있으며, 편성된 일정은 이후 변경이 불가능하다.

또한 신분증(주민등록증, 운전면허증, 주민등록발급신청서, 여권 중 1개 인정)을 미소지하거나 등록 시간에 도착하지 않으면, 어떠한 사유로도 면접시험에 응시할 수 없다. 따라서 시험 해당일 반드시 개인의 신분증을 소지하고 움직여야 하며, 등록 시간에 늦지 않게끔 30분 정도의 여유를 가지고 면접장에 도착하는 노력이 매우 중요함을 인식하여야 한다. 특히 오전 면접자의 경우 아침 08:00~08:30 사이에 등록하기 때문에 이동하는 데 얼마나 걸리는지 소요시간을 고려하여 면접장과 가까운 곳으로 숙소를 정할 필요가 있다.

선발 면접 평가 시 준비물은 면접 유형에 따라 다소 차이가 있다. 학사 장교와 학사 예비장교는 신분증과 1차 합격통지서, 국민 체력인증서, 필기도구가 필요하다. 군장학생은 신분증과 1차 합격통지서, 2차 제출서류[1], 필기도구를 준비하여야 한다.

---

1) 2차 제출서류는 전(全) 학년과 전(全) 학기의 등록금 납입 증명서, 대학수학능력시험 성적증명서 등의 서류가 있

면접관은 개인별 해당 주에 3~5일간 집중하여 평가를 담당하기 때문에 같은 주차에 면접을 완료한 지원자에게 주요 질문이나, 분위기 등을 파악하는 노력과 관련 분야를 추가로 준비하는 것도 좋은 방법으로 볼 수 있다. 특히 여군 지원자를 면접할 때는 여군 장교 1~2명이 반드시 편성되기 때문에 이에 대한 대비도 필요하다. <그림 3-1>은 육군 인재선발센터(선재관)의 위치이다.

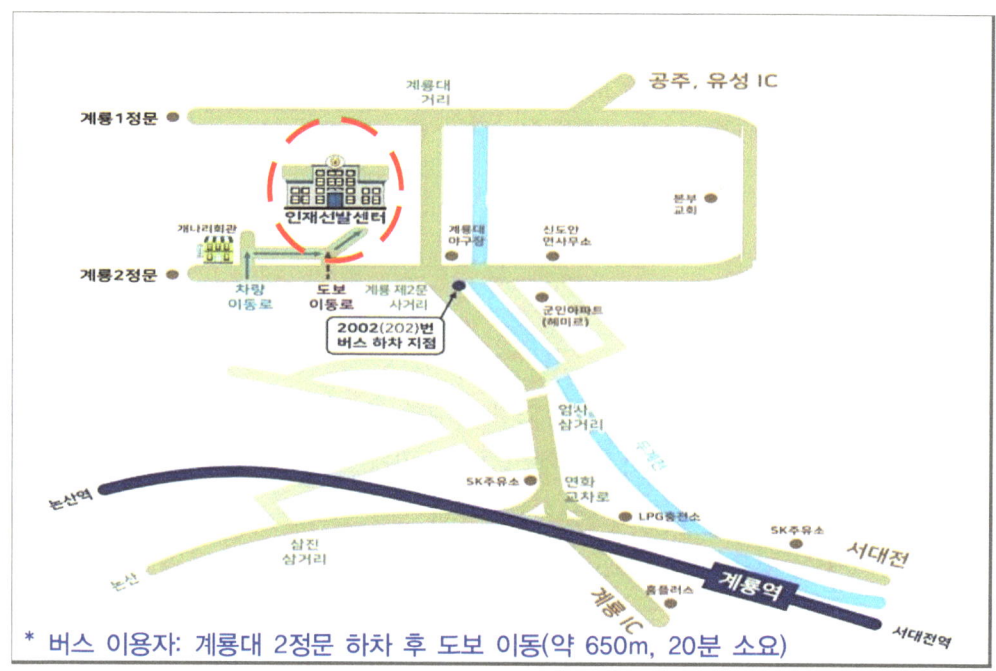

<그림 3-1> 육군 인재선발센터(선재관)의 위치

2. 면접장별 통제 및 평가 방식

지정된 장소에서 등록을 마치고 면접장에 도착하면 지원자 전체인원이 면접대기실에 집합하게 된다. 여기서 면접을 진행하는 방법에 대한 안내, 면접장에 입장할 때의 행동요령[2], 6~7명 단위로 조 편성, 휴대폰 제출, 조별 사회자(팀장) 선출 등을 진행한다. 이어서 조별로 이동하되, 통제 요원의 안내에 따라 해당하는 면접장의 입구 좌석에서 대기하다가 순서가 되면, 면접을 진행하게 된다.

으므로 사전에 공고문을 통해 정확히 확인하여 준비하여야 한다.
2) 면접장 내에서 인사하는 요령과 지원자가 자기를 소개하는 방법 등에 대하여 설명을 진행한다.

면접장은 3개로 구성하여 진행하고 있다. 제1 면접장은 '개별면접'을, 제2 면접장은 '개별발표와 집단토론'을, 제3 면접장은 '인성검사'를 중심으로 진행하고 있다.

면접 평가를 시작하기 전(前) 제일 먼저 제2 면접장에 입장하게 되는 1개 조는 사전(事前)에 별도의 대기실에서 개별발표 및 토론과제를 부여받아 약 20분간에 걸쳐 준비할 시간을 갖는다.

특히 각 면접장에 입장할 때는 일반적으로 이해하고 있는 제1→제2→제3 면접장의 순서에 따라 모두 순차적으로 진행할 수 없다는 특성을 먼저 이해하고 행동하여야 한다. 왜냐하면, 순차적으로 진행할 경우, 조별 대기시간이 길어지거나, 다른 제2·3 면접장은 진행하지 못하고 제1 면접장이 끝나기만 기다려야 하기에 시간이 지체될 수밖에 없다. 따라서 상대적으로 빨리 종료한 면접장이 있으면, 통제 요원들이 대기하고 있던 다른 조를 순서를 바꿔서 들어가도록 진행하고 있기에 당황할 필요가 없음을 이해하여야 한다.[3] 다시 말해 질의응답 등에 대한 소요시간이 면접장별로 차이가 날 수밖에 없다는 것이다. 따라서 질의응답이 길어지거나, 일찍 끝마치는 등 진행하는 데 시간 차이로 인하여 특정 면접장이 해당 조(組)의 면접이 끝마쳤을 때 다음 면접장에 들어가는 게 정상이지만, 다른 면접장으로 곧바로 입장할 수 있다. 즉, 어느 조를 불문하고 순차적으로 면접을 진행하지만, 면접 진행이 면접장 별로 일괄적이지 않다 보니 비어있는 면접장이 있다면, 바로 입장시켜 면접을 진행하고 있음을 이해하면 될 듯싶다.

제1·2 면접장은 면접관이 면접을 진행하는 과정에서 A~E까지의 5단계 평가 기준에 따라 지원자 개인별로 평가한 점수를 단계별로 부여하게 된다. 지원자가 합격 순위에 들기 위해서는 최소한 "C" 수준 이상은 받아야 한다는 의미다.

제3 면접장은 인성검사 결과와 지원자가 심층 면접을 평가받는 과정에서 "적합" 판정을 받아야 만이 긍정적인 기대가 가능하다. 면접관 편성은 제1·2 면접장은 소령~중령급 장교가, 제3 면접장은 군종장교 또는 대령급 장교가 편성되어 있다. 면접장별 구체적인 내용은 다음 절에서 설명하도록 한다. <그림 3-2>는 육군 인재선발센터의 면접장 내부 배치도다.

---

[3] 면접에 대비하여 지도를 진행하다 보면, 일부 학생들은 갑작스럽게 면접장 순서가 바뀌면, 자신이 속한 조가 무슨 문제가 있는가? 라고 생각하면서 긴장과 불안감이 증대하기에 자신이 준비한 실력을 발휘하지 못하였다고 불평하는 사례가 일부 발생하고 있다. 하지만, 기우(杞憂, 쓸데없는 걱정)라는 점을 분명히 짚고 넘어갈 필요가 있다. 예를 들어 제1 면접장에 있다가 제2 면접장으로 입장하지 않고 바로 제3 면접장으로 입장할 수 있다거나, 제2 면접장을 먼저 입장하였다가, 다시 제1 면접장에 거꾸로 입장할 수 있다. 이는 면접장의 구조와 시간적인 문제로 인한 것이기에 왜! 그럴까? 라고 궁금하게 여길 아무런 이유가 없다.

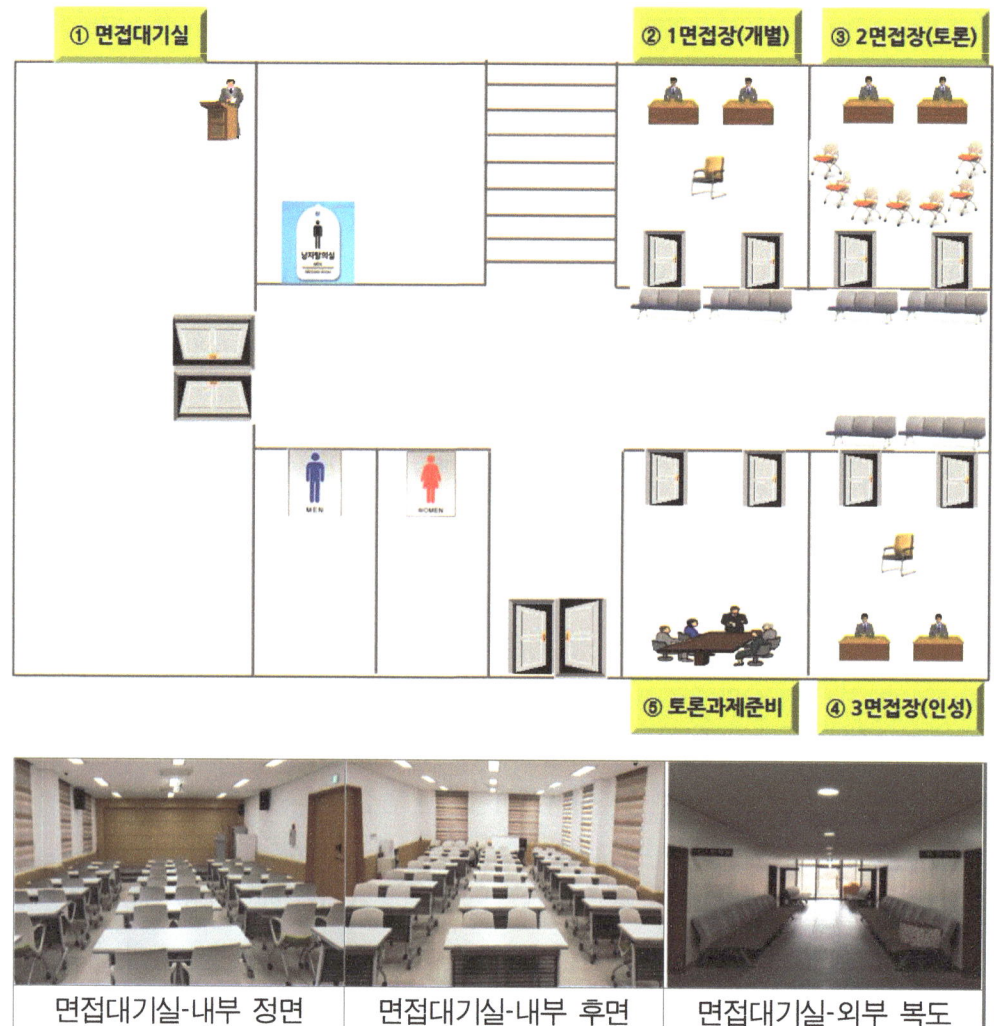

<그림 3-2> 면접장의 배치 및 내부 구성도

제2절 제1 면접장 (개별면접)

1. 진행 절차와 핵심평가 요소, 행동하는 요령

제1 면접장은 당일 부여받은 수험번호(순서)에 따라 개별면접 방식으로 ±10분의 시간을 배정하고 진행한다. 이 면접장은 초급장교로서 기초적인 자질과 적성에 맞는지를 확인하는 과정으로 지원자가 작성한 '자기소개서'와 '직무 성격검사(JPT-Job Personality Test)' 결과를 참고로 하여 '지원동기(motivation)'와 '인성과 사명감', '사회성 및 성실성', '신체균형, 발성 및 발음'을 평가하고 있다. 지원자의 열정과 적극성, 집단생활에 대한 긍정성 및 개인적인 문제들에 관하여 진솔하게 대화를 주고받을 수 있도록 최대한 편안한 분위기를 제공한다. 그러나 면접관에 따라 지원자의 단점이나, 꼬리 물기식의 압박을 통해 지원자가 대응하는 능력이나, 자기표현능력 등을 평가하기도 한다. <그림 3-3>은 제1 면접장 내부의 좌석 배치도이다.

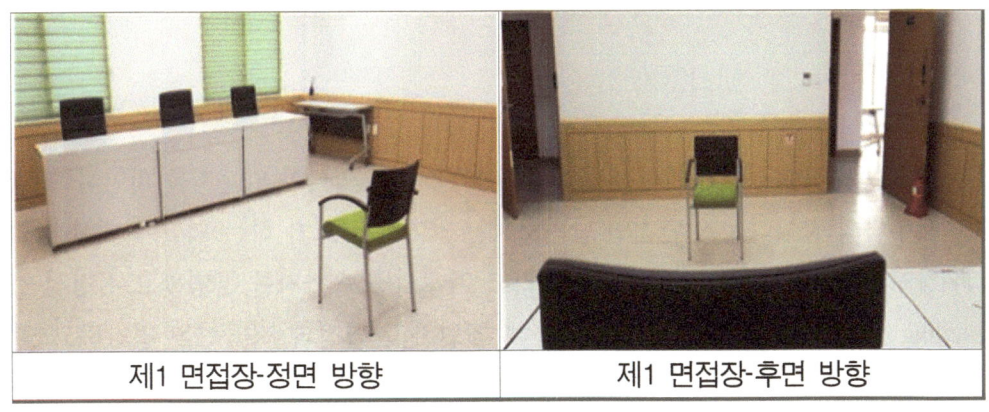

| 제1 면접장-정면 방향 | 제1 면접장-후면 방향 |

<그림 3-3> 제1 면접장 내부 좌석 배치도

1.1. 평가 및 진행하는 절차

복도에서 대기하는 중에 차임벨 소리가 나면(또는 통제 요원의 안내에 따라) 수험번호(면접 당일 접수할 때 부여받은 수험표의 순서)에 따라 편성된 조(組) 중에서 한 명씩 면접장에 입장하게 된다. 면접자가 의자 앞에 차렷 자세로 서면, 신체균형을 확인하고, 차렷 자세나 열중쉬어자세, 또는 뒤로 돌아 자세를 실시한다. 필요하면, 신체균형에 대한 정확한 확인을 위하여 '차렷 상태'에서 '앞으로나란히' 하는 자세를 취하고, 양 무릎과 발뒤꿈치를 바닥에 붙인 상태에서 '앉았다가 일어서는 자세'를 요구할 수 있다.

또한, 면접관의 지시에 따라 자리에 앉아 크게 2가지 분야로 구분하여 개별면접을 시행한다. 먼저, 선발 면접 평가를 진행하기 이전에 지원자가 작성하여 제출한 '자기소개서[4]' 내용을 참고로 하여, 면접관이 확인하고자 하는 내용 위주로 질문하고 답변하는 방식을 취하거나, '자기소개'와 '지원동기', '장·단점'에 대한 질의응답과 추가 질문으로 진행하는 방식을 취할 수 있다. 다음은 '직무 성격검사(JPT)'에 따른 지원자의 인재 유형을 확인하고, 지배성, 사교성, 인내성, 형식성 분야에서 나타난 개인별 주의사항 중에서 단체생활에 부정적인 영향을 줄 수 있는 내용 위주로 질문하여 '사회성과 성실성'을 평가한다. 특히 면접 간 '자기소개서' 내용 및 '직무 성격검사' 결과와 다른 내용을 답변할 경우 면접관이 추가로 질문을 계속하기 때문에 성실하게 답변하는 것이 필요하다.

1.2. 핵심평가 요소

첫째, '지원동기'이다. 장교로서 자긍심과 명확한 목표 의식이 있는지를 확인하며, 막연히 어려서부터의 꿈이라는 일반적인 답변보다는 軍에서 장교가 하는 역할에 대한 정확한 인식과 장교 임관에 대한 주관과 소신, 그리고 미래의 모습까지를 분명하고 진정성 있게 story-telling 형식으로 발표하는 모습을 통해 지원자의 열정과 적극성을 평가하고 있다.

---

4) '자기소개서'는 반드시 1장 이내로 작성함을 원칙으로 한다. 요구하는 대로 요약 및 정리하는 것도 능력이기 때문이다. 포함 분야는 ① 성장(가정) 환경(부모 형제가 몇 명이라는 형식적인 내용보다는 어떠한 분위기인지, 왜! 좋은지 등 감동할 수 있는 특징을 개성 있게 표현하는 게 좋지만, 허위로 작성할 경우 불이익이 초래됨), ② 성장 과정(학교생활과 동아리 활동 경력, 학생회 간부 경력, 대외적으로 인정받을 수 있는 봉사활동 등), ③ 자아표현(성격 또는 성향과 좌우명, 인생관, 가치관 등). ④ 국가·안보관(대한민국과 군(육군)의 존재에 대한 지원자의 생각 및 경험담), ⑤ 지원동기 및 비전과 포부(실현을 할 수 있는 비전(vision) 또는 포부 등으로 최대한 솔직하고 진정성 있게 작성하는 노력이 평가에 긍정적인 요소로 작용)로서 '자기소개서' 작성 양식(예문)은 학사장교, 학사예비장교, 장학생과 관련한 면접 기법 맨 마지막 부분을 참고하기 바란다.

둘째, '인성 및 사명감'이다. 지원자의 행동을 평가하고, 질의응답 과정에서의 행동 관찰을 통해서 장교로서 합리적이며, 도덕적으로 판단하고 있는지와 군인으로서의 올바른 정신자세와 주어진 임무를 잘 수행하려는 마음가짐을 갖추고 있는 유무를 확인한다.

셋째, '사회성 및 성실성'이다. '자기소개서' 내용을 확인하며 특이한 사항은 꼬리 물기 식의 연속적인 질문을 통하여 지원자의 성장환경 및 개인별 품성을 확인하고, 사회성과 성실성 수준을 확인 및 식별하고 있다.

넷째, '신체균형, 발성 및 발음'이다. 장교로서 갖추어야 할 외적 자세와 균형된 신체단련 상태를 확인하고, 올바르고 정확한 발성과 발음의 가능성을 평가한다. 이때 현재의 상태도 중요하게 보지만, 향후 개선 가능성을 판단하기 위하여 그동안 지원자가 신체적 균형과 교정을 위하여 노력한 결과를 간략하게 설명할 준비를 하는 것도 필요하다.

다섯째, '국가·안보관'이다. 이 요소는 제2 면접장의 개인 주제발표에서 집중적으로 평가하고 있지만, 2020년부터는 이중으로 확인하는 차원에서 제1 면접장에서도 확인하고 있음을 인식하여야 한다. 중요한 질문 내용은 제2 면접장의 내용을 참고하기 바란다.

1.3. 핵심평가내용 및 감점 요인

평가항목		주요 내용
지원 동기	핵심 요소	● 장교의 역할 이해, 적성을 고려한 자발적 지원 ● 지원동기 및 목표의 명확성(부모, 본인이 모두 희망) ● 군 및 지원과정(장학생, 예비)에 대한 정확한 이해 여부 ● 장교로서의 미래계획에 대한 구체성
	감점	● 주관 없이 부모나 타인의 권유 및 강권(强勸)에 의한 지원 ● 군과 지원과정에 대한 이해 및 장교로서의 포부 부족 ● 다른 직업의 선택을 위해서나, 졸업을 목적으로 지원
인성, 사명감	핵심 요소	● 구체적인 인생계획을 세우고, 계획성 있게 추진 여부 ● 답변의 합리성과 도덕성, 군인으로서 올바른 정신자세 ● 군인으로서 올바른 사명감과 가치관의 확립 여부
	감점	● 구체적인 인생계획이 없고, 실천과 구체성 없이 추상적 ● 답변의 합리성과 도덕성 부족 ● 사명감(위국헌신)과 가치관이 올바르지 않음

사회·성실성	핵심 요소	● 가정, 성장환경 및 학교생활의 꾸준한 안정성 ● 변하지 않는 보편적이고 정의로운 가치관과 인생관 보유 ● 보편적인 도덕적 기준과 단체생활에 적합한 원만성 ● 건전하고 바람직한 종교관 보유
	감점	● 가정, 성장환경에 불안정성 보유 ● 학교생활에 불성실자(결석이 많으면, 세부 원인을 확인) ● 부정적인 가치·인생관 및 비이성적 종교관 보유 ● 성격과 도덕적 기준이 단체생활에 적합하지 않음
신체 균형, 발성, 발음	핵심 요소	● 쪼그려 앉기 자세의 안정성, 신체 균형 ● 명확한 발음과 풍부한 성량
	감점	● 치유 불가능한 기형적인 체형, 신체 기능성 장애 ● 심한 내반슬(O형 다리) 및 외반슬(×형 다리) ● 신체 및 안면 비대칭, 부정확한 발음 및 적은 성량

1.4. 지원자가 유념해야 할 네 가지의 행동 절차 및 요령

첫째, 면접장에 입장함과 동시에 신체균형의 확인을 위하여 '뒤로 돌아'나 '쪼그려 앉기' 자세를 요구할 수 있다. 따라서 의자 앞에 있는 상태라면, 반드시 '차렷 자세'를 취하고, 만약 '열중쉬어' 상태라면 반드시 '차렷 자세'로 전환한 다음 '뒤로 돌아' 자세를 갖춰야 한다.

* key-word: 면접자의 긴장 상태와 순발력 확인을 위해 일부러 '열중쉬어' 상태에서 '뒤로 돌아' 자세를 요구하기도 한다. 특히 신체균형을 유지하기 위하여 평소 '쪼그려 앉기' 자세를 연습하는 것도 좋다.

둘째, 개별면접은 2명의 면접관이 지원자 1명에게 10여 분간에 걸쳐 집중적으로 질문하고 태도를 관찰하기 때문에 지원자의 처지에서는 부담스럽게 된다. 특히 압박 면접과 직접 맞닥뜨리게 되면, 긴장이 가중되기 때문에 평가받고 있다는 생각보다는 편안하고 솔직하게 상담하는 마음가짐으로 선발 면접에 임하는 심리적 자세가 중요하다. 개인별 특성을 고려하여 1시간 전에 안정제를 복용하는 것도 일부는 도움이 될 듯싶다.

* key-word: 앉아 있는 자세에서 10여 분간 편안한 면접환경을 제공할 경우 눈 깜박임, 고개 끄덕거림, 손가락 잡기, 다리 떨기 등 좋지 않은 개인의 습관이 나타날 수 있기에 면접을 끝내기 이전까지는 바른 자세를 취하는 것이 긍정적인 평가에 바람직하다.

셋째, 답변은 준비된 내용을 발표하려 하기보다는 자신의 경험과 생각을 진솔하게 이야기하는 것이 중요하다. 이때 자신감 있고 당당한 목소리가 필요하며, 발음은 정확하게 하고, 속도는 너무 빠르지 않게 답변할 수 있도록 숙달하는 노력이 필요하다.

* key-word: 개별면접 연습은 평소, 지원자에게 부담스러운 부모님이나 교수님과 함께 면접 교재에 제시된 내용을 중심으로 질문하고, 답변하는 연습을 반복할 수 있다면, 실제 면접을 하는 과정에서도 좋은 성과를 달성할 수 있는 지름길이다.

넷째, 개별면접은 면접장에 입장해서부터 퇴장할 때까지 안정적이고 여유가 있는 자세와 태도를 유지하는 것이 필요하다. 또한, 초급장교로 임관하고자 하는 진솔(眞率)한 자기 의지와 열정을 면접관에게 표출할 좋은 기회로 생각하면 별다른 어려움 없이 평가를 끝마칠 수 있지 않나 싶다.

* key-word: 개별면접에서 면접관이 원하는 답이 있다고 지원자 스스로 판단하여, 어려움을 자초하지 않아야 한다. 자기에게 굴레를 씌우면, 그만큼 부담스러워지기에 자연스러운 자세와 태도를 유지할 수 없게 된다. 면접에는 정답이 없다. 지금까지 지원자가 스스로 노력하여 온 모습을 그대로 보여주는 것이 가장 중요함을 기억할 필요가 있다.

2. 네 가지 분야의 평가요소와 답변(대응) 기법

※ 공통으로 유념할 사항

구 분	주요 내용
긍정요소(☺)	● 자기소개서와 답변 내용의 일관성 유지 ● 자기소개서에 표현된 중요한 어휘에 대한 의미 설명 가능 ● 핵심 내용을 story-telling 형식으로 간략하게 발표 ● 압박 면접(긴장)에도 이를 자연스럽게 극복하는 당당한 태도
부정요소(😡)	● 준비된 내용을 암기하여 발표하려는 자세 ● 진술하지 않은 내용을 임기응변식으로 과장되게 답변 ● 자신의 단점을 감추려는 자세, 지속적인 과도한 긴장감

2-1. 지원동기

구 분	주요 내용
긍정요소(☺)	● 육군 장교로서 생활에 대한 이해와 자신의 미래모습 설명 ● 지원자의 적성을 고려하여 본인과 부모가 모두 희망 ● 장교 지원에 영향을 받은 상황이나 인물과 본인의 노력 제시
부정요소(😡)	● 명확한 목적성이나 주관 없이 군 의무복무를 위해 지원 ● 부모 및 주변의 강권(强勸)으로 불가피하게 지원 ● 군대나 장교에 관한 사전(事前) 지식이 부족

<중요한 질문 내용>

- 장교가 되고 싶은 이유와 장교로 임관 이후의 목표는?
  * 장교를 목표로 선정한 이유, 탈락 시 향후 계획
- 장교의 자세와 태도, 필요한 가치관(덕목) 한 가지를 설명하시오.
- 군 가산 복무 지원금을 받는 대학생(학사장교)에 지원한 이유는?
- 왜! 육군이 지원자를 선발하여야 하는지 이유 세 가지를 설명하시오.
- 장교를 지원한 이유와 장교가 되기 위해 지원자는 무엇을 준비했는지?
  * 준비한 내용에 대한 구체적이거나, 전문적인 내용을 추가로 질문
- 어떤 모습의 소대장(장교)이 되고 싶은지?
- 장교로서 갖추어야 할 핵심적인 역량 한 가지를 설명한다면?
- 장교가 되려는 생각은 언제부터 갖게 되었고, 왜! 하려는지?
  * 결정적인 계기와 이유, 주변의 반응, 장기복무를 희망하는 유무 등
- 군 조직에서 장교의 역할은 무엇이라고 생각하는지?
- 현재 당신이 지원한 과정의 명칭과 해당 과정은 어떻게 진행되는지를 알고 있는지? 알고 있다면, 설명할 수 있는지?
- 지원자의 성격과 적성 등을 고려할 때, 어떤 측면에서 자신이 장교에 적합하다고 생각하는지?
- 지원자가 장교로 임관한다면, 어느 병과를 선택하고 싶은지? 그 이유는? 자신이 알고 있는 병과에 관하여 설명할 수 있는지?
- 주변으로부터 장교로서 가장 힘들거나, 어려운 일은 무엇이라고 들었는지? 지원자는 이를 어떻게 극복할 것인지? 극복할 방법과 의지가 있다면?
- 장교란 직업을 생각해본 적이 있는지?
- 지원자가 장교로서 상관과 동료, 부하들에게 존경과 신뢰받는 Leader가 되려면, 어떠한 노력과 열정이 필요하다고 생각하는지?
- 장교(직업군인)로서 갖추어야 할 가치관과 덕목은 무엇이라고 생각하는지? 가장 중요하다고 생각하는 것은? 그 이유는?
- 지원자가 생각하는 리더십은 무엇이라고 생각하는지?
- 학사 장교와 학사 예비장교, '군 가산 복무 지원금' 지급 대상자[5]에 대하여 아는 바를 간략하게 설명할 수 있는지?

---

[5] 학사 장교는 대학 4학년을 대상으로 선발하며, 합격하면 육군학생군사학교에서 17주 교육 후 임관한다. 의무복무기간은 임관 후 3년이다. 학사 예비장교 후보생은 4년제 대학 1~3학년 재학생을 대상으로 선발하며, 대학 졸업과 동시에 기초 군사훈련 후(17주) 임관한다. 특히 임관 이전(以前) 소정의 장려금(150~300만 원)이 1회 지급되며, 교육 장소 및 기간과 의무복무기간은 학사 장교와 같다. 軍 가산복무지원금 지급 대상자는 4년제 대학교의 1~4학년을 선발하고 있으며, 4년간 대학 등록금을 지급하고 있다. 의무복무기간의 경우에 학군(ROTC)장교로 임관하면 6년 4개월, 학사 장교로 임관하면 7년을 복무하고 있다.

2-2. 인성 및 사명감

구 분	주요 내용
긍정요소(☺)	● 군인으로서의 올바른 정신자세 및 가치관 확립 ● 합리적이고 도덕적인 답변 태도 ● 미래계획에 대한 구체성 및 실천적 추진
부정요소(☹)	● 경험적 요소가 없는 일상적인 내용의 답변으로 일관 ● 군인으로서의 정신자세 부족

<중요한 질문 내용>

- 최근 사회적 이슈가 되는 내용 한 가지를 설명하고, 이에 대한 자신의 견해와 그 이유를 설명하시오.
- 군인정신[6]은 무엇이며, 가장 중요하다고 생각되는 정신과 그 이유는?
- 리더십이란 무엇이라고 생각하는지?
- 국가[7]란 무엇이라고 생각하는지?
- 사명감이란 무엇이라고 생각하는지?
- 인생에 있어서 궁극적인 목표는 무엇으로 설정하고 있는지?
- 포용력이란 무엇이라고 생각하는지?
- 통찰력을 향상하기 위한 나름의 방법이 있다면?
- 지원자가 최근 달성하고자 하는 목표와 목표 달성을 위한 계획은 무엇이며, 구체적으로 자신이 어떤 행동(행위)을 했는지?
- 지원자가 생각하는 미래의 모습과 부모님이 희망하는 미래의 모습에 대해 설명하고, 만약 차이점이 있다면, 무엇인지? 그 이유는?
- 지원자가 학창시절 무엇인가를 계속 반복하여 꾸준하게 실시한 취미나, 행동, 활동이 있다면 무엇이고, 꾸준하게 한 이유와 비결은?

---

[6] '군인정신'은 '군인으로서 가져야 할 확고한 마음가짐'이다. 군인은 명예를 존중하고, 투철한 충성심, 진정한 용기, 필승의 신념, 임전무퇴의 기상과 죽음을 무릅쓰고 책임을 완수하는 숭고한 애국애족의 정신을 굳게 지녀야 한다(군인의 지위 및 복무에 관한 기본법 제5조 제3항). ① '명예'는 구차하게 편안함만 누리려는 태도는 추구하지 않겠다는 마음가짐 ② '충성심'은 자신과 상관, 국가의 명령을 최선을 다해 완수하겠다는 굳은 마음가짐 ③ '용기'는 어떠한 두려움에도 불구하고 해야 할 일을 반드시 행하는 겁이 없고 배짱이 두둑하며 씩씩한 기상과 굳건한 절개 ④ '필승의 신념'은 반드시 싸워 승리하겠다는 굳은 결심과 신념 ⑤ '임전무퇴'는 전장에서 죽음을 각오하고 끝까지 물러서지 않는 기상 ⑥ '책임완수'는 어떠한 희생을 감수하더라도 반드시 임무를 완수하겠다는 결의 ⑦ '애국 애민'은 모든 가치의 뿌리가 되는 조국에 대한 사랑과 민족에 대한 사랑으로 조국과 운명을 함께 하겠다는 마음가짐을 뜻하고 있다.

[7] 막스 베버는 국가란 정당한 폭력의 사용을 독점 지배함으로써 영토에 대한 규칙을 제정하는 주장을 당연히 가지는 조직이라고 하였다. 국가의 핵심요소는 영토, 국민, 주권으로 국토(영토)와 국민의 생명과 재산(국민), 그리고 국가의 자유와 독립(주권)을 포괄하는 개념이다.

2-3. 사회성과 성실성[8]

구 분	주요 내용
긍정요소(☺)	● 안정적인 가정 및 성장환경과 우수한 품성 ● 단체생활 간 리더 경험, 대·내외 표창 수상, 외국어/무도자격증 ● 어려운 환경적 상황을 극복한 자신의 노력
부정요소(😠)	● 불안정한 가정 및 성장환경, 무단결석(지각) 10일 이상 ● 징계, 가출, 학교생활 부적응, 사회적 일탈 경험자 ● 주벽, 도벽, 폭력적 환경과 비이성적인 종교관 보유

<주요질문 내용>

● 자신은 어떤 사람인지 1분 30초간 설명하시오.
  * 지원자는 부모님께 어떤 아들(딸)인지?
  * 부모님은 지원자에게 어떤 존재인지?
  * 어떤 장교(군인)가 되고 싶은지?
  * 지원자는 어떠한 특성을 가진 사람인지?
● 자신에게 가장 힘들었던 경험 한가지와 그 상황에 어떻게 대처했는지?
  * 타인에게 도움을 요청했는지?
  * 상황 해결을 위해 가장 큰 도움을 준 사람과 그 이후의 관계는?
  * 상황을 극복하면서 느낀 점이 있다면?
  * 장교로 임관해서 이와 같은 사례가 발생한다면 어떻게 해결하겠는지?
● 최근 출타 후 집으로 복귀하여 자신에 방에 들어와서 하는 일은?
  * 습관적으로 실시하는 행동 3가지와 그러한 습관이 형성된 이유는?
  * 자신의 습관 중에 가장 바람직하거나, 바람직하지 않은 습관은?
  * 방의 청결 상태는 어떠한지? 청소는 언제 어떻게 실시하는지?
  * 부모님께서 지원자의 생활 방식중 가장 변화를 요구하는 것은?
● 학창시절, 동료들과 함께 하나의 목적을 달성하기 위해 노력했던 경험은?
  * 지원자의 역할과 구체적인 활동이 있다면?
  * 목적을 달성하는 과정에서 발생하였던 어려움이나 문제가 있다면?
  * 동료와의 갈등이나 타 동료 간의 갈등 발생 경험 또는 해결 방법은?

---

8) 사회성과 성실성은 '자기소개서'와 '직무성격 검사(JPT)'내용을 참고하여 꼬리 물기식이나 압박 면접을 하기에 '자기소개서'에 기록된 사자성어, 명언, 한자어 등에 대한 용어를 정확하게 숙지하고 있어야 하며, 지원자의 인재 유형을 파악하여야 하며, 특히, 지원자의 성격과 연계하여 간략하게 설명할 수 있도록 준비하는 것이 필요하다.

- 지원자의 가족 분위기는 어떤지 특징적인 점을 설명한다면?
  * 현재 가정의 가장 큰 근심거리와 가장 즐거운 일은?
  * 가족 중 가장 신뢰하는 사람은?
  * 그 가족과 주 몇 회이상 대화하거나, 전화를 통화하는지?
  * 가족 전체가 대화를 자주 나누는지? 나눈다면, 대화하는 주요 주제는?
  * 부모님께서 평소 강조하는 교훈이나 가훈은? 지원자의 실천 노력은?
- 자신의 장점과 이와 관련된 구체적인 활동 경험을 얘기한다면?
  * 활동 결과 성과는 어떠했는지?
  * 자신의 장점 때문에 최초 생각했던 것과는 반대의 결과가 나온 사례는?
  * 반대의 결과가 나왔을 때, 그 이유는 무엇이라고 생각했는지?
  * 앞으로 장교로 임관한다면 자신의 장점을 그대로 유지할 것인지?
- 자신의 단점과 이로 인해 가장 많이 곤란을 겪은 경험이나 사례를 구체적으로 설명할 수 있는지?
  * 현재에도 그러한 단점이 지속하고 있는지? 그 이유는?
  * 단점을 극복하기 위해 지원자가 기울인 노력이 있다면?
  * 노력의 성과는 지원자의 기대에 비하여 어느 정도였는지? 그 이유는?
  * 장교로 임관한다면 자신의 단점이 어떤 영향을 줄 것으로 생각하는지?
- 최근 읽었거나 읽고 있는 책은 무엇이고, 주요 줄거리와 느낀 점은?
- 고교 생활 중 봉사활동 기록이 있는데, 활동한 이유와 느낀 점은?
- 자기소개서를 작성할 때 도움을 받은 사람이나, 참고한 내용은?
  * 자기소개서 작성 내용을 한마디로 요약해서 말한다면?
- 고교 시절 무단결석이나 무단지각이 있다면, 횟수? 그 이유는?
  * 현재 그러한 행동에 대해서 어떻게 생각하는지?
- 종교적인 신념을 이유로 대체복무제도를 시행하고 있다. 이에 대한 지원자의 의견은?
- 종교활동이 지원자에게 주는 의미는 어떤 것인지?

2-4. 신체균형, 발성 및 발음

구 분	주요 내용
긍정요소(☺)	● 균형되게 쪼그려 앉기 가능 및 신체 균형 유지 ● 명확한 발음과 풍부한 성량
부정요소(😠)	● 치유가 불가능한 기형적인 체형 및 신체 기능성 장애 ● 발음장애, 적은 성량, 쪼그려 앉기가 어렵거나, 신체 불균형 ● 신체 불균형 개선을 위한 지원자의 개선 노력이 부족

<주요질문 내용>

● 쪼그려 앉기를 실시해본 지원자의 소감은?
 * 신체적인 불균형이 발생한 이유는 무엇이라고 생각하는지?
 * 평상시 반복적으로 실시하고 있는 운동과 운동에 소요하는 시간은?
● 신체적 불균형을 개선하기 위해 지원자는 어떤 노력을 했는지, 구체적으로 설명할 수 있는지?
 * 다이어트 방법과 기간 및 감량 정도는?
 * 다이어트에 실패하게 된 이유가 무엇이라고 생각하는지?
 * 향후 신체적 불균형 개선을 위한 계획은?
● 답변이 잘 들리지 않는데, 최대한 큰 목소리로 다시 한번 이야기하시오.
● 얼굴에 흉터가 있는 이유와 치료 경과 및 완치계획이 있다면? 가능성은?
● 지원자의 외모 중 가장 개선하고 싶은 부분이 있다면? 그 이유는?
● 지원자의 신체적 불균형과 부정확한 발음으로 어려움을 겪은 사례는?
 * 어려움을 겪은 이유는? 어떤 노력을 어떻게 하였는지?
● 차렷 자세에서 최대한 두 다리를 밀착시킬 수 있는지? (행동으로 확인)
 * 원인이 무엇인지? 지원자는 O형(×형) 다리로 인하여 불편함은 없는지?
● 지원자가 문신[9]한 경험이 있다면, 언제 어떠한 이유로 한 것인지?
 현재 문신의 상태는? 문신을 한 시기와 흔적 제거 경과는?

---

9) 문신은 경도(輕度, 가벼운 증세)에 한정하여 가능하며, 문신이나 자해(自害)로 인한 흔적은 한 부위에 7cm 이하 또는 두 개의 부위 이상일 경우에 전체 면적이 30cm 미만일 경우에만 해당한다. 그러나 경도의 문신이라 할지라도 성적표현, 욕설, 테러단체 옹호 문구 등 혐오감과 위화감을 나타내는 내용이거나, 얼굴, 목 등의 부위에 드러나 있어 간부의 품위를 손상하는 경우에는 긍정적인 평가가 어려울 수 있다.

2-5. 자기소개서 작성 시 고려사항

● 가정 및 성장환경
 * 가족 구성원의 특징 및 분위기, 가족의 장점, 지원자와의 관계는?
 * 부모(외조부모), 형제자매로부터 받은 영향, 현재의 나에게 미친 영향은?
 * 가족 내부의 분위기와 특징을 한마디로 표현한다면?
● 성장 과정: 학교생활, 동아리 활동, 학생회 경험, 봉사활동 등
 * 각종 경험을 통해 깨달은 교훈이나, 자신에게 미친 영향이 있다면?
 * 단체나 개인적으로 포상(褒賞)을 받은 경력이 있는지?
   있다면, 구체적으로 얘기할 수 있는지?
   - 가장 핵심적인 사례를 1~2가지 정도를 구체적으로 언급
 * 단체나 특정 개인이 자신에게 미친 영향이 있다면?
 * 학창 시절을 한마디로 표현하여 강조한다면?
● 자아(自我) 표현: 성격, 좌우명, 인생관, 가치관 등
 * 지원자의 성격에 대한 장점과 단점을 얘기한다면?
 * 지원자가 가장 중요하게 생각하는 가치가 있는지? 그 이유는?
 * 단점을 극복하고자 했던 구체적 노력과 결과, 향후 계획은?
 * 좌우명의 선정 이유와 실천과정에서 얻은 교훈을 가치관과 연계한다면?
● 국가・안보관
 * 국가의 존재나, 안보의 중요성에 대한 경험을 간략하게 설명한다면?
   - 단순하게 중요성을 강조하기보다는 직・간접적 경험과 연계하여 설명
 * 대한민국과 군대의 역할은 무엇이라고 생각하는지?
   선발된다면, 지원자가 해야 한다고 생각하는 역할이 무엇이라고 생각하는지?
● 지원동기 및 비전과 포부
 * 장교를 목표로 하게 된 계기를 story-telling 형식으로 설명함으로써
   진정성과 신뢰성을 증대하여야 함.
 * 지원자는 어떤 모습의 장교가 되고 싶은지?
 * 軍 생활을 통하여 인생에서 이루고 싶은 최종 목표가 있다면?
   ① 진급, 직위보다는 가치 중심적인 목표를 설정
   ② 어떤 분야에서 복무하고 싶은지, 이유가 무엇인지를 구체적으로 설명

2-6. 개별면접 답변을 위한 참고자료

<장교의 가치관> 육군의 5대 가치관은 충성, 용기, 책임, 존중, 창의이다.

- 충성: 진정으로 마음에서 우러나오는 희생과 봉사 정신으로 정성을 다한다.
- 용기: 자제력, 분별력을 기초로 정의감에 따라 신념대로 행동한다.
- 책임: 맡은 역할과 임무를 완수하겠다는 마음가짐과 행위이며, 결과에 따른 도덕·법률적 불이익을 기꺼이 감수한다.
- 존중: 타인을 높이고, 귀중하게 대하는 마음과 자세이다.
- 창의: 고정된 사고에 집착됨이 없이 새로운 의견을 생각하여 문제점을 찾아 해결하는 사고력이다.

<장교의 핵심 역량> 역량이란 어떤 일이든 해낼 수 있는 힘(실천해야 할 요소)

핵심요소: 솔선수범, 동기부여, 소통, 신뢰 구축

- 솔선수범: 앞장서서 행동으로 실천하여 구성원들의 본보기가 되는 것이다.
  ① 부하들에게 영향력을 발휘하는 가장 강력한 수단
  ② 어렵거나 위험할 때 앞장서는 모습은 부하들을 이끄는 영향력의 비밀
- 동기부여: 목표 달성을 위해 구성원의 의욕과 열정을 불러일으키는 행위다.
  ① 구성원을 움직이는 핵심 역량은 마음을 움직이게 만드는 법
  ② 임무를 수행하는 목적 알려주기, 인정과 칭찬, 격려, 공정한 신상필벌 등
- 소통: 상호작용을 통해 자기 생각을 전달하고 상대방을 이해하는 것이다.
  ① 조직 내에서 소통이 되지 않으면 부여된 임무를 완수할 수 없음
  ② 말과 글을 정확하고 간결하게 표현하여 자기 생각을 전달
  ③ 존중하는 마음으로 상대방의 말을 경청
- 신뢰 구축: 부대원의 마음을 얻어 서로 굳게 믿고 의지하는 관계이다.
  ① 구성원의 신뢰를 받지 못하는 장교는 제대로 된 영향력 행사가 불가능
  ② 솔선수범, 동기부여, 소통 등 다양한 노력과 접근을 통해 신뢰 구축 가능

<리더십> 리더가 임무완수 및 조직발전을 위해 조직의 목적과 방향을 제시하고, 동기를 부여함으로써, 구성원들에게 영향력을 미치는 것.

- 리더다움: 리더를 믿음직하게 여겨 인정하게 만드는 내·외적인 모습이다.
 ① 전사다움: 싸워서 승리하고, 승리를 통해서 소중한 가치를 수호
   * 외적 모습, 말과 행동을 군인답게, 강인한 체력단련과 전투기술 숙달
 ② 육체적 강건함: 어떠한 임무도 완수해 낼 수 있는 체력과 건강
 ③ 주도성: 스스로 할 일을 찾아 주도적으로 일을 이끌어 가는 것
   * 주인의식(적극적, 능동적), 부대원과 협력, 임무를 스스로 되묻고 정리
 ④ 회복 탄력성: 시련이나 고난에 닥쳤을 때 이를 이겨내는 힘
   * 감사하는 마음, 3번 생각(평정심 유지), 약점을 강점으로, 현재에 충실

<사명감(책임감)> 주어진 임무를 잘 수행하려는 마음가짐

- 군인의 지위 및 복무에 관한 기본법(국군의 사명): 제5조 3항
 ① 대한민국의 자유와 독립 보전, 국토를 방위
 ② 국민의 생명과 재산을 보호하고, 나아가 국제평화 유지에 이바지
 ③ 국가방위, 자유민주주의 체제의 수호, 국제평화 유지 및 조국 통일에 기여
- 책임감: 맡겨진 일을 정성을 다해 수행하며 끝까지 헌신하려는 마음과 자세
 ① 리차드 바흐(美 소설가): "이 세상에서 우리의 사명이 끝났는지, 끝나지 않았는지 판단하는 방법이 있다. 아직 살아 있다면, 그 사명은 끝나지 않은 것이다."
 ② 6·25전쟁 학도병(신동수): "군인은 명령에 따를 뿐입니다. 제 상관이 철수하라는 명령을 내리지 않으면 죽는 순간까지 이곳을 지킬 것입니다."

<통찰력> 사물이나 현상을 통찰하는 능력(하나를 보고 열이나 백을 안다)

① 선입견을 조심하라-관심의 영역을 넓히기, 마음의 한계 버리기(상상)
② 떠오르는 생각을 반드시 기록하기-전문가와의 만남 자주 갖기
③ 근원적인 이유가 무엇일지 곰곰이 살핀다-논리적 사고 → 직관적 사고
④ 모방도 통찰력을 기르기 위해 꼭 필요한 생활 속 습관이다.
⑤ 낯선 것을 친숙한 관점으로, 친숙한 것을 낯선 관점으로 바라본다.
⑥ 판단은 천천히 하라-섣부른 판단은 과도하게 빠른 포기를 부른다.
⑦ 일단 결정하고 나면 바로 실행하라.

<최근의 사회적 이슈>

- 한국토지주택공사(LH) 직원들의 투기 의혹
  * 3기 신도시 개발정보를 이용하여 사전에 주변 토지 매입 등 공직자로서 헌신·봉사하는 자세에 문제점이 표출
- 학생 수가 감소함에 따라 지방대학에서 수능성적이 없어도 장학금을 지급
  * 학령인구 감소에 따라 지방대의 경우 정원의 70% 유지도 힘든 상황
- 'KTX 햄버거 진상녀'를 감염병 예방 위반 혐의로 고발 조치
  * 코로나19 상황에서 열차 탑승 간 마스크를 벗고 음식물 취식
- 학교폭력 및 왕따 논란: 스포츠(배구, 축구, 야구), 연예인 등
  * 초등학교, 고등학교 시절의 학교폭력 가해자 의혹 및 논란
- 코로나19 바이러스 백신 접종자 사망사고
  * 백신과 사망의 인과관계 증명, 집단 면역 형성을 위한 접종 필요 등
- 참모총장의 부사관에 대한 장교 반말 논란, 일부 주임원사들의 인권위 제소
  * 인권위: 인격침해 아냐, 계급 존중하는 군 문화 만들어야 한다는 취지
- 한미연합훈련에 대한 북한의 반응과 협박
  * 연합훈련중단요구, 북한에 대한 적대시 정책 철회 등
- 코로나-19 바이러스 확산에 따른 생활 방식의 변화와 극복 방법은?
- 최근 이어지고 있는 정치인과 사회지도층 인사들의 성희롱, 성폭력이 근절되지 않고 있는 이유와 이에 대한 대책은?
- 남북연락사무소 폭파, 단거리 미사일 도발, 정제되지 않는 비난성 성명 등 최근 북한의 도발 의도와 우리의 대응 자세는?

제3절 제2 면접장 (개인 주제발표와 집단토론)

1. 진행 절차와 핵심평가 요소, 행동하는 요령

제2 면접장은 개인 주제발표와 집단토론을 병행하여 실시한다. 먼저 대기조(組)가 대기하는 과정에서 움직이는 절차와 요령을 살펴보자. 편성된 조 단위로 ① '토론과제 준비실'에 입장하면, 통제 요원의 설명에 따라 개인 및 토론주제 시험문제가 밀봉되어있는 다수의 봉투[10] 중에 조별 대표자가 선택하도록 한다. 통제 요원은 조별 대표자가 선택한 문제지를 전원 앞에서 개봉하고 토론주제를 제시하면서 지원자들이 준비하게 된다.

제시되는 문제는 2개 과제로서 국가·안보관에 대한 개인 발표과제와 조별 토론을 진행하는 집단토론 과제로 구분할 수 있다. 이때 A4용지와 필기구가 제공되며, 20분 이내에 발표 준비를 하되, 작성된 내용은 제2 면접장에서 발표 시에만 참고할 수 있다. 발표 준비 간 지원자 상호 간에 협의 및 대화(질문)는 할 수 없으며, 휴대폰은 사전에 회수(반납)한 상태이기에 지원자의 지식과 생각으로만 정리할 수 있음을 유념하여야 한다.

준비 시간이 종료되면 필기구를 반납하고, ② 제2 면접장 출입문 복도에 비치되어있는 의자에서 대기한다. ③ 제2 면접장은 국가·안보관, 리더십, 상황판단, 표현·논리·이해·판단력, 예절 및 태도를 평가한다. <그림 3-4>는 토론과제 준비실, 복도, 제2 면접장의 내부 배치도이다.

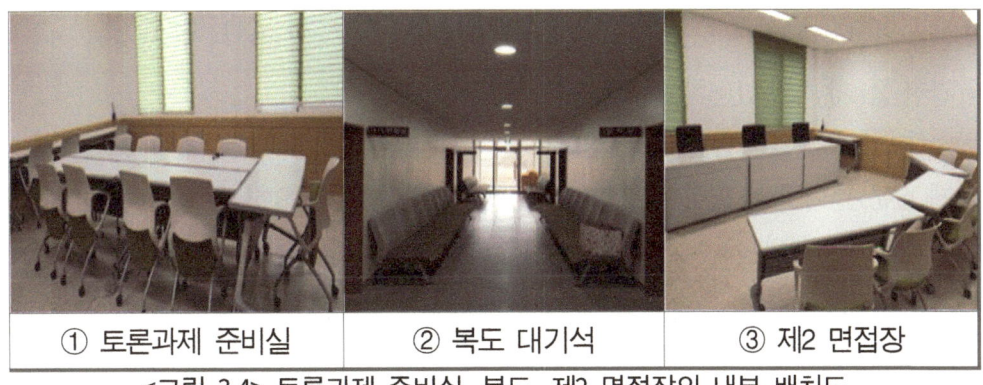

① 토론과제 준비실 　　② 복도 대기석 　　③ 제2 면접장

<그림 3-4> 토론과제 준비실, 복도, 제2 면접장의 내부 배치도

---

10) 통상 준비되어있는 육군 안(案)은 5~8개 안으로 이해하면, 될 듯싶다.

1.1. 평가 및 진행하는 절차

복도에서 대기하는 중에 차임벨 소리가 나면(또는 통제 요원의 안내로) 수험번호(면접 당일 접수할 때 부여받은 수험표의 순서)에 따라 편성된 조(組) 중에서 한 명씩 면접장으로 입장하게 된다. 첫 번째 지원자가 출입문에서 오른쪽으로 가장 안쪽에 있는 의자 앞으로 이동하여 대기한다. 이후 면접관이 통제하는 순서와 절차에 따라 지정된 의자에 앉아서 준비한 개인 주제발표를 약 1분 30초간에 걸쳐 발표하고 해당하는 자리에 그대로 앉은 상태에서 대기한다. 첫 번째 지원자의 발표가 끝나면, 두 번째 지원자가 입장하여 같은 절차로 개인 주제발표를 진행하며, 마지막 지원자까지 개인 주제발표를 끝내면, 면접관의 추가적인 안내에 따라 15~20분간에 걸쳐 집단토론을 진행하게 된다.

집단토론은 사전에 지정된 사회자(또는 면접관이 지명)가 진행하게 되며, '토론 준비실'에서 주어진 주제에 관하여 사회(진행)자를 포함한 전원(全員)이 개인별 의견을 1분 이내로 발표한다. 이어서 지원자 상호 간에 자율적으로 토론을 진행한다. 면접관은 보충질의를 통하여 전원이 균등하게 발표하도록 유도하고, 특정 지원자가 주도하지 않도록 하며, 일방적인 진행이 되지 않도록 통제하고 있다. 이는 공정성과 객관·형평성을 최대한 보장하기 위함이다.

1.2. 핵심평가 요소

첫째, '국가·안보관[11]'이다. 국가의 목적, 의의, 가치 등에 대한 지원자의 견해나 주장, 국가의 안전보장에 대한 의견이나 인식을 개인 주제발표 과제로 부여한 상황과 연계시켜 지원자의 건전한 사고(思考)와 어느 쪽에도 치우치지 않는 보편타당한 상식에 기초하는 시각(관점)을 지니고 있는지를 평가하고 있다.

둘째, '리더십 및 상황판단'이다. 집단토론 과제는 다양한 상황과 여건을 고려하여 부여한 주제(질문)를 정확한 핵심이 무엇인가를 인식하는 것이 중요하며, 조직발전을 위해 구성원들에게 목적과 방향을 제시하고, 동기를 부여함으로써 다른 구성원에게 영향력을 미

---

11) '국가관(國家觀)'은 '대한민국(조국)에 대한 개인의 가치관이나 태도'를 뜻하며, 국가의 목적과 의미, 국가의 성립, 국가의 형태 등에 대하여 개인이 가진 체계적인 견해나 입장이 어떠한지를 확인하기 위함이다. 초급장교로서 어떠한 마음가짐과 어떠한 책임감과 헌신이 필요한지에 대하여 이해하고 있는지 확인하기 위한 과정으로 생각하면 될 듯싶다. '안보관(安保觀)'은 '대한민국의 안전보장에 대한 개인의 견해나 입장'이 무엇인지를 확인하기 위함이다. 남북이 분단되어있는 대한민국의 현실에 대하여 장교로서 갖추어야 하는 기본적인 견해와 태도를 요구한다고 보면 될 듯싶다.

치는 능력이나 역량을 보유하고 있는지를 평가하고 있다.

셋째, '논리·판단·이해·표현력'이다. 주제(질문)에 관하여 자신의 논리적인 생각을 적절한 문장(단어)으로 정확하게 전달하는 능력을 갖추고 있는지를 평가하고 있다.

넷째, '예절 및 태도'이다. 단정한 복장은 기본으로 토론할 때 다른 지원자의 발표를 배려하되, 경청하는 자세와 태도, 적극적인 참여 의지, 상대의 문제점 지적에 대한 감정적 대응 여부 등을 평가하고 있다.

1.3. 핵심평가내용 및 감점 요인

평가항목		주요 내용
국가·안보관	핵심요소	● 국가방위에 중추적 역할을 하는 육군에 대한 이해 ● 현실에서의 남·북 관계와 주요 사건 이해 ● 韓·美 동맹의 필요성과 관련한 사실관계를 이해 ● 자유민주주의에 대한 신념과 건전한 사고방식
	감점	● 일방적이거나, 편향된 인식, 부정적인 안보관 및 국가관
리더십·상황판단	핵심요소	● 나름의 명확한 상황 판단 기준이 정립, 건전한 가치관 확립 ● 초급장교로서 임무 수행을 위한 기초적인 리더십 수준 ● 조직을 위한 희생정신과 실천 가능성 유무 ● 다양한 상황에 대한 정확한 이해 견지, 적절한 대처능력 ● 자신의 소신은 없고, 다른 사람 의견에 무조건 동의 ● 참여 자세가 열정적 또는 수동적인지, 참여 의지 여부
	감점	● 이분법적 사고(흑백논리), 자신만의 주관 없음 ● 주제(과제)에 대한 이해 부족과 참여의식 부족 ● 경청 및 수용 태도가 부족, 발표 횟수나 시간에 집착
표현·논리·이해·판단력	핵심요소	● 적절하고 함축적인 어휘(단어, 문장)사용, 간결·명확한 표현 ● 안정된 시선, 침착한 자세, 주제에 대한 정확한 이해 ● 본인의 생각을 논리적으로 충분히 전달하는 능력 ● 보편타당한 도덕성, 윤리적 기준으로 올바른 판단 ● 상대방의 의견을 존중하며 자신의 의견을 적극적으로 개진
	감점	● 주제와 관련 없는 주장(엉뚱한 방향으로 토론을 유도) ● 무조건 반대를 위한 반대로 정상적인 논리와 이해력 부족 ● 주제와 관련한 이해가 부족, 일관성 없는 주장을 반복 ● 비도덕·비윤리적, 거짓말(허세), 임기응변식 주장

예절 · 태도	핵심 요소	● 단정한 외(용)모와 바른 자세 ● 여유가 있고, 예의 바른 언행(言行)과 표준어 사용
	감점	● 면접에 어울리지 않는 복장 및 과도한 치장(염색, 장발 등) ● 적절하지 못한 존칭과 높임말 사용

1.4. 지원자가 유념해야 할 행동 절차 및 요령

첫째, '토론과제 준비실'에서 지원자 개인이 작성한 메모는 면접장에 입장할 때는 휴대하여 발표에 활용할 수 있으나, 작성한 원문(原文)을 보면서 그대로 읽는 수험자는 긍정적인 평가를 받기 어렵다.

* key-word: 개조식으로 작성하되, 필요할 때만 참고하여야 하며, 자주 보면 감점 요인이므로 사전에 준비해보고 발표하는 연습이 필요하다.

둘째, '복도에 대기'할 때는 마냥 입장하기만 기다리는 지원자는 뒤처지기 마련이다. 아무런 생각 없이 입장하기 위해 대기(待機)만 하기에는 일분일초가 아까운 시간이기 때문이다. 지원자가 지금까지 준비한 노력을 마지막까지 집중할 필요가 있다는 얘기다. 군에서 '전투에서 승리하기 위해서는 마지막 5분까지 최선을 다해야 한다.'라고 회자(膾炙)하는 문장을 기억할 필요가 있다.

* key-word: 준비한 관련 주제나 발표할 내용을 차분한 마음가짐으로 머릿속에 정리해야 하며 2~3회 걸쳐 나 홀로 연습하는 시간으로 활용하는 요령이 매우 중요하다.

셋째, 각 조 단위로 '사회(진행)자를 선정'하는 문제는 최대한 희망자를 선정하지만, 특별히 평가에 가산점을 부여하지 않는다. 그러나 긍정적인 영향을 줄 수 있다. 다만 사회자가 상식적이지 않게 독단적으로 진행을 하거나, 발표시간을 임의로 사용한다거나, 자신의 고집대로 다른 발표자의 주장과 맞지 않게 의견을 종합하는 등의 행동이 발생할 때는 상당한 부정적 평가를 받을 수 있다는 점도 명심할 필요가 있다.

* key-word: 사회(진행)자가 되려면, 준비할 때부터 사회(진행)자를 염두에 두고 준비가 필요하며 진행을 잘하면, 상당한 플러스 요인이 될 수 있다.

넷째, 사회(진행)자는 '결론을 종합'하는 것이 아니라 '원활한 진행'에 중점을 두어야 하며, 과도하게 자신만의 의견을 고집하거나, 사회(진행)자의 특권을 이용하여 자기만 시간을 계속 사용할 경우 오히려 감점 요인으로 작용할 수 있다.

* key-word: 차분하게 다른 발표자를 위하는 진행을 하면, 사회성과 배려정신, 예절·태도

측면에서 플러스 요인으로 작용할 수 있다. 그러나 준비(능력)가 되지 않았음에도 의욕만 앞서 진행을 고집한다면, 결국 스스로 치명적인 요인을 받는 빌미를 제공할 수 있음을 명심하여야 한다.

다섯째, '면접관'은 다른 지원자가 발표할 때 같은 조에서 발표하지 않는 지원자의 자세, 표정, 습관, 공감 능력 등을 동시에 평가하게 된다. 특히, 다른 지원자가 발표할 때 경청하지 않고 자신의 발표 준비에만 집중하고 있으면, 바로 면접관이 식별하기에 평가 자세로 바람직하지 않다.

* key-word: 사회성과 예절·태도 등에 관한 면접장임을 인식하여야 하며, 학교(사회)생활에서도 반드시 배우고 익혀야 할 습관이다.

여섯째, 토론과제에 대해 개인 의견을 발표할 때만 집중할 뿐 다른 지원자들과의 토론 진행에 전혀 참여하지 않거나, 조 전체 토의가 활발하게 진행되지 않으면, 해당 조 전체가 좋은 평가를 받기 어렵다.

* key-word: 실제 면접을 진행하다 보면, 개인의 점수만 의식하여 자기에 유리할 때만 반짝 발표한 다음 고의로 침묵하는 조가 있게 마련이다. 일반적으로 조별로 형평성을 유지하기 위해 고르게 점수를 분포시키지만, 너무 눈에 뜨이게 심할 경우 아예 조 전체 평가를 하향 조정함을 명심할 필요가 있다. 즉, 모두가 노력해야 좋은 평가를 받을 수 있다.

일곱째, 질문은 자신과 의견을 달리하는 지원자에게 하되, 자신이 발표한 내용을 단순히 반복하기보다 다른 지원자가 발표한 내용을 중심으로 하면서 의문 사항이나 반대되는 내용 위주로 질문하는 것이 좋다. 특히, 무리하게 어떤 결론을 내기 위한 노력보다는 상호의견에 대한 조율 또는 존중이 필요하다.

* key-word: 반대로 의견이 같은 지원자에게 자기를 돋보이게 하면서 살짝 얹혀가는 방법도 있다. "~0번 지원자의 의견에 추가한다면, 또는 0번 지원자의 의견도 좋지만 ~을 추가한다면, 더 바람직하지 않겠나 싶습니다."라는 등의 방식으로 준비한다면, 이 또한 긍정적으로 평가받을 수 있다.

여덟째, 집단토론 과제를 진행하는 중에 의견이 한쪽으로만 치우칠 경우가 있다. 그러면, 면접관은 집단토론을 활성화하려고 추가적인 상황을 부여하게 된다. 이때 추가적인 상황을 토론하는 과정에서 유독 답변이 상대적으로 탁월하거나, 주어진 주제를 다른 논점(방향)에서 이해하고 발표를 하는 지원자가 있으면, 면접관은 해당 발표자를 특징(特定)하고 질문을 통해 발표자의 이해 수준을 확인하는 과정을 진행함을 이해하고 유념할 필요가 있다.

* key-word: 육군이 원하는 인재상이 무엇이었는지를 다시 한번 생각하여야 한다. 정상적인 사고방식의 소유자이어야 하며, 관련 지식이 없으면서 튀려고 하는 지원자는 자신의 존재를 면접관에게 어필(浮刻)할 수도 없을뿐더러 오히려 불리하게 평가받을 소지가 크다. 따라서 관련 주제가 무엇인지를 주제가 선정되는 초기부터 정확하게 인식하여 정리하여야 하며, 일관성 있게 합리적인 논리로 발표하여야 한다.

2. 개인 주제 발표(소요시간: ±1분 30초)

2-1. '韓·美 동맹'[12])은 미국의 6·25전쟁 참전과 미군 33,686명의 희생에 기반하고 있으며, 1953년 10월 1일 대한민국과 미국 사이에 체결된 이래 韓·美 상호방위조약을 토대로 하여 70여 년간 대한민국 안보의 핵심축으로 자리를 잡았다. 그간 연합방위태세 유지로 북한 도발을 억제하여왔으며, 고도의 경제성장을 이룩하였다. 상호방위조약은 최초이자 유일한 군사동맹으로 무력공격을 받는다면, 미국이 원조한다는 내용을 포함하고 있다. 조약의 체결 배경에 대한 지원자의 생각을 발표하시오.

* '韓·美 상호방위조약': 이승만 대통령이 강대국과의 동맹만이 생존과 안전을 보장받을 수 있다고 보고 미국과의 방위조약 체결을 강력하게 희망한 결과이다. 1951년 7월 휴전회담이 시작된 이래 이 대통령의 휴전 반대와 북진 통일 주장은 여기에 결정적인 역할을 했다. 1953년 취임한 美 아이젠하워 대통령은 대선 공약인 6·25전쟁의 조기 휴전을 추진하다가 1953년 4월 전쟁포로의 석방 문제로 인해 중단할 수밖에 없었다. 1953년 6월 재개(再開)하여 전쟁포로의 교환에 합의하는 등 최종 타결 움직임이 보이는 가운데 방위조약 체결이 먼저였던 한국 정부는 휴전에 반대하였고, 2만 7천여 명의 반공포로를 일방적으로 석방(1953.6.18.)하였다. 결국, 양국의 갈등을 해결하기 위해 미국은 방위조약을 체결하게 된다. 1954년 10월 1일부로 워싱턴에서 조인되었으며, 한국 국회(1954.1.15.)와 美 의회(1954.1.26.)의 비준을 거쳐 1954년 11월 27일 공식적으로 발효되었다.

  '韓·美 상호방위조약'은 한국의 요청으로 체결된 조약으로 한반도에서의 전쟁 재발을 방지하고, 대한민국의 안보와 생존을 지키는 데 결정적으로 기여하고 있다.

---

12) '韓·美 동맹'은 북한의 남침과 군사적 위협에 대응하기 위하여 대한민국과 미국 사이에 체결한 '韓·美 상호방위조약(Mutual Defense Treaty between the Republic of Korea and the United States of Amer)'을 기초로 형성한 동맹을 뜻하고 있다.

구 분	주요 내용
긍정요소(☺)	안전보장을 위한 당위·필요성, 올바른 역사 인식을 간략하게 설명하면서 합리적인 근거 자료를 제시
부정요소(☹)	군사적 종속, 미국의 일방적인 이익을 추구하기 위함으로 인식하거나, 동맹에 대한 개념적 이해가 부족

Key-word: 이승만, 휴전 반대, 북진(北進) 통일, 반공포로석방, 韓·美 동맹
  * 여러 가지를 언급하려고 애쓰지 말고 1~2가지 분야에 집중하여 의미나 당시의 환경 등을 간략하게 정리

<답안 만들기>

2-2. 韓·美 동맹은 1953년 韓·美 상호방위조약[3]을 체결한 이래 지금까지 안보의 핵심축으로 작동하고 있다. 韓·美 동맹이 대한민국에 끼친 역할과 그 중요성에 대한 지원자의 생각을 발표하시오

* 미국의 정체성(identity)과 특징: 과거 '아메리카식민지'였던 미국이 독립전쟁(1775~1783)을 통하여 독립의 중요성과 의미를 깨우쳤고, 정상적인 국가적 인식을 갖추게 된 계기는 바로 남북전쟁(1861~1865)이다. 이후 제1·2차 세계대전을 통해 '미국이 지배하는 평화(Fax Americana)'를 위해 세계평화를 명분으로 폭력(violence, 불법·물리적인 강제력)을 통한 패권 전략을 구사하고 있다. 역사적으로 일관된 사실은 미국은 남북전쟁 이후 단 한 번도 패권 국가를 향한 국가정책(세계화 전략)에 변화가 없다는 점이다.
* 韓·美 동맹의 역할과 중요성: 워싱턴에 있는 알링턴 국립묘지(Arlington National Cemetery)[14]의 '한국전 참전용사 기념비'에는 "우리나라는 자신들이 알지도 못하는 나라, 만난 적도 없는 사람들을 지키기 위해 조국의 부름에 응한 우리의 아들과 딸을 기린다."라고 추모하는 글이 새겨져 있다. 6·25전쟁 당시 미국은 사망, 부상, 실종, 포로 등 총 137,250명이라는 엄청난 희생을 감내했다.
① 韓·美 상호방위조약에 따라 주둔하는 미군은 그간 북한의 도발 및 남침 억제에 결정적인 역할을 해왔다. 정찰위성과 첨단 정찰기, 스텔스 전투기(폭격기) 등 전쟁을 억제하는 전략자산이 배치되어 있다. 전쟁이 발발 시 미군의 증원전력이 한반도로 전개하게 되어있어 승리에도 기여할 것이다.
② 韓·美 동맹은 우리나라의 경제성장에도 큰 도움을 주었다. 6·25전쟁 이후 북한과의 체제대결 과정에서 미국의 지원이 대북 억제력에 상당한 도움이 되었고, 이에 기초하여 고도의 경제성장을 이룩할 수 있었다. 특히, 韓·美 동맹으로 인한 안보 강화는 외국 투자자들이 국내에 투자할 수 있는 여건을 조성하여 경제성장을 견인하였다. 주한미군의 무기와 장비, 물자 등의 자산 가치는 우리의 안보 비용을 절감하게 해줌은 물론, 안보의 안전판 역할을 함으로써 기여하고 있다.

---

13) '韓·美 상호방위조약'은 1953년 10월 1일 조인되었고, 1954년 11월 18일에 발효되었으며, 상호방위를 목적으로 체결하였다. 정식 명칭은 '대한민국과 美 합중국 간의 상호방위조약'이다.
14) 미국은 전쟁을 통해 강력한 패권(霸權, supremacy) 국가로 자리매김하였다. 따라서 무력을 숭상하는 분위기가 많으며, 대표적인 구심점은 국립묘지이다. 알링턴 국립묘지(Arlington National Cemetery)는 워싱턴 D.C. 서쪽에 있는 포토맥강(Potomac River) 건너에 있는 군사 묘지이다. 면적은 2.53㎢ 정도 되는데, 남북전쟁(American Civil War, 1861~1865)에서부터 아프가니스탄 전쟁과 이라크 전쟁에 이르기까지 미국이 참전한 모든 전쟁에서 사망한 군인의 시체(屍體) 약 30만여 구가 안장되어 있다. 일부는 '알링턴'을 '앨링턴'으로 부르기도 하지만, 정확한 워딩은 '알링턴'이 적합하지 않나 싶다.

구 분	주요 내용
긍정요소(☺)	안보·경제적 측면에서 韓·美 동맹의 긍정적인 측면을 상식이라는 가벼운 시각에서 간략하게 제시
부정요소(☹)	주한미군 주둔에 대한 부정적 측면에 집착, 미군 철수에 대한 일방적인 동의 또는 주장에 동조하거나, 이해도나 관심이 부족

Key-word: 북한의 도발과 전쟁을 억제한 사례, 경제성장 및 안보의 안전판
  * 시사적인 측면에서 접근하되, 용어에 대한 의미를 언급하거나, 한국에 대한 긍정적인 측면을 간략하게 정리

<답안 만들기>

2-3. **2020년 9월 소연평도 부근에서 실종된 공무원 수색작전 시 북한은 '서해 해상 군사분계선에 대한 무단침범 행위 중단'을 요구하는 등 정전협정 이후 지속하여 한국 정부의 북방한계선 (NLL-Northern Limit Line) 설정을 무효라고 주장하고 있다. 북방한계선의 개념과 설정된 경과 및 근거에 관한 지원자의 생각과 의견을 발표하시오**

* 북방한계선(NLL): 1953년 7월 27일 당시 마크 W. 클라크(Mark W. Clark) UN군 사령관과 공산군 측의 북한군 대표 남일 총참모장과 중국군 대표 펑더화이(彭德懷)가 정전협정15)을 체결하면서 전선(戰線)을 기준으로 경계를 설정하였다. 육상의 군사분계선(MDL-Military Demarcation Line)이 그 경계선이다. 그러나 해상경계선은 확정하지 못한 채 협상이 종결되었다. 그해 8월 30일, UN군 사령관은 백령도 이남의 서해5도(백령도, 대청도, 소청도, 연평도, 우도)를 제외한 모든 북쪽 해역과 섬을 북한에 돌려주면서 NLL을 확정하였다. 당시 북의 해군력은 궤멸(潰滅, 무너져 완전히 없어진)된 상태로서 UN군과 한국군이 압도적으로 우세한 상황이었기에 북한의 처지로서는 감지덕지한 설정이었다.

    북한은 1973년부터 무효라고 주장하였으나, 1992년 남북기본합의서를 통해 일단락되었다. 서해5도는 안보를 위한 전략적 요충지이며, NLL은 국제법적으로도 20년 이상 분쟁(紛爭) 없이 유지되어온 해상경계선이다. 또한, 정전협정 과정에서 유엔군이 점령하고 있는 북한 지역의 많은 도서를 양보하면서 설정한 선이며, 실질적인 해상경계선이다.

<남북기본합의서 제11조> 남과 북의 불가침 경계선과 구역은 정전협정에 규정된 군사분계선과 지금까지 쌍방이 관할하여 온 구역으로 한다

<불가침 부속 합의서 제10조> 남과 북의 불가침 경계선은 앞으로 계속 협의한다. 해상 불가침 구역은 해상 불가침 경계선이 확정될 때까지 쌍방이 지금까지 관할하는 구역으로 한다.

---

15) 우리가 용어를 사용할 때 '정전(停戰, cease fire)협정'과 '휴전(休戰, armistice)협정'이라는 의미를 명확하게 구분하지 않고 사용하고 있다. 정확한 의미를 이해하기 위해 짚고 넘어갈 필요가 있지 않나 싶다. 먼저, 1953년 7월 27일 조인한 협정 문서상에 한글로 '정전(停戰)협정'으로 규정되어 있다는 점에서 '정전협정'이 정확한 용어다. 이에 따라 남과 북 모두 초기에는 '정전협정'이라는 용어를 사용하였다. 이는 'UN군 군사정전위원회'의 공식 명칭을 통해서도 알 수 있다. '정전'은 '전투행위를 완전히 멈추는 것'이고, '휴전'은 적대 행위는 일시적으로 정지하지만, 전쟁은 계속하는 상태'라는 사전적 의미를 품고 있음을 이해할 필요가 있다.

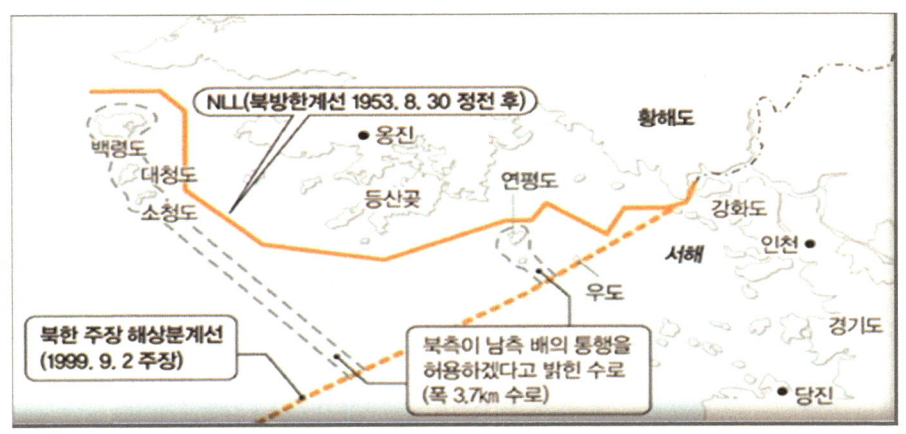

<서해 북방한계선(NLL)과 북한이 주장하는 해상분계선>

구 분	주요 내용
긍정요소(☺)	NLL의 정의, 정전협정 당시 배경, 북한 주장의 불합리성(그림)
부정요소(😡)	NLL 개념의 이해 부족, 북한의 해상분계선 주장에 찬성(공감)

Key-word: 북방한계선, 정전협정, 서해5도(전략요충지), 남북기본합의서

<답안 만들기>

2-4. 6·25전쟁 당시 종군기자로 활약한 미국의 마거리트 히긴스(Marguerite Heggins)[16]는 자신의 저서에서 '준비되지 않는 전쟁을 치름으로써 값비싼 대가를 치렀으며, 승리를 위해 막대한 비용이 요구될 것이나, 패배할 때 치러야 할 비용보다 훨씬 저렴할 것'이라고 강조하고 있다. 6·25전쟁으로 인하여 국군 60만여 명과 유엔군 15만여 명이 전사하거나 부상, 실종, 포로가 되었다. 수많은 젊은이가 목숨을 바쳐 싸웠던 이유는 자유를 지키기 위함이었다. 워싱턴에 있는 한국전쟁 기념공원에는 '자유는 거저 주어지는 것이 아니다(Freedom is not free).'라는 말이 적혀 있다. 6·25전쟁을 통하여 우리가 얻을 수 있는 교훈과 軍이 가져야 할 자세에 대한 지원자의 생각과 의견을 발표하시오

* 6·25전쟁은 북한의 남침에 의한 동족상잔의 비극이다. 사흘 만에 서울이 점령당했다는 것은 북한군의 전면 기습공격임을 증명하는 것이다. 그러함에도 남침계획을 정확하게 파악하지 못하고 방심했다는 뼈아픈 교훈은 아픈 부분이다. 당시 국군이 북한군에 비교할 때 모든 면에서 열세였다고는 하나, 비상 경계령의 해제, 장병의 외출(외박), 북한의 남침 가능성을 보고받고도 무시한 행위 등 군의 안이한 판단과 미흡한 대비태세의 결과였음도 사실이다. 또한, 북한이 소련에서 최신 전차와 전투기를 지원받았으나, 미국은 무기의 양도(讓渡) 기피 및 애치슨 라인(Acheson line)에서 한국을 제외함으로써 북한의 오판을 불렀다.

대비하지 않은 전쟁에서 양측은 500만 명에 달하는 피해가 발생했으며, 남북한 인구의 약 10%가 죽거나 다쳤다. 6·25전쟁은 "평화를 원한다면 전쟁을 준비하라."라는 경구와 "군대는 설사 백 년 동안 쓸 일이 없다고 해도 단 하루도 준비를 소홀히 해서는 안 된다."라는 정약용 선생의 충고를 되새겨야 한다. '유비무환(有備無患)'이라는 교훈에 따라 북한군의 어떠한 도발도 격퇴할 수 있는 강력한 전투력을 갖추고, 적이 도발하지 못하도록 철저한 대비태세와 대응 태세를 갖추는 노력이 필요하다.

---

16) '마거리트 히긴스(Marguerite Heggins, 1920~1966)'는 미국의 언론인이자 종군기자로서 세계적인 명성을 떨친 여기자다. 한국의 '귀신 잡는 해병대'라는 말이 유행하게 된 계기도 히긴스가 "그들은 귀신도 잡을 수 있다(They might capture even the devil)."라고 쓴 기사에서 나왔다고 봄이 정확하다. 한국의 6·25전쟁을 취재하고 쓴 <자유를 위한 희생>으로 퓰리처상 국제보도 부문에서 여성 최초의 수상자이기도 하다.

구 분	주요 내용
긍정요소(☺)	남침 이전(以前)의 남북한 상황, 군사력 및 정신전력을 강화할 필요성 등을 제시
부정요소(☹)	북침과 남침 용어의 혼란, 남한이 북한의 도발을 유도했다는 설 등을 장황하게 제시하고 있으나, 논지(論旨)가 애매모호

Key-word: 애치슨 라인, 군사대비태세, 즉각 대응 태세, 유비무환
   * 국가·안보관이 명확하게 느껴질 수 있도록 관련된 내용을 기초로 하여 나름대로 간략하게 정리

<답안 만들기>

2-5. 1950년 6월 25일 새벽 4시 북한군은 전군(全軍)에 '폭풍'이라는 공격 개시 명령을 하달하고, 전방 진지에 야포사격을 시작하며 기습남침을 감행하였다. 아군은 낙동강 방어선을 구축하였고, 9월 15일 맥아더 장군이 인천상륙작전을 감행한 지 보름 만에 38선을 돌파하였다. 6·25전쟁에서 인천상륙작전의 의미에 대한 지원자의 생각을 발표하시오

* 인천상륙작전의 의의: '크로마이트 작전(Operation Chromite)[17]'이라는 암호명이 부여되었지만, 초기에는 美 합참과 군사 전문가들마저 성공할 가능성이 작다고 반대하였다. 그러나 더글러스 맥아더(Douglas MacArthur, 1880~1964) UN군 총사령관은 오히려 적의 허점을 찌르는 기습으로 승산이 있음을 논리적으로 접근하여 최종 승인을 받아 대성공을 거두었다. 6·25전쟁이 발발한 이래 아군은 후퇴를 거듭하면서 낙동강까지 밀린 상황이었기에 전세(戰勢)를 뒤집는 계기로 작용하였다.

당시 맥아더는 북한군이 낙동강 공격에 집중하는 사이에 인천에 상륙, 서울을 점령하고 동시에 적의 퇴로와 보급로를 차단하여 낙동강 전선에서 총반격을 감행, 적을 섬멸한다는 작전 계획을 준비하였다. 그러나 인천은 조수간만의 차이가 크고 수심이 낮아 상륙작전에는 매우 불리하여 美 합참은 상륙작전을 반대했으나 결국 승인되었다.

1950년 9월 15일 06:00경 美 해병대가 월미도에서 상륙을 시작하여 2시간 만에 교두보를 확보하였다. 이후 연합군이 본격적으로 인천에 상륙을 개시했으며, 9월 17일 김포공항을 점령하였고, 당시 북한군의 주 병참선인 영등포역(驛)을 확보한 이후 곧장 서울로 진격하였다. 낙동강 일대의 북한군은 9월 22일까지 버티다가 후퇴하기 시작했다.

> "인천상륙작전은 UN군이 인천 지역에 교두보를 확보함으로써 대규모 병력의 우회 기동이 가능하게 되었고, 서울에서 낙동강 방어선 일대까지 늘어져 있던 북한군의 병참선을 차단하는 성과까지 달성하였다. 수세에 몰려있던 낙동강 방어선에서 벗어나 공세적으로 반격할 수 있는 계기를 조성할 수 있었다."

---

17) '인천상륙작전(Operation Chromite)'은 6·25전쟁이 발발한 초기에 맥아더 장군이 한강을 시찰하고 복귀하면서 합동전략기획단에게 임무를 부여하고 암호명 '블루하트(Blue Hearts)'를 준비하였다. 그러나 국군 제7사단이 담당하던 의정부-동두천 축선이 바로 뚫리면서 전선이 무너지는 바람에 북한군의 진격 속도가 너무 빨라졌다. 이로 인하여 한강 방어선 일대에 美 제1기병사단을 투입함으로써 작전은 무산되었고, 이후 추가로 계획을 수립하는 단계에서 '100-B(Operation Chromite)'를 채택하고 본격적인 인천상륙작전을 추진하였다.

구 분	주요 내용
긍정요소(☺)	작전의 수립과 결정되는 과정을 이해하고 북한군과 UN군·국군에 미친 영향을 간략하게 제시
부정요소(☹)	인천상륙작전에 대한 이해와 내용에 관한 관심도 부족

Key-word: 조수간만, 상륙작전, 연합작전, 월미도, 병참선 차단
 * 일반적으로 공개된 내용을 상식선에서 준비하되, 월미도 침투 사례나, 영화 <인천상륙작전-Operation Chromite>을 참고하여 간략하게 정리

<답안 만들기>

2-6. 6·25전쟁은 북한군의 치밀한 사전(事前) 계획에 따라 선전포고가 없는 가운데 기습적인 불법 남침을 자행하여 발발한 전쟁이다. 1953년 7월 27일 휴전 협정이 체결된 이후 현재까지 휴전상태로 있는 언제인지 모를 '끝나지 않은 전쟁'이라고 할 수 있다. 6·25전쟁이 발발하게 된 배경에 대한 지원자의 생각과 의견을 발표하시오

* 전쟁이 발발(勃發)한 배경

① 해방 이후 한반도 내부의 불안정: 정부 수립 후 남북한 간에 이념(ideology)과 경제체제의 대립이 격화되었고, 끊임없는 무장공비의 침투 도발과 후방지역에서 빨치산에 의한 자유민주주의 체제에 대한 전복(顚覆) 활동이 이어졌다. 또한, 서울의 철도파업, 대구폭동, 제주 4·3사태와 게릴라전, 여순반란 사건, 지리·태백·오대산을 주요 거점(base)으로 하는 빨치산 활동 등으로 국내 치안 상황은 불안정하였다. 특히 오대산 일대는 북한군의 고의적인 침투 행위와 38도선 일대는 10여 차례의 전투가 끊임없이 발생하였다.

② 국제정세의 변화: 1949년 소련이 핵무기 개발에 성공하고, 중국의 공산화가 완성되는 등 공산 세력이 확장하였다. 북한은 초기부터 소련과 중국으로부터 원조를 받아 군사력을 강화하였으나, 남한은 정치·외교적 측면에서 매우 불안정하였다. 특히 애치슨 미국 국무장관은 1950년 1월 12일 '애치슨 라인(Acheson line)[18]'을 공식적으로 선언하였다. 더욱이 美 하원은 '대한(對韓) 군사 원조법안'을 부결시킴으로써 한반도에서 전쟁이 발발하더라도 미군이 개입하지 않을 것이라는 조짐이 나타났다.

③ 북한의 전쟁 준비: 북한은 표면적으로 위장 평화공세와 군사적 충돌을 유도하는 대남(對南) 적화 전략을 끊임없이 시도하였다. 1949년 소련군으로부터 T-34 전차(87대)와 야크 전투기(94대), 각종 야포(139문) 등을 대량으로 인수하면서 무기체계를 증강하였고, 중국의 마오쩌둥은 한국인으로 구성된 조선의용군 3개 사단(6만여 명)을 북한군에 편입하는 등을 통해 북한군은 전쟁을 일으키기 이전에 이미 20만여 명으로 확대되었다.

---

[18] '애치슨라인(Acheson line)'은 당시 美 국무장관인 딘 G. 애치슨(Dean Gooderham Acheson, 1893~1971)이 동아시아 지역에 대하여 구상한 미국의 방위선이다. 미국이 동아시아에서의 국제분쟁에 관여하지 않기 위해 그들의 방위선이 알류산 열도-일본-오키나와-필리핀으로 연결된다고 공표(公表)하면서 여기서 대만과 한국은 제외하였다.

구 분	주요 내용
긍정요소(☺)	당시 한국 사회 내부의 불안정, 북한의 오판을 불러온 국제정세와 애치슨 라인의 의미, 북한의 전쟁 준비 등에 대하여 간략하게 제시
부정요소(☹)	공산주의자(빨치산)에 의한 사회 혼란을 남한 내부의 문제로만 단순하게 이해하거나, 의미에 대한 이해가 부족

Key-word: 체제 전복 활동, 빨치산, 애치슨 라인, 조선의용군
 * 학교(학과)의 커리큘럼을 통하여 정상적으로 학습하였던 내용을 토대로 하여 자기의 생각을 간략하게 정리

<답안 만들기>

2-7. 6·25전쟁 중 전사한 '한 무명 학도병의 편지' 중의 일부 내용이다. "아무도 알아주지 않았다. 아무도 알려고 하지 않았다. 알아주기를 바라지도 않았다. 자랑도 하지 않았다. 그렇다고 누구를 원망하거나 후회해본 적은 더더욱 없다. 우리는 그때 그렇게 해야 한다고 생각했고, 그리고 그렇게 했다. 내 살던 나라여! 내 젊음을 받아주오 나 역시 이렇게 적을 막다 쓰러짐은 후배들의 아름다운 날을 위함이니 후회는 없다." 학도병의 편지 내용을 생각하면서 6·25전쟁 이후에도 70년이 지난 지금까지 전사자 유해발굴사업이 계속되는 이유에 대하여 지원자의 생각을 발표하시오

* 학도의용군[19]은 '펜 대신 총'을 들고 오직 나라를 구하겠다는 일념으로 두려움과 나약함을 이겨내고 숭고한 희생정신을 발휘하여 조국을 수호한 용사들이다. 낙동강 방어작전 등 주요 전투에 소총병 또는 후방에서 선무 및 공작 활동으로 총 30여만 명이 참전하였으며, 약 7,000여 명이 군번도 계급도 없이 싸우다 전사하였다. 특히, 자발적인 참전으로 국군은 병력 부족 현상을 해소할 수 있었고, 아군의 사기를 진작시키는 데도 크게 기여하였다. 이는 영화 '포화 속으로'[20]를 관람하면 이해가 빠를 것이다.
* 2000년부터 유해발굴사업을 시작하여 2007년 국방부 유해발굴감식단을 창설하고, 2020년까지 국군 10,943명과 UN군 23명의 유해를 발굴하여 조국의 품으로 모셨다. 지금도 나라를 위해 목숨을 바쳤으나 미처 수습하지 못한 호국 용사(12.3만여 명)의 유해를 찾는 노력을 계속하고 있다. 이 사업은 국가가 "나라를 위해 희생된 분들은 국가가 끝까지 책임진다."라는 무한책임 의지를 실현함으로써 전사자들의 넋을 위로하고 명예를 고양하며, 국민의 생명과 명예를 소중히 여기는 국가 차원의 의지를 국민에게 인식시켜 유가족의 한을 해소하는 데 있다. 또한, 국민통합의 계기와 국가와 국민 간의 신뢰 구축으로 정체성 확립에 기여하고 유사시 무한한 애국심을 불러일으키고자 노력한다는 데 그 의의가 있다.

---

19) '학도의용군'은 학생 신분으로 전쟁에 참전하였으며, 1950년 6월 28일 서울이 북한군에게 점령당하자 각급 학교 학도호국단 간부 200명이 수원에 모여 조직한 '비상학도대'가 그 시초이다. 7월 4일 국방부 정훈국의 지도에 따라 '의용학도대'를 조직하였고, 7월 19일 두 조직이 통합되어 '대한학도의용대'로 개편되면서 비로소 '학도의용군'이라는 이름으로 전선에 참가하였다.
20) 영화 '포화 속으로'는 국군 3사단에 소속된 학도의용군 71명이 포항여자중학교에 설치된 사단 후방지휘소를 방호하기 위하여 북한군의 유격대와 정규군의 4차례에 걸친 공격을 11시간 동안 막아내는 과정을 담은 작품으로 백병전을 통해 중요문서, 보급물자, 탄약 등을 안전하게 후송할 수 있었다. 전투결과 48명 전사, 행방불명 4명, 포로 13명, 부상 6명의 피해가 발생하였다.

구 분	주요 내용
긍정요소(☺)	학도의용군의 역할을 이해하고, 조국을 위한 희생정신을 학도병의 편지 및 영화 <포화 속으로>의 내용과 연계하여 지원자의 느낌, 유해발굴사업의 내용과 궁극적인 목적이 무엇임을 제시
부정요소(☹)	학도의용군에 대한 이해 부족, 유해발굴사업에 대한 인식 부족

Key-word: 학도의용군, 희생정신, '포화 속으로(영화)', 무명 학도병의 편지, 전사자 유해발굴사업, 국방부 유해발굴감식단, 국가 무한책임 의지

<답안 만들기>

2-8. 대한민국은 자유민주주의와 시장 경제 체제[21]를 통하여 가난과 절망에서 안정과 번영, 행복의 기반을 다져왔으며, 오랜 역사를 통해 계승, 발전시킨 전통과 문화는 역사적으로 부정할 수 없는 정통성(orthodoxy)을 갖게 하였다. 남북한의 정통성에 대하여 발표하시오.

* '정통성(正統性)'은 그 사회의 정치체제와 정치 권력, 전통 등을 올바르다고 인정하는 일반적인 관념으로서 '정당성(正當性)'이라고도 불린다.

① 역사적 측면: 대한민국 헌법에는 '3·1운동으로 건립된 임시정부의 법통과 불의에 항거한 4·19 민주 이념을 계승하고'라고 명시하여 3·1운동을 민족사적 정통성의 근간으로 하고 있으나, 북한은 3·1운동을 '자본가 이익을 대변한 부르주아의 계급투쟁'으로써 계급 투쟁사적인 관점에서만 바라보고 있다. 또한, 역사적 정통성을 내세우기 위하여 독립운동을 객관적으로 접근하는 인식보다 김일성이 주도하여 수행한 항일무장투쟁사 위주로만 부분적으로 인정하고 있다. 다시 말해 역사적 측면에서 바라볼 때 대한민국은 임시정부의 정통성과 3·1운동 정신을 계승하고 있다는 점에서 객관적인 정통성을 담보하고 있음을 알 수 있다.

② 정치적 측면: 대한민국은 자유민주주의 정치체제로서 민주공화국으로 건국되었으며, 국민의 재산권과 경제활동의 자유를 보장하는 시장경제 체제를 확립하여 이제는 세계 10위권의 경제 대국으로 발전하였다. 한편 북한은 공산주의 이념과 김일성 중심의 주체사상을 만들어 신봉(信奉, belief)하면서 오직 김일성이 주장하는 주체사상만이 인민을 골고루 잘 살게 한다는 몽상(夢想)은 인간의 본성인 자유와 합리적 이기심과도 맞지 않는다. 이로 인해 점차 자유민주주의와 공산주의의 격차를 크게 벌려놓고 있음은 각종 연구 결과와 발표된 자료 등을 통해 알려진 사실이다. 계급, 집단을 우선하는 전체주의적 지배 체제하에서 개인의 자유와 창의성은 억압되었고, 해당 국민(구성원)은 모두가 빈곤에 허덕이고 있다. 따라서 자유민주주의 정치체제를 선택하고 있는 대한민국이 정통성을 가지고 있다.

③ 국제적 측면: 유엔총회(1948.12.12.)는 한국에 관한 결의문을 48대 6의 절대적인 지지(支持)를 받아 채택하였다. 북한의 경우에는 일부 공산주의 국가들의 지지를 받는 데 불과하였다. 이것은 대한민국 정부에 정통성과 합법성을 부여하는 근거가 되었다. 또한, 6·25전쟁 당시 UN은 북한을 침략자로 규정함으로써 북한 정권에 정통성이 없다는 사실을 국제사회 차원에서 확인시켜주는 역할을 하였다.

---

21) '시장 경제(市場經濟) 체제'는 '시장에서 자유로운 선택과 경쟁을 통하여 경제문제를 해결하는 자유민주주의의 기본적인 시장경제 체제'를 뜻하고 있다. 다시 말해 '시장에서 자유롭게 경쟁하여 가격을 형성하는 체제'로서 가계와 기업이 경제활동의 중심축으로 주체가 되어 스스로 이익을 추구하며 자유로운 의사 결정을 통해 시장 가격을 형성하고 있다. 이때 국가(사회)가 구성원을 위해 희소한 자원을 배분하는 방식에 따라 ① 전통경제 체제, ② 시장 경제 체제, ③ 계획(명령)경제 체제로 구분하고 있다.

구 분	주요 내용
긍정요소(☺)	정통성 개념, 역사·정치·국제적 측면을 정리하면서 현실적인 발전 성과를 비교하여 간략하게 제시
부정요소(☹)	정통성에 대한 이해 부족, 남북한을 비교하지 않고 일방적인 주장을 고집

Key-word: 정통성, 자유민주주의, 시장경제 체제, UN의 지지
  * 정통성에 대한 개념과 의미를 언급하거나, 항목을 제목 위주로 나열한 다음 핵심 내용 위주로 간략하게 정리

<답안 만들기>

2-9. 자유민주주의 체제는 인간의 존엄성을 최고의 가치로 추구하고 있다. 개인의 자유와 권리를 보장하는 법적 근거와 민주적인 절차에 따라 자유·평등·인권을 보장하고, 국민의 행복한 삶을 추구하는 복지를 최대한 실현하고자 하는 정치체제이다. 이를 통해 대한민국의 자유민주주의 체제가 우월한 점과 이를 지키기 위해서는 어떤 노력이 필요한지에 대한 지원자의 생각을 발표하시오

* 자유민주주의 체제의 우월성
  ① 이념적 우월성 측면: 대한민국은 인간의 존엄성을 바탕으로 자유와 평등, 인권, 복지의 가치를 추구하고 있으며, 국민의 기본권을 보장하고 국민이 국가의 주인이자 주체로 인정받고 있다. 그러나 북한의 공산체제는 김일성 주체사상을 통치이념으로 수령의 지도에 의해서만 인민의 주체성이 확립되며, 인간도 혁명을 위한 하나의 도구로 보는 등 인류의 보편적인 인간적 가치와 존엄성을 부정하고 있다.
  ② 인간 역사의 보편성 측면: 과거 역사는 지배의 주체가 왕이나 소수 귀족이었지만, 문명과 문화가 발전하면서 국민이 주권을 행사하는 민주주의 체제로 변화되어왔다. 공산주의 사회에서 김일성 주체사상을 기초한 황장엽[22])은 '주체사상은 시민사회의 자유를 다루지 않으며, 인간의 자유로운 존엄성과 존재성을 인정하지 않는다.'라고 주장함으로써 시대를 초월한 인간 사회의 보편적 가치를 가지고 있지 않다는 점을 정확하게 직시하였고 이를 인정하였다. 반면에 자유민주주의는 역사적으로 시대와 장소를 초월하고 있으며, 인류의 보편적 가치를 추구하고 존중하고 있다.
  ③ 윤리적 우월성 측면: 자유민주주의는 인간의 존엄과 가치를 보장하기 위하여 '인간중심 사상'을 바탕으로 하고 있으나, 공산주의 체제는 개인의 자유를 박탈하고 인권을 억압하고 있다. 북한의 저질러지고 있는 공개처형, 정치범수용소(약 10만 명) 등을 대표적인 사례로 들 수 있다.
  ④ 표현의 자유 보장 측면: 표현의 자유를 통해 과거의 잘못을 인정하고, 반성하며 개선을 통한 발전이 가능함은 누구나 알고 있다. 이는 (舊) 소련의 노벨상 수상자인 알렉산드르 솔제니친(Aleksandr Solzhenitsyn, 1918~2008)이 망명한 이유를 통해서도 느낄 수 있다. 공산 정권 치하에서 인권이 탄압당하는 실상을 폭로하면서 소련이 독재국가로서 진실을 외면하고, 인간의 자유를 구속하고 있다고 주장하였고, 이로 인하여 그는 반역죄로 (舊) 소련에서 추방되었다.

---

22) '황장엽(1923~2010)'은 북한에서 김일성 종합대학 총장, 조선로동당 비서, 최고인민회의 상임위원회 위원장으로 재직하다가 1997년에 대한민국으로 망명하였다.

구 분	주요 내용
긍정요소(☺)	이념·윤리적 우월성, 인간 역사의 보편성과 실제 사례를 제시
부정요소(☹)	자유민주주의 체제 개념 이해가 부족, 논리·합리성이 결여

Key-word: 인간의 존엄성, 자유·평등·인권보장, 복지 추구, 표현의 자유
  * 많은 내용을 언급하기가 어려우므로 항목을 제목 위주로 나열한 다음 핵심 내용 위주로 간략하게 정리

<답안 만들기>

2-10. 대한민국은 1945년 광복을 맞은 이후 세계가 놀랄만한 눈부신 경제성장을 이룩하였다. 6·25전쟁 직후 1인당 66달러에 불과하였던 국민소득[23]이 2017년 '국민소득 30,000달러 시대'를 달성하였고, 2020년 세계 10위를 달성하였다. 대한민국이 경제 강국이 될 수 있었던 원인은 무엇인지 대하여 지원자의 생각을 발표하시오.

* 대한민국의 고도성장 요인

① 민주주의와 시장 경제 체제 선택: 1948년 정부를 수립한 이후 대한민국은 민주주의와 시장 경제 체제를 선택하였다. 이를 기반으로 하여 개인 경제활동의 자유를 보장하고, 국민과 국가 경제 전체를 고려한 자유주의 정책을 선택하였다. 1949년 토지개혁은 산업화의 주요한 종잣돈이 되었으며, 4·19혁명은 근대 민주국가 건설의 필요성을 높였다.

② 높은 교육열: 6·25전쟁의 폐허 속에서 교육만이 어려움을 극복할 수 있다는 신념으로 자녀 교육에 열정을 쏟았으며, 초등학교 의무교육을 시행하면서 문맹률은 크게 개선되었다. 이로 인해 양질의 노동력을 대량으로 확보할 수 있게 되었다.

③ 수출주도의 경제성장 전략과 기업가 정신: 1962년부터 제1차 경제개발 5개년 계획을 수립하고 수출주도형의 공업화를 추진하였다. 기업가들도 기술혁신과 세계를 하나의 시장으로 개척하여 2017년 세계 수출시장 점유율 1위 품목은 77개로 세계 12위의 수준에 오르는 등 국제 경쟁력을 상승시키는데 크게 기여하였다.

④ 군대의 기여: 6·25전쟁을 거치면서 국군은 규모가 커진 가운데 잘 정비되고 근대화된 조직으로 성장하였으며, 우수한 자원들이 대거 몰림으로써 국가와 사회에서 핵심적인 역할을 담당하였다. 또한, 군 복무를 통해 '할 수 있다.'라는 불굴의 의지와 신념을 습득하면서 전역한 이후에도 사회 각 분야로 진출해 산업화의 역군(役軍)이 되었다.

⑤ 6·25전쟁 이후 외국의 적극적 원조와 지원: 1950년대 미국이 한국에 제공한 경제원조는 총 27억 달러로 이를 통해 자유민주주의와 국가 재건 사업을 위한 토대가 마련되었으며, 도로와 항만, 수도·전기 등의 사회 간접자본(SOC)[24]을 확충할 수 있었다.

---

[23] '국민소득'은 '국내총생산(GDP-Gross Domestic Product)'과 '국민총소득(GNI-Gross National Income)'으로 구분한다. GDP는 해당 국가의 경제 규모를 파악하는 데 사용하고 있고, GNI는 해당 국가의 국민이 국내·외 생산활동에 참가하거나, 생산이 필요한 자산(資産)을 제공한 대가로 받은 소득의 합계를 뜻한다. 국민의 생활 수준을 알 수 있는 것은 '1인당 국민총소득'으로 국제사회와의 비교를 위해 보통 시장환율로 환산하되, 미국의 달러($)화로 표시하고 있다.

[24] '사회간접자본(SOC-Social Overhead Capital)'은 '생산 및 경제활동을 위한 기반이 되는 시설'로서 '생산활동이 이루어지게 하는 데 필요한 사회적 기반시설'을 뜻하고 있다. 간단하게 정리하면, 토지와 인력, 자본이 농사에 꼭 필요한 직접적인 요소라고 할 수 있다. 이때 농업의 성과를 높이기 위해서는 관개시설 등과 같은 공공시설이 필요하다. 이때 관개시설과 같은 사회적 서비스를 제공하는 공공시설을 '사회간접자본'이라고 한다.

구 분	주요 내용
긍정요소(☺)	3개 이상 설명, 국민소득(GDP와 GNI) 10위권, 국민의 단합된 힘과 합치된 노력의 결정체임을 간략하게 제시
부정요소(😠)	구체적 요인 설명 부족, 제시된 과제 지문 정리 수준 발표

Key-word: 민주주의와 시장 경제 체제, 교육열, 군대의 기여, 미국의 원조
　　　 * 제목 위주로 정리하거나, 제목을 열거한 다음 자신이 핵심이라고 강조하는
　　　　 2~3개 항목을 대표적인 사례로 들며 정리

<답안 만들기>

2-11. 자유민주주의 체제가 추구하는 사상인 자유·평등·인권의 보장과 복지를 실현하기 위해서는 제도적 장치가 구축되어야 한다. 이때 정치제도로서의 자유민주주의의 특징에 관하여 두 가지 이상의 사례를 들고 지원자의 생각을 발표하시오

* 네 가지 측면에서 접근할 필요가 있다.

① 국민주권주의: 국가의 정치에 관한 최종적인 결정권이 특정한 지배계층(지배자 또는 지배집단)에 있는 것이 아니라 일반 국민에게 있다는 의미이다. 즉, 정치 권력의 정당성이나 정통성의 기본적인 토대 및 근거는 국민투표로 결정하거나, 국민이 선출한 대표에 의하여 행하여지는 데 있음을 뜻한다. 왕권신수설이나 세습에 의한 권력의 승계 등은 국민주권주의에 반하는 것이다.

> 대한민국 헌법 제1조 ① 대한민국은 민주공화국이다. ② 대한민국의 주권은 국민에게 있고, 모든 권력은 국민으로부터 나온다.

② 대표의 원리와 다수결의 원칙: 국민주권주의를 실현하는 제도가 대의정치(代議政治)이고, 의회정치(議會政治)나 정당정치(政黨政治)25)의 방식으로 나타난다. 대의정치는 먼저 국민의 대표를 선출하고 통일된 하나의 국가의사를 결정하는 방식으로 운용된다.

③ 삼권분립에 의한 견제와 균형: 권력을 분립하는 목적은 국가의 권력을 입법·행정·사법의 3권으로 나누어 상호 견제와 균형의 원칙을 갖게 함으로써 정치 권력의 절대화를 막고 개인의 자유를 확보하는 데 있다.

④ 법치(法治)와 기본권 보장: 민주주의 발전의 역사는 '개인의 권리와 자유를 확보하기 위해서 싸워 온 역사'라고 볼 수 있다. 따라서 민주주의는 개인의 기본권을 보장하는 제도이다. 이를 위해 필요한 것이 법치주의다. '법치주의'는 국가는 사람에 의한 지배 대신에 법의 지배가 이루어져야 한다는 주의로 'legalism rule of law'라고도 한다.

---

25) '대의정치(代議政治)'는 '국민이 스스로 선출한 대표자들을 통하여 법률을 제정하거나, 국가정책의 결정에 참여하는 정치제도 또는 절차'를, '의회정치(議會政治)'는 '국민의 의사를 대표하는 의원들로 이루어진 의회가 국정을 행하는 것을 기본으로 하는 정치'를 의미하며, 세계에서 최초의 의회는 930년 아이슬란드의 알팅그(입법부)가 대표적이다. '정당정치(政黨政治)'는 '정권을 쟁취한 정당의 정책을 기초로 국가를 운용하는 정치'로서 '두 개 이상의 정당이 존재하는 가운데 공동으로 운영하거나, 정치적 실권을 획득한 정당이 바뀌어 가면서 정권을 담당하는 정치'로서 의회정치와 분리할 수 없는 하나의 정치 형태이다.

구 분	주요 내용
긍정요소(☺)	3가지 이상의 사례를 간략하게 설명, 시사적인 내용 및 사례를 포함(투표, 탄핵절차)하거나, 기본권 내용을 간략하게 제시
부정요소(☹)	2가지 이내로 단순하게 설명, 사회·정치적 특징의 개념에 대한 의미나 이해 수준이 저조

Key-word: 국민주권주의, 다수결의 원칙, 삼권분립, 법치주의
　　　　* 개념과 의미에 대한 이해가 우선이기에 개념을 간략하게 언급하면서 내용을 간략하게 정리

<답안 만들기>

2-12. 대한민국 헌법 전문은 '유구한 역사와 전통에 빛나는 우리 대한국민은 3·1운동으로 건립된 대한민국임시정부의 법통과 불의에 항거한 4·19 민주 이념을 계승하고~'라고 하여 임시정부의 법통26)임을 명기하고 있다. 임시정부의 법통을 계승한다는 의미에 대하여 지원자의 생각을 발표하시오

* 임시정부의 법통을 계승하였다고 우리 헌법이 천명하고 있는 이유
① 임시정부가 대한민국이란 국호와 태극기, 애국가라는 국가 상징을 물려주었기 때문이다.
② 대한민국 임시정부는 대한제국의 정치체제였던 군주제의 한계를 극복하고, 한민족의 염원을 담아 수립한 최초의 국민 주권국가로서 그 정통성이 대한민국으로 계승되고 있다는 점에서 반드시 기억되어야 하는 우리의 역사라고 할 수 있다.
③ 1910년 일제의 총칼 앞에 무릎 꿇은 치욕적이며 암울했던 시기에도 우리의 역사는 중국 상해에서 수립되었던 대한민국 임시정부를 통해 단절되지 않고 지속하고 있었다는 점을 보여주는 역사가 바로 대한민국 임시정부의 역사이기 때문이다. 임시정부는 민족사의 지속성을 가능케 하며 민주 공화제 정부의 시초란 점에서 높이 평가되어야 한다.
④ 대한민국 임시정부의 활동 역시 주목받아야 하는데, 국내외의 독립운동세력을 규합하고, 민족의식 고취와 인재육성, 무장투쟁, 외교활동 등을 전개하며 항일 독립운동의 중추적인 역할을 실천한 임시정부가 존재했기 때문이다. 우리는 민족의 항일역량을 분산시키기 위한 일제의 지속적인 탄압에도 굴하지 않고 광복군을 창설하여 태평양 전쟁에서 대일 선전포고를 하는 등 조국광복을 위한 투쟁의 역사를 담고 있다.
⑤ 임시정부의 노력 대비 거둔 실제 성과에 대해서는 평가가 갈릴 수 있겠지만, 그 오랜 시간 독립을 위해 몸과 마음을 바쳐 희생한 선열들의 노력이 담겨 있는 단체로서 임시정부는 그 존재 자체로도 중요한 의미가 있다.

---

26) '법통(法統)'이란 '법의 계통이나 전통'을 말하며, 좀 더 구체적으로 설명하면 '정통성 따위를 제대로 이어받음. 또는 그러한 계통이나 전통'이라고 할 수 있다. 현재 사용되는 의미는 국가의 정통성, 즉 한나라에서 통치법이나 정권의 권위를 정당하다고 받아들여 승인하는 것을 가리키고 있다.

구 분	주요 내용
긍정요소(☺)	법통의 사전적 의미보다는 현재 사용되는 의미 설명, 독립운동의 실체적 정당성과 의의 제시
부정요소(☹)	독립운동의 의미보다는 이념적 유불리에 따른 평가 태도

Key-word: 법통, 국가 상징의 계승, 임시정부의 항일 독립운동의 정당성

<답안 만들기>

2-13. 2020년 6월, 북한이 개성공단 남북공동연락사무소를 일방적으로 폭파하는 사태가 진행되면서 남북관계는 갈등과 협력이 교차하는 등 수많은 우여곡절을 겪고 있다. 그러나 정부는 평화공존과 통일을 향한 노력을 지속하고 있으며, 통일정책 기조는 변화하지 않는 가운데 민주적 절차에 의한 평화적 통일, 민족 성원 모두의 자유와 인권 및 민족의 번영이 보장되는 '민족공동체 통일방안'을 제시하고 있다. 북한은 '고려민주연방공화국 창립방안'을 주장하고 있는데 이에 대한 지원자의 생각을 발표하시오

* 고려민주연방공화국 창립방안[27]: 남북한 지역 정부가 각기 내정(內政)을 맡고, 외교·국방 분야는 중앙정부가 맡는 '1민족 1국가 2제도 2정부' 형태를 주요 내용으로 담고 있다.

① 구성원칙: 남북한의 사상·제도를 서로 인정하는 가운데 동등하게 참가하는 '민족통일정부'를 세운다. 통일 정부라는 의미는 동등한 권한과 의무를 갖고 각각 지역자치제를 운용하는 연방공화국을 창립하는 방식으로 통일하자는데 있다. 연방 국가기구로는 남북한이 같은 수(數)의 대표와 적정 수의 재외동포가 대표인 '최고민족연방회의'를 구성하고, 상임 기구로 '연방 상설위원회'를 조직하여 정치·국방·외교 등 연방 국가의 사업을 수행한다는 데 있다.

② 운영원칙: 연방 회의와 상설위원회 공동의장, 공동위원장은 남북한이 윤번제로 담당하며, 국호는 '고려민주연방공화국'으로 하되, 비동맹·중립국 노선을 취할 것을 주장하고 있다.

③ 대한민국 정부는 부정하면서 민주화 운동을 단순히 투쟁으로 묘사하며 내부 갈등을 부추기고 있다. 더욱이 주한미군 철수와 북·미 평화협정, 국가보안법 철폐 등을 주장하는 등을 볼 때 북한이 그간 주장해오는 내용에 별반 차이가 없으며, 근본적으로 변화가 없고, 지역 정부의 독자적인 외교 및 군사권 행사를 봉쇄하는 등의 제안 자체에 모순이 발생하고 있는 점은 눈여겨볼 대목이다. 남북관계에서 통일 이슈 선점 및 반정부 투쟁의 선동, 김정은 체제와 그를 중심으로 하는 한반도의 청사진 제시 등은 다목적 차원에서 제시된 제안임을 느낄 수 있다.

---

27) '고려민주연방공화국 창립방안'은 '고려연방제(高麗聯邦制)'의 또 다른 말로써 북한이 주장하는 통일방법으로서 '연방제 통일안'이다. 1960년대에 연방제로 통일할 것을 처음 주장하였고, 1973년 6월 23일 '고려'라는 국호를 추가하여 '고려연방제'로 바뀌었다. 1980년 10월 10일 북한 노동당 제6차 대회에서 김일성이 연설하는 중에 '민주'라는 수식어를 또 추가로 끼워 넣으면서 현재의 '고려민주연방공화국 창립방안'이라는 거창한 제목이 나왔다. 이 안(案)은 북한이 1980년 '완성된 통일국가 형태'로서의 연방제를 주장한 통일방안임을 인식하고 접근할 필요가 있다.

구 분	주요 내용
긍정요소(☺)	정부의 통일정책 기조에 대한 기본적인 내용과 북한의 변화없는 통일방안 주장에 대한 문제점(의도)을 간략하게 제시
부정요소(☹)	용어에 관한 이해와 개념의 혼란, 북한의 방안에 대한 무비판적 동조 또는 관심 부족 등

Key-word: 민족공동체 통일방안, 고려 민주 연방공화국 창립방안, 고려연방제
  * 관련 주장에 대한 허구성과 모호함, 창립에 관한 유래 등을 정리

<답안 만들기>

2-14. 2020년도 초·중·고교생 68,750명을 대상으로 하여 실시한 '학교 통일 교육 실태조사 결과'를 보면, 응답자의 62.4%가 통일이 "필요하다."라고 하였지만, "불필요하다."라는 의견도 24.2%로 나타났다. 불필요하다는 의견은 2018년 13.7%였으나, 2019년 19.4%로 증가 추세에 있다. 지원자는 통일이 왜! 필요한지에 대한 이유를 세 가지 이상 제시하고 발표하시오

* '통일(統一, unification)'[28]은 분단된 국토가 하나로 통합되는 것만을 의미하는 것이 아니라 정치·군사적으로 대립하였던 체제와 경제적으로 서로 다른 제도, 이질적인 문화를 하나의 결집체로 통합한다는 의미가 있으며, 자유민주주의와 시장 경제, 인간의 존엄과 가치 존중 등을 기반으로 하는 하나의 공동체 건설을 의미하고 있다.
* 통일의 필요성은 크게 네 가지 측면에서 접근하여야 한다.

① 개인적 측면: 이산가족의 고통을 해소하고, 자유로운 왕래를 통해 다양한 선택의 기회를 부여하며, 남북이 전쟁의 위협에서 벗어나 자유와 복지, 인간의 존엄성과 가치의 회복, 인권존중의 혜택을 누릴 수 있다는 측면에서 긍정적으로 볼 수 있다.

② 역사적 측면: 남북이 공유하고 있는 역사와 문화의 회복과 미래지향적 계승을 위해 필요하다. 장기간 분단됨으로 인해 굳어진 굴절(屈折)된 역사를 바로잡고 민족의 역량은 극대화할 수 있는 민족공동체를 건설하기 위해서는 반드시 이루어야 할 방향이다.

③ 지리적 측면: 삶의 공간을 확대하고, 더 큰 자유와 더 많은 기회를 제공할 수 있으며, 한반도를 포함하여 연결되어있는 대륙과 해양으로 확장해 갈 수 있다.

④ 사회·경제적 측면: 사회와 국가 공동체의 성숙한 발전과 국제적 위상을 제고시킬 수 있다. 남북 간 분단으로 인한 소모적 경쟁과 대결에서 오는 고통 및 국가·민족적 손실, 경제적 자원의 낭비를 막고, 국가의 신용등급과 상품(brand)의 가치를 높여 코리아 디스카운트(discount)는 막고 코리아 프리미엄(premium)으로 전환할 수 있는 방향이기 때문이다. 이를 통해 국토의 확장, 인구의 증가로 내수시장을 확대함과 동시에 동북아시아 전체의 성장 동력(動力)을 견인하는 발판까지 제공할 수 있다.

---

[28] '통일(unification)'은 분단된 국가나 일반 국가끼리의 합병이 성공적으로 완수하면, 이도 통일이라고 부를 수 있다. 이는 중국의 역사나 중국 드라마에서 숱하게 등장하는 천하 통일 또는 한반도에서 삼국 통일도 떠올릴 것이다. 따라서 통일은 여러 가지 측면에서 다양한 의미를 부여할 수 있지만, 여기에서는 남북의 통일에 관한 내용을 다룬다는 논지(論旨, reasonable argument)에서 벗어나지 않아야 한다.

구 분	주요 내용
긍정요소(☺)	통일의 의미 설명, 필요성과 대표적인 사례를 제시하고 국제사회에 기여할 수 있다는 긍정적인 측면을 간략하게 제시
부정요소(☹)	단기적인 경제적 비용상승 우려, 통일의 의미와 관심이 부족

Key-word: 이산가족, 민족공동체, 대륙과 해양 진출, 코리아 프리미엄
 * 언론 보도에 나왔거나, 정부에서 발표된 자료 중 대표적인 사례 몇 가지를 간략하게 정리

<답안 만들기>

2-15. 분단국가인 대한민국은 이념적 성향이 다른 정권의 등장에도 불구하고 통일의 당위성에 대한 의견에는 일반적으로 일치하나, 경제적 측면에서는 상반된 처지를 보인다. 지원자는 통일비용과 분단비용에 어떤 것들이 있다고 생각하는지를 구체적으로 발표하시오.

> <비슷하거나 같은 유형의 문제 참고하기>
>
> 남북이 통일될 경우 남북통합에 드는 비용인 통일비용에 관한 관심이 커지고 있다. 판문점 선언 국회 비준 동의를 위해 정부가 제출한 비용추계가 구체적 산출근거나 세부적 설명이 없고, 1년 치 비용만 제출해 논란이 되고 있기 때문이다. 통일비용과 분단비용 측면에서 통일의 필요성과 당위성을 설명하시오.

  * '통일비용', '분단비용', '통일 편익'을 통한 경제적 필요성[29]
  ① '통일비용'이란 통일 이후 남북한의 경제적인 격차를 해소하고, 상호 이질적인 요소들을 통합하는데 드는 비용을 말한다. 북한 주민에 대한 긴급 구호와 낙후된 북한 경제의 발전에 드는 비용, 정치 및 행정제도, 금융 및 화폐통합 등에 따른 제도통합 비용과 치안(治安), 인도적 긴급 구호, 실업 해소 등의 처리 비용인 위기관리 비용, 사회간접자본 및 생산시설 구축 비용인 경제적 투자 비용이 해당한다.
  ② '분단비용'이란 분단으로 인한 대립과 갈등으로 인해 발생하는 비용을 말한다. 여기에는 남북한의 군사비와 사회적, 경제적 발전 기회의 상실 등이 포함되는데, 병력이나 무기 등 국방에 드는 안보 비용과 상호 외교적 우위에 필요한 외교비용, 체제 유지에 드는 비용 등이 유형적 비용이다. 그러나 분단비용은 금전적으로 계산할 수 없는 무형적 비용이 더 크다고 볼 수 있다. 전쟁 가능성에 따른 공포, 이산가족의 고통, 국토의 이용 제한과 불균형 발전, 지리적 제약으로 인한 기회비용, 외국인의 투자감소, 남북한 국제 경쟁력 약화 등이 있다.
  ③ '통일 편익'이란 통일이 가져다줄 경제·비경제적 보상과 혜택을 의미한다. 분단비용의 소멸, 남북한 경제 통합에 따른 내수시장의 확대 및 남북경제 보완성 증대, 이산가족 문제의 해결, 국제사회 위상 제고, 평화 정착에 따른 전쟁 불안의 해소, 이념적 갈등 해소, 인간다운 삶의 기회 제공 계기, 세계평화와 번영에 기여 등도 포함할 수 있다.

---

29) 구체적인 비용추계는 전문가와 발표기관에 따라 상이하나, 지원자의 판단을 위해 대략적인 수치를 설명하고자 한다. 전문가들은 통일비용으로 최소 54조 원에서 650조까지 예상한다. 통일부는 1년에 55조에서 249조 원, 현대경제연구원은 10년에 800조 원 이상, 국회 예산정책원은 1년 230조 원, 통일연구원은 20년간 3,440조 원을 예측한다. 분단비용은 남북한 국방비는 연간 50조 원, 150만 명의 군인이 감소하고 청년 경제인구가 증가한다는 등이다.

구 분	주요 내용
긍정요소(☺)	통일비용, 분단비용, 통일 편익 용어를 이해하고 구체적인 내용을 준비하되, 필요하다면 대략적인 전문가들의 예상 금액, 통일비용 절감을 위한 대책 제시
부정요소(☹)	통일비용의 추계 곤란과 금액의 과다를 고려 부정적 의견 피력

Key-word: 코리아 프리미엄, 통일 편익, 통일비용, 분단비용

<답안 만들기>

2-16. 북한은 2005년 6자회담을 통해 핵무기를 포기하기로 합의했음에도 불구하고, 2017년 9월까지 무려 6차례에 걸친 핵실험을 감행하였던 사실은 익히 알고 있다. 김정은은 2018년 신년사에서 '핵(核) 무력의 완성'을 언급하기도 하는 등 국제적인 비핵화 움직임에 역행함으로써 국제사회의 불신을 받고 있다. 여기에서 북한이 핵무기를 보유하려는 진정한 이유는 무엇이며, 우리 정부가 북한의 핵 개발에 반대하는 이유는 무엇인지 지원자의 생각과 의견을 발표하시오.

* 핵무기를 보유하는 이유와 목적은 크게 세 가지로 정리할 수 있다.

① 재래식 군사력은 예산이 많이 들어갈뿐더러 유지하는 데도 상당한 어려움이 따르기에 유형적인 전력을 증강하지 않고 핵무기를 보유하는 것만으로도 북한체제를 보장받을 수 있다.

② 대한민국과 미국의 본토까지 공격이 가능한 중·장거리 미사일을 보유하고 있기에 대남(對南) 군사력과 비교할 때 상대적인 우위(優位)를 확보할 수 있다.

③ 심각한 경제난 가운데서도 군사력의 유지가 가능하고, 보유한 핵무기의 사용을 위협하는 등의 '벼랑 끝 전술(brinkmanship)'[30]로 양보를 얻어낼 수 있고 부족한 식량과 에너지 지원까지도 요구(협박)할 수 있는 실리를 가져올 수 있기 때문이다.

* 핵 개발을 반대하는 이유는 크게 세 가지로 정리할 수 있다.

① '한반도 비핵화'는 대한민국의 사활이 걸린 중대한 과제로, 북한의 장거리 미사일 발사 및 핵실험은 한반도에 새로운 위기를 조성하고 일본과 대만 등 주변국의 전략무기 개발이라는 연쇄반응을 일으킬 수 있다.

② 남북관계에서는 북한의 비대칭 군사위협이 증가함에 따라 한반도 내 군사력 불균형을 초래하게 된다.

③ 북한의 핵과 미사일은 '체제생존의 확보'와 '대남압박'의 수단이다. 핵무기의 위력은 최첨단 재래식 무기로도 억제는 불가능하다. 따라서 비핵화를 위한 정치·외교적 노력을 주도적으로 해야 하며, 북한이 평화적 노력을 거부하고 군사적 도발을 감행한다면 단호하게 응징(膺懲)하여야 한다.

---

[30] '벼랑 끝 전술((brinkmanship)'은 다른 용어로는 '미치광이 전략(madman theory)'이라고도 불린다. 즉, '상대에게 미치광이처럼 비이성적으로 보이게 만들어 공포를 일으킴으로써 어떠한 유형과 종류의 협상에서도 유리한 위치를 차지하는 전략'을 의미하고 있다. 일반적으로 정치·외교 협상에서 초강수를 띄운 다음 막다른 상황으로까지 몰아붙여 상대의 양보를 끌어내는 전술을 의미하고 있다.

구 분	주요 내용
긍정요소(☺)	북한의 김일성-김정일-김정은이 대(代)를 이어 핵무기를 보유하려는 근본적 원인과 목적을 이해하고, 이러한 도발에 대한 대응 방안을 간략하게 제시
부정요소(☹)	북한체제가 생존하기 위해서는 불가피한 측면이 있으나, 통일되더라도 핵무기를 활용할 수 있다는 주장, 상식에 벗어난 논조를 유지

Key-word: 북한체제의 생존 전략, 대남(對南) 압박용, 핵확산, 군사력 불균형, 단호한 응징
 * 언론 보도 및 상식 측면에서 한쪽의 일방적인 주장에 동조하기보다
   학생이라는 신분에 부합할 수 있는 생각을 간략하게 정리

<답안 만들기>

2-17. 북한은 2021년 8차 당(黨) 대회에서 핵무기 개발에 따른 국제제재와 코로나19와 팬데믹(Pandemic, 대유행)으로 인한 국경봉쇄, 극심한 경제난에도 불구하고, 북한체제가 위기에 처할 때마다 '국가 주도의 자력갱생', '우리식 사회주의'를 강조하며 주민들을 선동하고 있다. 지원자가 생각하는 북한의 '우리식 사회주의'가 어떠한 의미인지를 발표하시오

* 자력갱생(自力更生): 자급자족에 의한 경제 운영방식을 뜻하며, 경제를 운영하는 과정에서 제기되는 모든 어려움을 스스로 해결하겠다는 정신이다. 자력갱생은 '독자성(originality)'과 '자주성(originality)'을 중요한 핵심요소로 보고 있다. 북한은 현실적 측면에서 소련과 중국의 경제지원을 받을 수밖에 없는 형편이지만, 정치적인 독자성은 훼손당하지 않겠다는 정치적 구호의 성격이 짙다고 하여도 과언(過言, 지나친 말)이 아니다.

* 우리식 사회주의[31]: 주체사상을 기반으로 하고 있으며, 사회주의 실현을 목표로 하는 '북한판 사회주의'라고 보면 된다. 1978년 중국의 개혁개방 추진, 1980년대 중반 동유럽 사회주의 체제 몰락 등의 현실을 마주하고, 자신들도 같은 형태의 몰락이 눈에 보듯 선명하게 느껴지면서 이를 두려워한 김일성이 소련의 고르바초프가 시행하였던 개혁·개방정책에 대응하기 위해 만든 논리이다. 즉, 공산국가에서 진행되고 있는 체제 변혁의 조짐이 김일성 자신과 그의 자식이 영원히 누리려고 하는 북한체제의 붕괴로 이어질 수 있다는 위기감에서 벗어나기 위하여 만들어낸 결과물이다. 김일성과 김정일, 김정은에 이르는 대(代)를 이어 물려받으려는 유일 지배체제를 강화함으로써 독재체제를 굳건하게 유지하기 위한 논리가 전부라고 이해하면 될 듯싶다. 그 결과 최근 김정은의 일당 독재체제는 더욱 강화되었으며, 권력의 대리인인 소수 엘리트의 권력독점 현상, 북한 체제를 반대하는 어떠한 사상이나 주장도 용인하지 않는 절대 이념(理念) 사상, 비밀경찰과 권력에 의한 언론의 통제, 공포정치의 확산 등 폭압적 통제가 강화되었다. 북한이 지구상에서 유일하게 남은 비정상 독재국가로 전락한 지금까지도 김정은은 그의 아버지 김정일의 선군정치(先軍政治)를 계승하여 군대와 공안 기관을 친정(親政) 체제로 확립하는 등 공포정치를 계속하고 있다.

---

[31] 북한의 '우리식 사회주의'는 1990년 12월부터 시행하였으며, '김일성 주체사상'에 기초하여 정치·경제체제가 다른 국가에서의 경험에 의지하지 않고, 북한 독자적으로 운영하는 사회주의라는 점을 강조하려고 사용하는 용어로 보면 될 듯싶다.

구 분	주요 내용
긍정요소(☺)	우리식 사회주의를 주장하는 배경 및 목표, 그 의미에 대한 문제점과 취약점을 북한 주민의 고통과 함께 간략하게 제시
부정요소(☹)	자주·독자성만을 강조하지만, 그 의미와 내용에 대한 이해가 부족, 관심이 저조

Key-word: 자력갱생, 북한판 사회주의, 유일(唯一) 지배체제, 일당독재체제
　　　　　* 전문적인 내용보다 일반적으로 보도되거나, 언론 보도 등에서 접할 수 있는 대표적인 사례나 내용 등을 상식적인 수준에서 정리

<답안 만들기>

2-18. 북한은 판문점 도끼 만행사건(1976.8.18.), 미얀마 아웅산 묘소 폭파사건(1983.10.9.) 등의 잇따른 테러행위를 자행하여 국제사회에서 고립무원(孤立無援, 의지할 데가 없는)의 처지로 몰리자, 1980년대 중반에는 대한민국에 수재 물자를 제공해 줄 것을 제안하여 남북대화를 이어가는 등 화전양면전술(和戰兩面戰術)을 구사하는 가운데서도, KAL 858기 폭파사건(1987.11.29.)을 일으켰다. 지원자는 북한의 '화전양면전술'이 무엇인지에 관하여 발표하시오

* 화전양면전술: 겉으로는 평화를 이야기하는 척하면서 내부적으로는 전쟁을 준비하는 전술로, '화전양면전략(和戰兩面戰略)'으로도 불린다. 즉, '표면적으로는 평화를 외치면서 내부적으로는 전쟁을 준비한다.'라는 의미다. 다른 말로 하면, 화해(和解)와 위협(威脅, threat)을 반복하다가 기회를 잡으면, 전쟁을 일으키는 전술이라는 의미에서 '위장 평화공세'라고도 한다. 이는 화해의 뜻을 가진 '화할 화(和)'와 싸움의 뜻을 가진 '싸울 전(戰)'이라는 말에서 볼 수 있듯이 '화해와 전쟁에 대한 위협을 반복하며, 상대에게 신뢰를 주다가 이득을 얻으면서 상대가 방심하는 순간 갑작스럽게 전쟁을 벌여 승리를 가져오는 전술'이라 할 수 있다.

북한은 여건이 불리할 때는 평화공세로 나오면서 힘을 비축하고, 유리할 때는 기습적인 도발[32]을 자행하는 '화전양면전술'을 구사한다. 이것은 상황이 유리해지거나, 불리해짐에 따라 '혁명전술'[33]을 수시로 변화시킨다는 공산주의 고유의 전략 전술에 따른 것이다. 실제로 광복 이후 북한의 '한반도 적화통일'이라는 전략 목표는 단 한 번도 변한 적이 없다. 단지 상황이 변화함에 따른 전술적 변화만 있었을 뿐이다.

---

32) 북한의 대남도발 건수는 2018년 11월을 기준으로 하면, 총 3,119건이다. 이 가운데 직접 침투가 1,749건, 해외를 경유하는 등의 간접침투가 214건, 월북·납북자를 이용한 간첩남파 39건 등 총 2,002건이며, 포격 도발과 NLL 침범, 습격 및 납치 등을 비롯한 국지 도발이 1,117건이다.

33) '혁명전술(革命戰術)'은 '공산당 세력의 힘만으로는 주적(主敵)을 타도하기가 어려울 때 동조 세력과의 동맹 관계를 형성하여 투쟁하는 가장 기본적인 조직 전술'이기에 다른 말로 '통일전선 전술'로 불린다. 여기서 말하는 '통일전선'은 1920년 레닌이 작성한 <공산주의 좌익소아병>에서 "다른 세력일지라도 기본 목표 수행에 이해관계를 같이 할 수 있는 세력이라면, 동맹군으로 삼아 상대하는 주적을 압박하는 우회 공격의 임무를 수행해나가야 한다."라는 데서 유래되었다. 이 문장에 나오는 '우회 공격'이 '통일전선' 용어의 초기 형태이고, 이후 1921년 제3차 코민테른 대회에서 <통일전선에 관한 테제(강령)>가 채택되면서 '통일전선'이라는 용어가 '혁명전술'이라는 새로운 용어로 자리매김한 것이다. 다시 말해 공산당이 일정한 혁명단계에서 주적을 타도하는 과정에서 공산당 세력만으로는 어려울 때 주변에서 필요한 동조 세력을 확보하여 잠정적인 동맹 관계를 맺어 힘을 모아 주적을 타도하기 위하여 벌이는 투쟁을 의미하고 있다.

구 분	주요 내용
긍정요소(☺)	목함지뢰, 연평도 포격, 천안함 폭침 등 북한에 의해 자행된 도발과 공식적으로 보도된 사례 몇 가지를 간략하게 제시
부정요소(☹)	용어나 의미에 대한 이해가 부족, 최근 도발 사례는 미언급

Key-word: 위장 평화공세, 한반도 적화통일, 대남도발 등의 대표적인 사례
 * 화전양면전술, 통일전선, 혁명전술 등의 용어에 대한 개념적 접근과 의미, 언론에 보도된 내용 중 설명이 가능한 사례를 상식적인 측면에서 정리

<답안 만들기>

2-19. 북한은 1990년대 중반 이후부터 '우리민족끼리[34])'를 내세우며 통일전선 전술을 강화하고, 강릉지역 잠수함 침투(1996), 제1·2차 연평해전(1999/2002), 연평도 포격과 천안함 피격(2010), 사이버 공격, 6차례의 핵실험과 대량살상무기(WMD-Weapons of Mass Destruction)[35])를 개발하는 등 각종 도발 행위를 반복하고 있다. 특히 韓·美 연합훈련에 대하여 민감한 반응을 보이며, 주한미군의 철수를 반복적으로 주장하고 있다. 북한이 끊임없이 주한미군의 철수를 주장하는 의도가 무엇인지에 대하여 지원자의 생각을 발표하시오

* 북한 정권의 지상 최대 목표는 '한반도 적화통일'이다. 한국을 미국의 식민지로 주장하면서 '민족해방'[36])을 주장하는 것은 주한미군을 철수시키고, 韓·美 동맹을 해체함으로써 대남(對南) 적화가 가능하도록 주변 여건을 조성하려는데 그 목적을 두고 있다. 북한 정권은 6·25전쟁 당시 미국을 비롯한 유엔군의 참전으로 인해 정권이 멸망할 위기까지 경험한 바 있다. 현재 미국은 세계 최강의 군사력을 보유하고 있으며, 이는 미국의 패권에 의한 세계화 전략을 견인하고 있다. 주한미군의 병력 규모는 28,500여 명이지만 최첨단 장비로 무장되어 있고 세계 최고 수준의 정보력을 보유함으로써 북한의 도발을 억제하는 데 크게 기여하고 있음은 익히 알려진 사실이다. 따라서 북한 김정은은 주한미군을 한반도의 적화통일을 달성하는 데 있어서 최대의 걸림돌로 인식하고 있기에 끊임없이 주한미군의 철수를 주장하고 있다.

---

34) '우리민족끼리'는 북한 조평통(조선민주주의인민공화국 조국평화통일위원회의 줄임말)의 산하조직인 조선륙일오 편집사에서 운영하는 인터넷 선전 및 선동 매체이다. 대한민국에도 '우리민족끼리'라는 웹사이트가 있기에 혼란스러울 것이다. 대한민국의 웹사이트는 북한의 '우리민족끼리'를 비판하기 위하여 같은 명칭을 모방하여 만든 대북(對北) 비판 매체이다.
35) '대량살상무기(WMD-Weapons of Mass Destruction)'는 '핵폭탄 또는 중·장거리 미사일, 탄저균·바이러스·독가스 살포 등과 같은 생화학무기 등을 포함하여 단시간에 인명(人命)을 대량으로 살상할 수 있는 무기'를 의미하고 있다. 이러한 무기는 짧은 시간이라도 막대한 파괴력을 갖고 있으며, 무차별적인 살상(殺傷)이 가능하기에 핵확산금지조약(NPT), 화학무기 금지조약(CWC), 생물무기 금지협약(BWC) 등 여러 국제협약과 기구를 통해 대량살상무기의 개발과 사용을 엄격하게 금지하고 있다. 일부 북한과 중동지역의 일부 불량국가에서는 이를 위배하는 사례가 발생하고 있다는 점을 기억할 필요가 있다.
36) '민족해방'은 다른 말로 표현하면, 'NL-National Liberation'이라고 보면 된다. 사전적인 의미로 풀이하면, '한 민족이 다른 민족의 강제적인 구속이나, 억압, 부담에서 벗어난다.'라는 뜻으로 해석하면 될 듯싶다. 마르크스주의 이론 중의 하나로 아시아지역에서 진행하는 공산주의 운동이나, 쿠바에서 피델 카스트로(Fidel Castro, 1926~2016)와 체 게바라(Che Guevara, 1928~1967)가 주도한 공산 혁명(1953~1959) 시기에 강조되었던 이론이다.

구 분	주요 내용
긍정요소(☺)	북한의 '우리민족끼리'가 선전·선동하고 있는 주장이 어떠한 내용으로 어떠한 의도인지를 정확하게 이해하고, 각종 도발과 연계하여 어떻게 대비하여야 하는지를 간략하게 제시
부정요소(☹)	북한의 위장 평화 전술에 대한 이해와 개념에 대한 동조, 이해 수준이나 관심이 부족
Key-word: 한반도 적화통일, 주한미군의 전력, 韓·美 동맹의 해체 　　* 어려운 전문지식을 요구하기보다 '우리민족끼리'가 어떠한 매체인지, 누가 어떠한 의도로 운영하는 것인지에 관한 내용으로 간략하게 정리

<답안 만들기>

2-20. 요덕 정치범수용소[37])에 1995년부터 1999년까지 혁명화 구역(대숙리)에서 수감 생활을 한 이영국 씨는 매년 수인(囚人, 죄수)의 20%가량이 사망한다고 추정했다. 이 구역에는 매달 새로운 수인들이 들어오는데, 집에는 난방이 되지 않아 겨울이 되면 극심한 추위를 견뎌야만 한다. 혁명화 구역에서는 탈출을 시도하거나 음식을 도둑질하는 수인들은 공개처형을 자행(恣行, 마음이 내키는 대로)하고 있다. 요덕수용소 생존자인 정광일 씨는 북한에서 적법절차(체포영장이나 재판) 없이 체포당해 보위부 구류장에서 10개월간 모진 고문과 구타로 인해 몸무게가 75kg에서 38kg이 빠진 일 등 북한에서 현재 일어나고 있는 심각한 인권침해를 증언하고 있다. 북한의 인권유린 실태에 대해서 아는 대로 설명하시오.

* 북한의 인권 실태: 2005년 이후 매년 UN에서 북한 인권 결의안을 채택하며 북한의 인권 실태에 대하여 심각한 우려를 표명하고 있다.

① 교화소와 군부대 내의 처형, 공개적인 사형을 지속하여 집행하는 등 생명권이 보장되지 않고 있다.
② 여행증 제도 및 구간별 단속, 강제추방, 특정 지역의 접근을 제한하는 등 이동 및 거주의 자유가 제한받고 있다.
③ 북한의 주체사상은 자유로운 사상, 양심, 종교 자유에 대한 권리와 근본적으로 양립되지 않기에 북한 주민의 사상, 양심 및 종교의 자유는 심각하게 침해당하고 있다.
④ 당국이 허용하고 제도화된 집회 및 단체에 참가할 것이 강요되는 등 표현·집회·결사의 자유가 보장되지 않으며, 직접·보통·평등·비밀 투표의 원칙은 지켜지지 않는다.
⑤ 정치범수용소와 교화소, 노동단련대, 집결소, 구류장 등 인권침해 구금시설에서 폭행 및 가혹행위가 지속하여 발생하고 있다.
⑥ 美 국무부의 2019년 국가별 인권보고서에서는 북한의 불법 살인과 정부에 의한 강제실종, 고문, 자의적 구금, 정치범수용소의 열악한 상태, 사생활 간섭, 검열, 해외 강제노동 등 20여 개 사항을 지적했다.

---

37) '요덕 정치범수용소'는 함경남도 요덕군에 있는 북한의 정치범수용소로 정식 명칭은 '15호 관리소'이다. 1977년부터 1987년까지 수감 생활을 한 강철환은 구읍리의 혁명화 구역에서 매년 수인의 4%가량이 사망하는 것으로 추산하는데, 대부분 질병과 영양실조로 죽어간다. 한 사람의 범죄를 저지르면 전 가족(어린이도 포함)을 수용하고 있지만, 죄수들 사이의 결혼은 금지되며, 임신할 경우 강제로 낙태가 강요된다고 증언하고 있다.

구 분	주요 내용
긍정요소(☺)	요덕수용소의 실태에 대한 증언자료 읽고, 북한의 인권실태와 우리나라와의 비교를 통해 인권침해의 심각성 제시
부정요소(😠)	탈북자들의 자기방어적 증언으로 매도, 인터넷이나, 책자에 예시된 인권침해 종류를 단순히 나열식으로만 제시

Key-word: 요덕수용소, 유엔의 북한 인권 결의 채택, 인간의 기본권 미보장, 인권(인간으로서 당연히 보장되어야 할 권리)의 관점에서 설명

<답안 만들기>

2-21. 일본은 1905년 '을사늑약[38]'을 통해 대한제국의 외교권을 박탈하였으며, 이때 가장 먼저 조치한 부분이 군대의 해산(解散)이다. 대한제국의 군대해산 과정을 보면서 느낀 감정과 이러한 치욕(恥辱, 수치와 모욕)을 반복하지 않기 위한 지원자의 생각을 발표하시오

* 대한제국의 군대해산: 1907년 7월 31일 밤, 고종 황제가 군대해산을 명하는 조칙을 내려 군대를 해산했다고 알려졌으나, 후에 순종 황제의 조칙이 이토 히로부미와 이완용이 위조한 것으로 밝혀졌다. 서울에 있는 군대를 시작으로 하여 8월 1일에서 9월 3일까지 모든 군대가 해산되었다. 8월 1일 11:00 동대문 훈련원에서, 맨손으로 훈련을 진행한다고 장교와 병사를 소집한 다음 군대해산 조칙을 낭독하고 즉석에서 한 사람씩 계급장을 떼었다. 주변에는 수많은 일본군 헌병이 중무장하고 포위하였다. 이 과정에서 시위대의 1연대 1대대장인 박승환 참령(지금의 소령)이 자결하자 봉기한 2개 대대가 일본군과 시가전을 벌였으나, 결국 진압되었다.

을사늑약의 주요 내용(5개 조약)

제1조, 일본국 정부는 재동경 외무성을 경유하여 한국의 외국에 대한 관계 및 사무를 감리(監理), 지휘하며, 외교 대표자(영사)는 외국에 재류하는 한국의 신민(臣民) 및 이익을 보호한다.

제2조, 일본국 정부는 한국과 타국 사이에 현존하는 조약의 실행을 완수할 임무가 있으며, 한국 정부는 일본국 정부의 중개를 거치지 않고는 국제적 성질을 가진 어떤 조약이나 약속도 하지 않기로 상약(相約, 서로 약속)한다.

제3조, 일본국 정부의 대표자는 1명의 통감(統監)을 두게 하며, 통감은 오로지 외교에 관한 사항을 관리하기 위하여 경성(서울)에 주재하고 한국 황제폐하를 친히 내알(內謁)할 권리를 가진다. 또한, 각 개항장 및 필요하다고 인정하는 지역에 이사관(理事官)을 둘 권리를 가지며, 이사관은 통감의 지휘하에 종래 재한국 일본영사에게 속하던 일체의 직권과 사무를 장리(掌理)한다.

제4조, 일본국과 한국 사이에 현존하는 조약 및 약속은 본 협약에 저촉되지 않는 한 모두 그 효력이 계속되는 것으로 한다.

제5조, 일본국 정부는 한국 황실의 안녕과 존엄의 유지를 보증한다.

---

38) '을사늑약'은 원래 명칭은 '한일 협상조약'이지만, '제2차 한일협약' 또는 '을사 5조약' 또는 '을사조약'으로 불린다. 1905년 11월 17일 러·일 전쟁에서 승리한 일본이 대한제국의 외교권을 박탈하기 위해 강제로 체결한 조약을 의미하고 있다.

구 분	주요 내용
긍정요소(☺)	● 임진왜란과 6·25전쟁 등의 역사적 경험을 통해 '군대 없는 국가는 존재가 불가능' ● '강력한 군사력 보유'한 스위스가 제2차 세계대전 간 방어 능력과 굳건한 항전(抗戰) 의지로 국가를 존속 ● 강한 군대를 위해 지원자가 그간 준비한 노력과 자세를 함축적으로 제시
부정요소(😠)	군대의 존재 이유나 의미에 대한 이해가 부족, 지원자 나름의 각오를 미제시

Key-word: 군대해산 과정의 박승환 참령 자결 사례(수국진충-守國盡忠)[39])의 군인정신, 임진왜란, 6·25전쟁, 군사력과 정신력
* 대표적인 역사적 사례 1~2가지 및 자신의 노력과 각오를 간략하게 정리

<답안 만들기>

---

39) '수국진충(守國盡忠)'은 당시 1대대장인 박승환 참령이 군대해산에 항거하여 자살하면서 남긴 유서에서 "군인으로서 나라를 지키지 못하고 신하로서 충성을 다하지 못했으니 만 번 죽어도 애석할 것이 없다(군불능수국 신불능진충 만사무석·軍不能守國 臣不能盡忠 萬事無惜)에서 출발하고 있으며, 국군의 최초 군인정신으로 해석하고 있다. 세부 내용은 국방부군사편찬연구소에서 발간한 『근현대 한국군의 역사』(서울: 국방부군사편찬연구소, 2019), pp. 34~42.를 참고하기 바란다.

2-22. 인류의 전쟁사를 살펴보면, 전투력이 열세한데도 불구하고 이를 극복하여 승리를 쟁취한 사례가 많이 있다. 특히 1597년의 명량해전은 이순신 장군이 13척에 불과한 조선 수군을 지휘하여 130여 척을 보유한 일본 수군을 물리친 해전(海戰)이다. 이순신 장군은 임진왜란 당시 세계전쟁사에서 누구도 달성하지 못했던 23전 23승이라는 혁혁한 전공(戰功)을 세운 영웅이다. 이순신 장군이 수행하였던 해전 사례[40] 중에서 기억나는 하나를 선택하고 지원자의 생각과 교훈을 발표하시오

* 주요해전: ① 옥포 해전(1592.5.7.)은 조선 수군 39척 등이 옥포에서 적장(敵將)인 도도 다카토라(藤堂高虎, 1556~1630)[41]와 싸워 왜선 26척 격파하고 계속 추적하여 마산에서 5척, 통영에서 11척 등 총 42척을 격파하였다.

② 사천포 해전(1592.5.29.)은 거북선을 건조하여 처음 출전시킨 해전으로 왜군 2,600여 명을 전사시켰고, 전함 13척을 격파하였다.

③ 당포해전(1592.6.2.)은 이억기, 원균과 합세하여 총 51척의 함선으로 왜선 26척을 격파하였다.

④ 한산도 대첩(1592.7.8.)은 왜선 103척에 대항하여 학익진 전법을 채택하여 왜선 79척과 왜군 4천여 명을 전사하게 만든 해전이다.

⑤ 부산포 해전(1592.9.1.)은 조선 수군 160여 척이 왜선 470여 척과 전투하여 왜선 100여 척을 격파하였다.

⑥ 명량해전(1597.9.16.)은 이순신 장군이 백의종군한 이후 다시 삼도수군통제사에 임명된 다음 남아있던 12척의 배와 마지막에 포함된 1척을 포함한 13척의 배로 왜선 133척과 싸워 31척을 격파함으로써 해상권을 회복한 계기가 되었던 해전이다.

⑦ 노량해전(1598.11.19.)은 명나라와 수륙 협공 작전으로 왜선 500여 척에 대항하여 승리하였으나, 이순신 장군이 전사한 해전이다. "나의 죽음을 적에게 알리지 말라."는 마지막 유언은 지금도 널리 회자(膾炙, 사람들의 입에 오르내림)되고 있다.

---

40) 이순신 장군이 임진왜란 때 실시한 해전 중 3대 대첩은 ① 한산도 대첩, ② 명량해전, ③ 노량해전이다.
41) 센코쿠 시대부터 에도 시대 전기에 활약한 무장으로 센코쿠 출신이지만, 주군(主君)을 여러 번 바꾼 인물로서 축성(築城, 성을 쌓는 일)에 일가견이 있다.

구 분	주요 내용
긍정요소(☺)	해전의 명칭, 전력(戰力)의 열세를 극복한 요소 또는 원인, 선정한 이유(영화 관람 포함 등)의 타당성을 간략하게 제시
부정요소(☹)	해전에 대한 관련 지식과 이해가 부족, 합리·타당성 부족

Key-word: 전력의 열세를 극복(용기, 전투 의지), 절실함의 긍정적 결과
　　* 알려진 내용 중심으로 나열하기보다 자기가 느낀 생각을 story-telling 형식으로 감정을 담아 간략하게 정리

<답안 만들기>

2-23. 영화 <남한산성>은 1636년 인조 14년에 일어난 병자호란을 배경으로 하고 있다. 청나라 대군에 포위되어, 추위와 굶주림, 군사적으로 열세(劣勢, numerical inferiority)인 가운데서도 화친(和親)하자는 주장과 끝까지 싸우자는 주장이 첨예하게 맞서는 상황을 전개하고 있다. 결국, 인조는 '삼궤구고두례(三跪九叩頭禮)[42])'의 치욕을 받아들여 청나라에 항복하면서 군신(君臣) 관계를 맺게 된다. 지원자는 영화 <남한산성>을 본 소감과 병자호란에 대하여 발표하시오.

* 병자호란(丙子胡亂)[43]): 병자년인 1636년 12월부터 1637년 1월까지 조선과 청나라 사이에서 일어난 전쟁으로 청나라의 홍타이지[44])가 명나라를 공격하기 이전에 배후(behind)의 안전을 확보할 목적으로 두 차례에 걸쳐 조선을 침공하였다. 인조와 조정 신하들은 남한산성에서 결사 항전(抗戰)하였으나 청군의 포위로 인하여 굶주림과 추위, 강화도로 피난했던 왕실 일부가 함락되고 남한산성의 포위를 풀기 위한 근왕(勤王) 부대의 작전이 실패하는 등으로 인하여 결국 항복할 수밖에 없었다.

  병자호란은 동아시아 역사에서 명·청나라 교체기를 상징하는 중요한 사건으로 볼 수 있다. 조선으로서는 짧은 전쟁 기간에도 불구하고 전쟁 포로로 수십만 명의 백성이 청나라로 끌려가 고초를 당함으로써 사회적 피해가 유례없이 컸던 전쟁이다. 인조는 음력 1월 30일 삼전도에서 '삼궤구고두례'를 행하였다. 이후 청 태종은 인조의 항복을 기념하고 자신의 공덕을 알리기 위해 조선에 '삼전도비(三田渡碑)[45])'를 세우도록 강압하였음은 일반적인 사실이다.

---

42) '삼궤구고두례(三跪九叩頭禮)'는 중국 청나라에서 '황제나 대신을 만났을 때 아랫사람이 머리를 조아려 절하는 예법'을 의미하며, 명나라에 이르러서는 황제에 대한 일종의 의식으로 자리를 잡았다. 절을 한 번 할 때마다 머리를 세 번씩 조아리되, 이러한 과정을 세 번 반복한다고 하여 붙인 명칭이다. 다른 말로는 '삼배구고두례(三拜九叩頭禮)'라고 불린다.
43) '병자호란(丙子胡亂)'은 1636년 12월 1일 청 태종이 청군 7만 명과 몽골군 3만 명, 한(漢)군 2만 명을 포함한 12만 명의 대군을 이끌고 조선을 침략한 전쟁이다. 12월 12일이 되어서야 청 태종이 직접 대군을 이끌고 침략한 내용을 보고받은 조정은 13일에 벌써 평양에 도착함을 알고 혼란에 빠졌다. 인조는 급하게 강화도로 향하다가 길이 끊긴 것을 알고 남한산성으로 들어갔다. 다음 해인 1월 1일에 20만 대군으로 남한산성을 포위하였다. 결국, 1637년 1월 30일 인조는 남한산성에서 나와 삼전도에서 청 태종에게 항복하고 군신 관계를 맺었다.
44) 홍타이지는 청나라(후금)를 건국한 누르하치의 8번째 아들로서 52세로 사망하기 이전까지 청나라가 중국 전역(全域)을 정복하고 지배할 수 있는 기반을 구축한 황제였다.
45) '삼전도비(三田渡碑)'는 인조 17년인 1639년에 청 태종의 강요에 따라 한강 상류에 있는 삼전도(현재의 서울 송파구 삼전동)에 세워진 청 태종의 공덕비를 뜻하고 있다.

구 분	주요 내용
긍정요소(☺)	강한 군대와 외교적 균형 필요성을 제기, <남한산성>을 관람하지 않았을 경우, 못봤다며 답변을 미루지 말고 유사한 전쟁영화에 대하여 언급하되, 소감 위주의 내용과 '삼궤구고두례'의 의미와 내용을 간략하게 제시
부정요소(☹)	관람하지 않은 영화라고 발표를 포기

Key-word: 삼궤구고두례, 남한산성, 병자호란
　　* 자신이 모르는 질문이 나왔다고 하며, 스스로 포기하기보다 관련한 내용을 추가하여 본인의 생각을 story-telling 형식으로 간략하게 정리

<답안 만들기>

2-24. 역사 속에서 국가의 의미와 국가를 지키는 안보의 중요성을 느낄 수 있는 대표적인 사례가 '유대인 학살'이다. 영토와 국가가 없는 상태에서 민족적 정체성(identity)[46]을 지니고 있던 유대인들은 아돌프 히틀러(Adolf Hitler)의 나치 군대에 600여만 명이 학살(虐殺)당하였다. 그러나 주변의 어떤 국가나 국제기구도 이들을 안전하게 보호해주지 않았다. 이와 같은 독일군(나치)의 만행에서 지원자가 느끼는 국가의 존재 이유와 의미를 발표하시오

* 홀로코스트(holocaust)[47]: 인간이나 동물을 대량으로 태워 죽이거나 대량으로 학살하는 행위를 말하지만, 고유명사로 해석하면, 제2차 세계대전 중 나치 독일이 자행하였던 유대인 대학살을 말한다. 1945년 1월 27일 폴란드 아우슈비츠의 유대인 포로수용소가 해방될 때까지 600만 명이 인종 청소라는 명목 아래 나치스에 의해 학살되었는데, 인간의 폭력성, 잔인성, 배타성, 극단적인 광기(狂氣)의 끝을 보였다는 점에서 20세기 인류 최대의 치욕적인 사건으로 손꼽히고 있다.

현재 UN에서는 2005년부터 매년 1월 27일을 국제 홀로코스트 추모일로 정하고 묵념을 하는 등의 행사를 계속하고 있다. 국가가 존재하는 의미는 국민의 생명과 재산, 자유를 지키는 데 있다고 봄이 기본이다. 국가가 없다면, 인간은 최소한의 기본적인 존엄성마저 보장받지 못한다. 이스라엘이 1947년 제2차 세계대전 이후 주변 아랍국들의 강력한 반대에도 불구하고 나라를 건국한 이후 현재까지 강력한 군사력과 애국심(identity)으로 결속함으로써 아랍국가의 끊임없는 도발과 공세에도 굳건히 나라를 유지하고 있다는 사실은 "나라가 있어야 국민이 있다."라는 경구(警句)를 다시 한번 되돌아보는 계기가 되고 있음을 깨우쳐야 한다.

---

46) '정체성(identity)'은 '다양한 상황에서 유지되는 가치관과 행위, 사고(思考)의 기본적인 통합과 지속성을 비롯하여 개인의 자의식(自意識)과 독특성'을 뜻하는 단어로서 '어떤 존재가 근본적으로 가지고 있는 특성'으로 요약할 수 있다.

47) '홀로코스트(holocaust)'는 '불에 의해 희생된 제물'이라는 뜻을 지닌 그리스어인 'holókauston'에서 유래되었다. '인간이나 동물을 대량으로 태워 죽이거나 대량으로 학살하는 행위'를 총칭하는 의미다.

구 분	주요 내용
긍정요소(☺)	홀로코스트를 이해, 존엄성의 보장, 생명·재산·자유를 보장, 이스라엘의 사례를 간략하게 제시
부정요소(☹)	국가의 존재 이유를 인간의 존엄성보다는 집단 자체를 우선시하는 인식이나, 이해의 정도와 관심이 부족

Key-word: 홀로코스트, 국가의 필요성(구성 3대 요소), 이스라엘 건국
  * 단어에 대한 의미와 개념을 이해한 상태에서 이스라엘의 건국과 굳건한 정체성 유지를 위한 노력 등을 story-telling 형식으로 정리

<답안 만들기>

2-25. 미국의 존 F. 케네디 대통령이 했던 "국가가 당신을 위해 무엇을 해줄 것인지 묻지 말고, 당신이 국가를 위해 무엇을 할 수 있는가를 고민하여야 한다."[48]라고 하는 말이 회자(膾炙)되고 있다. 대한민국의 국민인 우리는 누구나 병역의 의무를 성실하게 이행하고 있다. 국방의 의무임과 동시에 국가와 국민을 보호하기 위한 軍 복무가 개인에게 미치는 영향이 무엇이라고 생각하는지를 발표하시오

* 군 복무가 개인의 발전에 미치는 영향

① 개인보다는 공동체가 우선이라는 생각을 보유하게 하는 등 민주시민으로서 갖추어야 할 가치관(values)[49]을 형성하고, 다양한 환경에서 자란 수많은 사람과의 접촉을 통하여 개인적인 성숙함과 사회 적응력을 기를 수 있게 한다.

② 규칙적이고 절제된 생활, 강한 훈련과 체력단련, 각종 운동경기를 통하여 육체적으로 성숙해지고, 열악한 환경 속에서도 이를 극복할 수 있는 강인한 인내력과 자신감을 배양하는 등에 도움이 된다.

③ 병영문화(兵營文化)[50]가 개선되어 학습 여건 보장, 병영도서관, 사이버 지식 정보방, 원격강좌 수강, E-learning 프로그램 확대 등을 통한 자기계발의 기회로 삼을 수 있다.

④ 고위 공직이나 공무원 진출 시 군 복무의 가치를 인정하는 문화가 확산하고 있으며, 각종 선거 출마자들도 병역이행 여부가 중요한 쟁점으로 부상(浮上)함에 따라 군 복무 자체가 신성한 가치와 자부심으로 증대될 수 있다.

---

48) "And so, my fellow Americans, ask not what your country can do for you-ask what you can do for your country."
49) '가치관'은 '어떠한 상황이나 환경에 처하더라도 올바른 판단과 조치를 반드시 실천하겠다는 의지(will)와 신념(belief), 태도(attitude)'를 뜻하고 있다.
50) '병영문화(兵營文化)'는 국어사전에 따르면, '군대가 집단으로 거처(居處, 한 군데에서 늘 기거)하는 곳에서 이뤄지는 군대만의 독특한 문화'를 의미하고 있다.
<군인의 지위 및 복무에 관한 기본법> 제27조(군기 문란 행위 등의 금지) ①항에서 1. 성희롱·성추행 및 성폭력 등의 행위, 2. 상·하급자나 동료를 음해하거나, 유언비어를 퍼뜨리는 행위, 3. 의견 건의 또는 고충 처리 등을 고의로 방해하거나, 부당하게 영향을 주는 행위, 4. 그 밖에 군기를 문란케 하는 행위를 해서는 안 되기에 국방부령으로 세부 기준을 정해 놓았다.
<군인의 지위 및 복무에 관한 기본법 시행규칙> 제3조(군기 문란 행위)에 따르면, 기본법 제27조 제1항 제4호에서 '그 밖에 군기를 문란케 하는 행위'로는 1. 부대 내에서 파벌을 형성하거나, 조장하는 행위, 2. 상관을 비하하거나, 모욕하는 언행을 하는 행위, 3. 상관의 명령에 불응하거나, 불복하는 행위, 4. 그 밖에 부대의 단결을 저해하는 각종 행위를 뚜렷하게 명문화하고 있다.

구 분	주요 내용
긍정요소(☺)	● 최소한 2가지 이상을 준비하되, 가치 중심적인 영향이 가장 중요함을 가장 먼저 이해한 다음 나머지 부분을 간략하게 정리하여 제시 ● 현재 군대에서 복무 중인 장병의 자기계발을 위한 노력 실태와 제도적 여건을 합리·논리적으로 조리 있게 제시
부정요소(☹)	개인의 이익을 중심으로 설명, 이해도와 관심이 부족

Key-word: 가치관 형성, 사회 적응력 배양, 육체·정신적 성숙, 자기계발 기회, 국가와 사회로부터 인정
　　　　* 어렵고 전문적인 용어를 사용하다가 논지(論旨)가 흐려질 수 있기에 쉬운 용어를 제목 위주로 요약한 다음 간략하게 정리

<답안 만들기>

2-26. 2019년 국방대학교 안보문제연구소에서 실시한 안보의식 조사에서 6·25전쟁을 일으킨 국가가 어디인지에 대한 조사를 진행한 결과 응답자의 79.6%가 북한을, 20.4%는 미국과 중국이라고 응답하였다. 또한, 전쟁이 발발하게 되면 맞서 싸우겠다는 응답이 52.4%, 국내·외로 피신하겠다는 응답도 36.9%를 차지하였다. 조지 산타야나(Jorge Santayana, 1863~1952)[51]는 "과거를 기억하지 못하는 이들은 과거를 반복하기 마련이다."라고 강조하였으며, 영국 총리(首相)인 윈스턴 처칠(Winston Churchill, 1874~1965)[52]은 "역사를 잊은 민족에게 미래는 없다."라고 강조하였다. 올바른 역사의식이 왜! 중요한지에 대한 지원자의 생각을 발표하시오.

* 전 세계의 유일한 분단국가임에도 조사 결과는 충격적이라 할 수 있다. 우리 역사를 단지 과거로만 생각하고 외면하여도 지금처럼 평화와 안정, 경제적 풍요를 당연하게 누릴 수 있다고 생각하는 이들이 많다.

  지난 역사의 흐름 속에는 현재의 우리가 해결하지 못하고 있는 많은 문제에 대한 해답이 있다. 역사에 대해 정확하지 못한 지식과 무관심한 태도를 지닌다면, 미래 또한 과거에 잘못한 모습들을 그대로 반복함으로 인하여 밝지만은 않을 것이다. 나라를 빼앗기고 고통받는 치욕스러운 역사가 두 번 다시는 되풀이되지 않게 하기 위해서는 항상 노력하고 주의를 기울이고 경계하며, 선조들의 지혜와 집념을 본받도록 담금질해야 한다. 이러한 모든 것을 가능하도록 하는 힘의 원천이 바로 과거와 현재, 미래를 관통하는 '올바른 역사의식'이며 이를 이해하고 알아가는 데서부터 시작된다고 느낄 수 있어야 한다.

  1939년 체코를 침공한 독일군의 극심한 고문으로 삶을 마감한 알폰스 무하(Alphonse Maria Mucha, 1860~1939)[53]는 "한 국가(국민)가 성공적인 발전을 이루려면, 자신의 뿌리로부터 시작하여 유기적인 성장을 해야 한다. 그리고 이를 유지하기 위해서는 과거의 역사를 기억해야만 하며, 과거의 역사에 대한 지식이 없어서는 안 된다."라고 강조하였다.

---

51) '조지 산타야나(Jorge Augustn Nicols Ruiz de Santayana)'는 미국 철학자이자 시인, 평론가로서 스페인에서 태어난 인물이다.
52) '윈스턴 처칠(Winston Churchill)은 영국의 총리를 2번 역임하였고, 통상·식민·해군장관 등을 지냈다. 제2차 세계 대전에서 국가지도자로 활약한 정치가로서 잉글랜드에서 태어난 인물이다.
53) '알폰스 무하(Alphonse Maria Mucha)'는 체코슬로바키아에서 태어난 화가로서 대표적인 애국자이자 민족주의자다.

구 분	주요 내용
긍정요소(☺)	정확하고 올바른 역사의식(지식), 일제 강점기의 고통과 억압, 외세(外勢)의 침략사례, 역사교육의 필요성, 과거 역사로부터 얻은 교훈 등을 간략하게 제시
부정요소(😠)	편향된 역사교육을 주장, 부정·비판적인 역사적 교훈만 강조

Key-word: 균형된 역사의식, 역사적 인물들의 주장, 유기적인 성장과 반복된 역사
  * 한쪽에 치우친 역사의식보다 다양한 대표적인 사례 2~3가지를 정리하되, 합리적인 논거를 뒷받침하여 정리

<답안 만들기>

2-27. 미국은 베트남 전쟁에서 1,500만 톤의 탄약을 쏟아붓는 등 군사적 측면에서 북베트남보다 압도적인 군사력을 보유하고 있었지만, 결과적으로는 1973년 파리 평화협정을 체결하고 철수할 수밖에 없었다. 결국, 1975년 북베트남은 대규모 공세를 벌여 사이공을 점령하고, 1976년 7월 베트남사회주의공화국을 건설하였다. 왜! 미국은 군사력이 월등하였음에도 패배를 인정하고 철수할 수밖에 없었는지?, 왜! 베트남은 월맹에 항복할 수밖에 없었는지? 에 대하여 다양한 연구 자료가 존재하고 있다. 월맹의 호찌민이 어떻게 하여 베트남을 공산화하는 데 성공하였는지는 일반적으로 널리 알려진 사실이다. 지원자는 베트남 전쟁을 통해 느낀 교훈이 무엇인지를 발표하시오

* 전쟁은 단순히 군사력만으로 결정되는 것이 아니라 정치, 이데올로기(ideology), 경제 측면 등의 다양한 도전 전반(全般)에 대응하여야 한다는 사실을 먼저 이해하여야 한다. 남베트남의 응우옌 반 티에우(Nguyễn Văn Thiệu, 1923~2001)[54] 장군이 이끄는 군대는 1975년 초에 미국으로부터 수많은 고가(高價)의 군사 장비와 물자를 지원받아 북베트남의 호찌민이 지휘하는 군대보다 세 배나 많은 화포와 두 배가 넘는 탱크와 장갑차, 1,400여 기의 비행기를 보유하고 있었다. 그러나 토지개혁 실패에 따른 높은 인플레이션으로 군인과 공무원들의 부정부패는 만연하였고, 도시 중산층의 삶은 피폐한 가운데 티에우 정권은 자신들에 반대한다는 이유로 3만 2,000여 명의 정치범을 감금하는 등 내부적으로 서로의 반목(反目)과 내부분열로 사분오열되어 있는 상태이었다. 여기에 미국이 북베트남(월맹)을 지원하는 소련과의 전면전(全面戰)을 우려하여 북진(北進)하지 않은 상태에서 남베트남 내부지역에 대한 제한적인 작전만을 시도하면서 근본적인 원인을 제거하지 않았다. 점차 혼란스러운 상태가 계속되었다. 결국, 젊은이들을 희생시키지 말라는 미국 내부의 반전(反戰) 운동과 부정적인 여론의 확산, 호찌민의 선전 선동 전술(propaganda & agitation)[55]로 인해 미국은 베트남을 포기할 수밖에 없었다.

---

54) '응우옌 반 티에우(Nguyễn Văn Thiệu, 1923~2001)'는 베트남 남부에서 태어났으며, 육군 중장 출신으로 베트남 공화국의 제2대 대통령을 역임한 정치인이자 군인, 독재자였다. 특히 영어 유창하여 통역이 없는 가운데 자유롭게 토론(free-talking)이 가능한 수준이었다.
55) '선전 선동 전술(propaganda & agitation)'은 정치·경제·외교 분야에서도 잘 사용하는 전술로서 상대의 분열과 대립, 갈등을 생산하고 조장함으로써 자신이 원하는 것을 관철하는 탁월하고 지능화된 투쟁 기술임을 이해하여야 한다.

구 분	주요 내용
긍정요소(☺)	부정부패와 무기밀매, 경제적 피폐, 내부분열(시위, 간첩 활동 등), 미국 내부의 반전(反戰) 여론과 대선(大選)의 영향에 따른 미군 철수 사례 등을 간략하게 제시
부정요소(☹)	패망의 원인을 미군의 철수나 북베트남의 강한 군사력만을 강조 및 동조

Key-word: 국민과 군대의 전승(戰勝) 의지 부족, 토지개혁 실패, 미군의 실패한 전략과 철수, 선전 선동 전술(propaganda& agitation), 남베트남 내부분열
　　* 부정부패, 경제정책 실패 등을 포함한 2~3가지의 분열 사례를 간략히 정리

<답안 만들기>

2-28. 이스라엘은 남녀 18세가 되는 해에 징집하여 남자는 32개월, 여자는 24개월을 복무하고 있다. 의무복무 중에 희망자나 군대에서 필요한 시기에 병사들 가운데서 장교나 부사관으로 임용하고 있다. 직업군인은 이스라엘군의 지휘·행정 분야에서 중추적인 역할을 이행하는 계층이다. 이스라엘의 사회고위층 인사들은 軍 간부 경력을 필수로 인정하고 있음은 일반적인 사실이다. 만약 지원자가 합격한다면, 군인으로서 생활한다는 의미가 무엇이라고 생각하는지 발표하시오.

<비슷하거나 같은 유형의 문제 참고하기>

① 대한민국 국군은 창설이래, 정상적인 군사력을 갖추기도 전에 많은 것이 부족한 가운데 6·25전쟁을 맞아 위기에 직면하였으나, 이를 극복하고 지금의 현대화, 과학화된 장비와 무기체계를 구축한 강군으로 태어났다. 이러한 시련을 극복한 군의 일원으로서 당신은 어떤 장교가 되고 싶은지 발표하시오.

② 알프레드 노벨56)은 다이너마이트를 발명하여 많은 부(富)를 축적하였으나, 1888년 루드비그 노벨이 사망하자, 그를 더 유명한 형제와 혼동한 프랑스의 한 신문이 "죽음의 상인, 사망하다"라는 표제 하에 "사람을 더 많이 더 빨리 죽이는 방법을 개발해서 부자가 된 인물"이라고 폄하하는 부고 기사를 게재했다. 확인된 바는 없으나, 노벨이 이를 보고 깜짝 놀라 속죄의 마음으로 재산을 기부하였다고 한다. 인간은 누구나 가치 있는 삶을 살고자 노력한다고 하는데 지원자는 '군인으로서의 가치 있는 삶'이란 무엇이라고 생각하는지 발표하시오.

③ 대한민국 국군은 의병, 독립군, 광복군을 계승하고 있다고 볼 수 있다. 독립군은 일제 강점기 일제에 맞서 싸웠던 군인들을 말하고, 이 기간에 임시정부 때 창설된 군대를 광복군이라고 한다. 독립군은 1910년 일제의 한반도 강제 점령 이후 주로 만주와 연해주 지역에서 조직되었고, 대한독립단, 서로군정서, 북로군정서 등 수많은 독립군 부대들이 무장투쟁을 하였다. 또한, 광복군은 신흥무관학교 출신, 임시정부 정규군, 조선 의용대 등이 모두 모여 한마음 한뜻으로 일제에 대항하고자 했다. 독립군과 광복군의 투지를 계승해야 할 군인이라는 길을 선택한 지원자의 각오를 간략하게 발표하시오.

---

56) 노벨의 유언장 '안전한 유가증권에 투자된 재산으로 기금을 만들고, 거기에서 나오는 이자는 매년 인류에게 가장 큰 공헌을 한 사람들에게 상금으로 수여한다. 이자는 모두 5 등분해서 물리학, 화학, 생리학/의학, 문학, 평화 분야의 수상자에게 각각 분배하며, 수상자는 국적을 고려하여서는 안 된다.' 그 유명한 노벨상은 이렇게 해서 1901년 탄생했다. 경제학상은 스웨덴 중앙은행의 기부금으로 1976년 조성되었으며, 노벨의 유언에는 포함되어 있지 않다.

* 군 간부에 있어서 일차적인 가치는 국가수호라는 막중한 책임감을 인식하는 것이며, 인격 수양을 위해 노력함과 동시에 임무 수행을 위해 리더십을 발휘하며, 개인의 역량개발에도 노력하여야 한다.

① 소크라테스는 '그저 사는 것이 아니라 잘 사는 것'을 관철하기 위해 노력하였다. '어떻게 살아갈 것인가?'에 대한 물음이 장교로서의 길을 선택하였지 않나 싶다. 본능적인 욕구의 충족과 만족을 위해 향락을 추구하는 삶보다는 '국가수호'라는 의미있는 가치를 우선으로 선택한 것이다. 몽테뉴는 수상록에서 "어디에서 죽음이 기다리고 있는지 모르며, 죽음에 대한 배움과 깨달음은 굴종(屈從, submission)을 잊고, 온갖 예속과 구속에서 우리를 해방한다."라며 인간답게 사는 것의 출발을 강조했다.

② 부하들의 마음을 움직여 자발적으로 복종하고 헌신을 이끌기 위해서는 마음에서 우러나는 신뢰와 존경을 받아야 한다. 이를 위해서는 스스로 절대적인 도덕성을 바탕으로 하여야 하고, 장교는 먼저 도덕성을 갖춘 인격자가 되기 위해 노력하여야 한다.

③ 대한민국 국군의 정신적 뿌리: 국군이 계승하고 있는 독립군과 광복군은 항일 독립정신을 바탕으로 가열한 항일무장투쟁을 전개했다는 빛나는 역사를 갖고 있다. 구한말 의병투쟁을 취재한 영국 기자 매켄지(F. A. McKenzie)에 따르면, "낡아 쓸모가 없는 총과 화약이 떨어져 가는 열악한 상황 속에서도 왜 싸우느냐?"라는 질문을 하자 "일본을 이기기는 힘들다는 것을 알지만, 노예가 되어 사느니 차라리 자유민으로 죽는 것이 훨씬 낫기 때문에 싸운다."라고 하였다. 민족의 자주성 회복과 자유 수호 의지를 보여주는 민족적 투지와 저력이 잘 나타나 있다.

자유를 위한 한국의 투쟁 (런던 데일리메일 기자 매켄지)

조선 의병 6명이 휴대한 소총은 다른 종류였고, 성한 것이 하나도 없었다. 다행히도 그날 아침 일본군 4명을 사살하는 전과를 얻었지만, 의병 2명 전사에 부상 3명의 피해가 났다. 그러함에도 쫓기는 상황이었다. 의병들은 대단히 용감하였지만, 총은 낡아서 쓸모가 없었고 화약은 거의 떨어져 가고 있었다. 그러면서도 왜 싸우느냐는 질문에 '일본을 이기기 힘들다는 것을 알지만 노예가 되어 사느니 차라리 자유민으로 죽는 것이 훨씬 낫기 때문'에 싸운다는 것이었다

군인으로 살아간다는 것은! (前 국방대학교 총장 김○○ 장군의 글 가운데)

군 복무는 상당히 독특한 전문직에 종사하는 것, 법으로 싸울 것이 요구되고, 한계의 끝까지 힘들게 일해야 하며, 위험에 연루되지 않을 수 없고, 항상 시간에 쫓긴다. 군 복무는 위험성, 옮겨 다니는 생활, 업무환경, 초과근무, 가족과의 생이별, 보직 이동, 포기할 수 없는 과업, 전쟁과 평화를 다루는 막중한 책임감, 생명의 헌신 등 사회직업과는 비교할 수 없다. 군 복무는 직업이 아니라 군을 선택한 사람의 인생 자체이다. 가치관이 필요한 이유는 임무의 특수·차별성 때문이다. 군인은 생명을 담보로 헌신해야 하기에 자신이 "먹고살기 위한 직업" 이상의 것을 추구하는 신념, 그 삶 자체가 주어진 소명이라는 인식이 필요하며, 행동으로 발현되기 위한 가치관을 가져야 할 것이다.

구 분	주요 내용
긍정요소(☺)	"먹고살기 위한 직업"이기 보다 자기희생적인 자세 등 삶에 대한 가치 기준을 먼저 정립, 독립군과 광복군의 항일독립운동을 계승한 국군의 구성원으로서의 자세 제시
부정요소(😠)	자기계발과 미래를 위한 과정상의 직업, 군 간부에 대한 이해 부족 등

Key-word: 국가수호를 위한 자기희생(목숨 담보), 진정한 리더십 발휘를 위한 높은 수준의 도덕성을 갖추기 위한 개인의 자세와 노력 설명
  * '군인으로 살아간다는 것'과 '자유를 위한 한국의 투쟁'을 읽고 이에 대한 지원자의 소감 발표

<답안 만들기>

2-29. 2002년 제2연평해전[57] 당시 북한 경비정의 대전차 로켓과 함포에 의한 기습사격으로 아군의 함정에 총탄이 빗발치고 있었다. 이러한 위기의 순간에 끝까지 함정에서 생사고락을 함께 한 장병들이 있다. 정장(艇長)인 윤영하 소령과 숨을 거두는 순간까지 조타기를 잡고 함정과 운명을 함께한 한상국 상사, 발칸포 사격을 멈추지 않았던 조천형·황도현 중사, 후갑판에서 M60기관총 사수로 응전하다가 적탄에 전사한 서후원 중사가 이들이다. 또한, 2015년 북한의 DMZ 목함지뢰 도발 시[58] 위험을 무릅쓰고 동료를 후송하던 중 다친 김정원 하사 등을 비롯한 대한민국의 자랑스러운 용사들은 목숨이 위태로운 긴박한 상황 가운데서도 죽음을 두려워하지 않고 적과 맞서 싸웠다. 대한민국의 젊은 청년들이 도망치지 않고 적과 맞서 싸워 이길 수 있었던 이유에 대하여 지원자의 생각을 발표하시오.

* '임전무퇴(臨戰無退)'는 '전투에 돌입하면 죽기를 각오하고 싸워 물러서지 않는다는 신념과 태도'를 의미한다. 연평해전이 발생했을 때 북한군과의 교전에서 단 한 치의 물러섬도 없이 대응할 수 있었던 것은 임전무퇴의 정신을 갖고 있었기 때문이다. 이는 물러서지 않고 국가에 헌신하겠다는 '책임완수 정신'으로도 볼 수 있다. 군인은 자신에게 주어진 임무를 책임지고 완수하기 위해 자신의 생명을 담보로 하여 싸우겠다는 결전(決戰)의 의지가 있어야 하며, 어떤 희생을 치르더라도 임무를 완수하고야 말겠다는 투철한 '책임의식'의 발현으로 이해하면 될 듯싶다.

---

[57] 2002년 월드컵 축구대회에 우리나라가 사상 최초로 4강에 진출하여 터키와 3·4위 결정전을 앞둔 6월 29일 북한 대형 경비정 684호가 서해북방한계선(NLL)을 침범하자 이를 방지하기 위해 차단 기동작전 중이던 아군 고속정 357호정이 북한군의 기습공격으로 아군 6명 사망, 19명 부상, 고속정 1척이 침몰하는 피해가 발생한 해전이다.

[58] 2015년 8월 4일 경기도 파주 우리 측 비무장지대(DMZ)에 매설된 지뢰가 폭발하면서 우리 軍의 부사관 2명이 각각 다리와 발목이 절단되는 중상을 입은 사고이다. 당시 매설된 목함지뢰로 인해 통문을 지나려던 하모(21) 하사가 두 다리를 잘렸고, 하 하사를 구해 후송하려던 김정원(23) 하사도 지뢰를 밟아 오른쪽 발목을 잃었다. 이후 군 합동조사단이 현장에서 수거한 폭발물 잔해에 대한 정밀 조사를 한 결과 북한군이 군사분계선을 넘어와 목함지뢰를 매설한 것으로 판명되었다.

구 분	주요 내용
긍정요소(☺)	제2차 연평해전 및 북한의 DMZ 목함지뢰 사건에 대한 정확한 이해와, 젊은 용사들의 임전무퇴 및 책임완수 정신에 대한 의견 제시
부정요소(😠)	북한의 도발 내용 설명 부족, 아군의 NLL침범 및 아군 지뢰에 의한 사고로 설명한 북한군 주장 동조

Key-word: 제2연평해전, 북한군 DNZ 목함지뢰 도발, 임전무퇴의 기상, 헌신적인 책임완수 정신과 자신이 각오를 정리하여 설명

<답안 만들기>

2-30. 2010년 발생한 북한군과의 연평도 포격전[59] 당시 철모가 불에 타 녹는 줄도 모르고 북한군 포병 진지를 향해 대응 포격을 하였던 임준영 상병의 군인정신이 해병대원들 사이에 화제가 되었다. "화염과 굉음 속에서도 적에게 즉각 대응해야 한다는 생각뿐이었다."라는 임 상병에게 폭발로 인한 뜨거운 화마(火魔)는 그다지 큰 문제가 되지 않았다. 하지만 북한군 포격이 빚어낸 화염은 철모 외피에 불이 붙어 타들어 갔고, 불길은 철모의 턱 끈을 타고 내려와 턱 끈과 전투복이 불길로 까맣게 그을렸지만 임 상병은 대응 사격을 하는 데만 집중하고 있었다. 임 상병은 입술 위쪽 부분(인중)에도 화상을 입었지만 "오로지 적에게 대응해야 한다는 생각뿐이었고, 어느 정도 상황이 정리되고 나니 철모와 턱 끈은 이미 타버린 상태였다."라고 당시의 긴박했던 상황을 담담하게 설명했다. 지원자가 생각하는 '군인정신'은 무엇인지에 대하여 발표하시오.

* 책임완수는 군인이 견지하여야 할 가장 궁극적인 가치이다. 전투가 벌어진 상황에서 책임완수의 정신은 결전 의지로 표출되는데, '결전 의지'는 '어떠한 희생을 치르더라도 임무를 수행하겠다는 투철한 책임의식'이 표출된 결과다. 전쟁을 준비하고, 전투를 수행하는 군인의 특성상 부여된 임무를 완수하는 데는 무한한 희생과 헌신이 뒤따라야 한다. 전투에서 책임을 다한다는 것은 자신의 목숨을 건다는 것을 의미하기 때문이다.

  책임완수의 정신은 전시뿐만 아니라, 평시에도 부대운영과 병영 생활을 하는 데 있어서 매우 중요한 가치이다. 소속된 부대가 정상적으로 운영되기 위해서는 부대원 각자가 부여된 임무를 엄정하게 수행해야 하기 때문이다. 평소에 가진 책임의식은 전투를 준비하는 교육 훈련에도 성실하게 참여하여 전투기술을 습득하게 되고 숙달한 결과는 긴박한 전투상황에서 '배운 대로 싸우고, 싸운 대로 승리한다.'라는 책임완수의 정신을 구현할 수 있게 된다.

---

[59] 북한이 2010년 11월 23일 오후 2시 34분 서해 연평도의 우리 해병대 기지와 민간인 마을에 해안포와 곡사포로 추정되는 포탄 100여 발을 발사하자 우리 군도 K-9 자주포로 대응한 포격전(砲擊戰)이다. 북한의 도발로 해병대 2명이 전사하고 16명이 중경상을 당했으며, 민간인 2명이 사망하고 10명이 부상하였다. 1953년 7월의 휴전 협정 이래 민간인을 상대로 하는 대규모 군사 공격으로 처음 발생한 사례이다. 미국의 자유아시아방송 보도내용에 의하면, 북한군은 10여 명이 사망하고 30여 명이 다친 것으로 추정되나, 지금까지 정확한 피해 규모는 밝혀진 바가 없다.

구 분	주요 내용
긍정요소(☺)	연평도 포격전 당시 북한군의 민간인(지역) 공격의 부당성과 임병장의 헌신적인 책임완수 정신을 구체화하여 제시
부정요소(☹)	전투 당시 상황을 고려하지 않은 대응사격의 지연 및 북한의 170여 발에 대비 3배의 보복공격 미실시에 대하여만 비판

Key-word: 연평도 포격전, 전·평시 책임완수의 필요성, 결전 의지와 각오
　　　＊ 희생과 헌신은 국가수호를 위한 과정이기 때문에 책임완수를 강조

<답안 만들기>

2-31. 영화 <위 워 솔저스We Were Soldiers>는 베트남 전쟁 초기 이아드랑(Ia Drang, 악마의 계곡) 전투를 기반으로 한 소설을 원작으로 제작하여 2002년에 개봉하였다. 소설의 원작자 해롤드 G. 무어(Harold G. Moore, 육군 중장으로 예편)는 대대장으로 이 전투에 참전하였다. 영화는 전장에서 싸우는 병사들과 그 병사의 귀가를 기다리는 연인이나 가족 등 인간의 심리를 자세히 묘사하고 있다. 지원자는 해롤드 G. 무어 중령의 모습을 통해 군인이 전장에서 가져야 할 자세에 대하여 발표하시오.

* 주요 줄거리: 미국은 전면전 개시에 앞서 베트남 지형을 극복하는 방안으로 공수부대(제7기병연대)를 파견하였다. 처음으로 헬기를 이용한 공수작전에 투입된 제1대대장이 할 무어 중령(멜 깁슨)으로 임무 수행 장소가 프랑스 군인들이 몰살당했던 '죽음의 협곡(악마의 계곡)'이라 불리는 사실을 알았다. 전투 경험이 전혀 없는 395명의 대대원을 이끌고 헬기 고공 침투를 시작하지만, 선발대가 모두 희생된 다음에야 월맹군 정예부대의 규모가 5배나 많다는 사실을 알게 된다. 헬기를 통해서만 외부 접촉이 가능한 험준한 협곡, 부상자들마저 전장에서 하나둘씩 목숨을 잃어가는 와중에 외부와 차단된 깊은 밤, 적진에 갇혀있는 대대원들은 두려움이 엄습해오고, 죽음의 그림자가 짙게 깔린 그곳에서는 날이 밝을 때까지 잠을 이룰 수 없다. 막강한 화력으로 무장한 월맹군 정예부대가 공포에 빠진 미군들을 포위하자 본부에서 본대 귀환 명령을 내리지만, 부하들을 남겨두고 전장을 등질 수 없었던 무어 중령은 최후의 수단으로 '브로큰 애로우(Broken Arrow)'[60]를 외친다. 공군의 지상 폭격으로 월맹군의 공격로는 봉쇄되었지만, 미군도 화염에 희생된다. 전세(戰勢)는 점차 미군에 유리해지기 시작하였다. 월맹군 작전을 간파하고 교란하는 데 성공한 무어 중령은 최후의 반격을 준비하며 마지막으로 작전 지시를 내린다. 그는 자신의 목숨조차 장담하지 못하는 가운데서 다시 한번 다짐한다. "이들이 살았건, 죽었건 내 뒤에는 아무도 홀로 남겨두지 않을 것이다."라고 말이다.

* 전투상황의 특수성: 공포로 인하여 이성을 상실하고 심할 경우 통제가 불가능할 정도로 심할 경우 손이 떨려 탄창조차 끼우지 못하는 상황이 당연히 발생한다. 더 심할 경우 주변이 보이지 않거나 거리 감각의 상실, 난청 및 급격한 전장 공황(panic)으로 인해 전투현장에서 도망치는 상황도 발생한다. 수면 부족과 생리적 현상의 조절능력

---

60) '브로큰 애로우(Broken Arrow)'는 '아군의 진지나 거점이 적에게 완전히 포위당해 온전히 빠져나갈 수 없는 상황으로 부대가 궤멸당할 위협에 처해 있기에 아군의 피해는 염려하지 말고 포격하라!'라는 의미이다. '진내(陣內) 사격'이나 '적과 같이 동귀어진'으로 잘못 인식하고 있는데 적에게 포위된 상황만을 나타내고, 진내 사격을 반드시 포함하지는 않는다.

이 상실되고 오발 사격, 적과 대치하는 상황이 발생 시 적을 쏘아야 하는가? 라는 망설임도 큰 문제로 나타날 수 있다. 따라서 평소 훈련을 통하여 사격이 몸에 배게 하고, 적에 사격한다는 결의를 마음속으로 다짐함은 물론 교전 중에 발생한 부상에도 포기하지 않겠다는 대응 사격 자세가 중요하다.

구 분	주요 내용
긍정요소(☺)	영화에서 본 전투상황의 특수성(공포, 동료애, 지휘관의 냉철한 판단 등)과 극복 방법을 알고, 평소 교육 훈련의 중요성을 제시
부정요소(☹)	해당 영화를 관람하지 않았다고, 답변에 전혀 응하지 않음

Key-word: 위 워 솔저스, 전쟁 공포, 수면 부족, 브로큰 애로우, 전장 리더십
  * 해당 영화를 관람하지 않았더라도 다른 유사한 전쟁영화(시대 상관없음)에서 지원자가 느낀 전투상황을 심리·신체적 관점에서 정리

<답안 만들기>

2-32. 안중근 의사는 '위국헌신 군인본분(爲國獻身 軍人本分)'이라는 유묵으로 '군인의 본분은 나라와 민족을 위한 무한한 헌신'에 있음을 강조하였다. 군인은 자신을 희생[61]해서라도 반드시 부여된 임무를 수행해야 한다는 의미로서 이러한 희생과 헌신이야말로 군대 만의 특성이라고 볼 수 있다. 이에 대한 지원자의 생각을 발표하시오

구 분	주요 내용
긍정요소(☺)	군대의 특성을 이해하고, 군인에게 있어서 헌신과 희생이 어떤 의미인지에 관하여 지원자의 생각을 솔직하게 제시
부정요소(☹)	목숨을 걸고 전투에 임하는 군대의 특성에 대한 이해가 없이 일반적인 의미에서의 헌신과 희생을 단순히 설명

Key-word: '위국헌신 군인본분'은 단순한 희생만을 강조하는 것이 아니라, 국가와 민족을 지키는 임무를 목숨 바쳐 수행해내야 하는 임무완수가 중요
 * 내가 지키고자 하는 가치관과 지향점, 국가, 사회, 가족을 위한 고귀한 희생이며, 헌신이라는 측면에서 접근

<답안 만들기>

---

61) 목숨을 건 전투를 수행해야 하는 軍의 특성상 임무를 완수하기 위해서는 무한한 희생과 헌신이 요구된다. '희생정신'은 '남을 위하여 자신의 목숨이나 재물, 명예, 권리, 자유 따위를 바치는 정신'으로 여기서는 장교단의 구성원으로서 국가(국민)를 위해 목숨을 바쳐 헌신하겠다는 사명감과 소명의식(calling)을 포함하고 있다고 이해하면 좋을 듯하다.

2-33. 우리나라에는 일제의 국권침탈(1985년)에 따른 독립을 위해 헌신하고 기여한 순국선열과 애국지사가[62] 있다. 지원자가 존경하는 인물을 한 분 선정하고 그 이유를 발표하시오

구 분	주요 내용
긍정요소(☺)	독립유공자 중 순국선열과 애국지사의 차이점을 이해하고, 선정된 유공자의 인간적 측면에서 존경하는 이유를 제시
부정요소(☹)	독립운동과 관계없이 이순신 장군 등 위인을 선정하여 설명

Key-word: 독립유공자, 순국선열, 애국지사, 공훈록
  * 국가보훈처 홈페이지(https://e-gonghun.mpva.go.kr)에 접속하여 독립유공자를 확인하고, 자신이 존경하는 인물과 세부 공적 내용 중 가장 인상 깊거나, 자신에게 많은 영향을 준 내용을 중심으로 정리

<답안 만들기>

---

[62] 일제의 국권침탈 전후로부터 1945년 8월 14일까지 국내외에서 일제의 국권침탈을 반대하거나 독립운동을 하기 위하여 항거하다가 그 항거로 인하여 순국한 분으로서 그 공로로 건국훈장·건국포장 또는 대통령 표창 수상자는 순국선열, 항거한 사실이 있는 분으로 같은 훈·포장 및 표창장을 받은 분은 애국지사로 구분한다. 현재 총 16,685명이 해당하며, 국가보훈처에서는 개인별 공훈록을 공개하고, 매월 이달의 독립유공자를 선정하여 그 뜻을 기리고 있다.

2-34. 국군은 6·25전쟁 이후 전후(戰後) 복구를 위한 노력과 국가를 발전시키는 과정에서 자유민주주의와 시장 경제 체제를 유지하면서 우수 인재를 양성 및 공급하는 역할을 담당하였다. 특히 베트남 전쟁에 파병[63]하는 등을 통하여 전력증강과 경제개발을 위한 차관(借款)을 확보하여 군수품을 수출하게 되었다. 건설업체는 해외로 진출하여 외화(外貨) 획득, 파병 군인들의 송금, 미국과의 정치·군사적 동맹 관계를 강화하는 데 기여하였다. 국가발전을 위하여 軍이 해야 할 역할에 대하여 발표하시오

* 국민의 생명과 재산, 자유를 수호하는 것이 국가의 존재 의의라고 할 때 국가를 외부 침략과 무력수단의 위협으로부터 지키는 것은 국군의 기본적인 역할이다. 이러한 역할은 크게 세 가지로 정리할 수 있다.

① '전쟁을 억제하는 역할'이다. 현실적으로 북한이 도발할 경우 그 이상의 대가를 치를 수 있음을 인식시킴으로써 전쟁을 억제[64]하여야 한다. 한 마디로 싸우지 않고 이기는 것이다(잠수함 건조, 경(輕)함모 도입의 추진, 미사일 사거리의 연장, 韓·美 연합 훈련 등).

② '전쟁 억제가 실패할 경우 국가를 수호'하는 역할이다. 대한민국의 존립을 위태롭게 하거나, 국익에 커다란 위협이 되는 경우, 이를 격퇴(격멸)하는 것이다. UN 헌장에도 적의 무력공격에 대해서는 모든 국가가 개별적 또는 집단적인 자위권[65]을 행사할 수 있도록 인정하고 있다(연평해전, 베트남 전쟁 및 이라크 전쟁 참여 등).

③ '국가에 재해·재난 상황이 발생 시 정부 기관이나 민간을 지원하고, 국외에서는 평화작전을 수행하는 역할'이다. 각종 수해복구에 대한 적극적인 지원, 선박침몰 구조, 철도파업 등의 정부 기간산업 마비 해소를 위한 지원, 코로나19 백신 수송 등 대규모 재난 상황에서 軍 장비와 물자, 병력을 지원한다. 특히 평시 軍의 역할이 중요시되면서 「국방 재난관리 훈령(2021.3.5.)」도 구체적으로 개정하고 있다.

---

[63] 베트남 파병은 국군의 전력증강과 경제개발을 위한 차관 확보, 파병 군인들이 고국으로 송금함으로써 경제성장을 위한 투자자본의 확보, 군수품 수출, 건설업체의 베트남 진출 등으로 인한 외화 획득의 증대 효과, 혈맹으로 이어지는 미국과의 정치·군사적 동맹 관계를 강화할 수 있었다.

[64] '억제(抑制, inhibition)'는 '전쟁을 하지 않고 상대방을 굴복시키는 것'이다. '부전승(不戰勝) 사상'과도 같은 의미로 해석하면 될 듯싶다.

[65] '자위권(自衛權, right of self-defense)'은 '외국으로부터의 침해에 대하여 자국의 권리와 이익을 방위(防衛)하는 데 필요하다고 인정되는 조치를 할 수 있는 권리이다. 그러나 필요한 한도 범위 내에서만 가능하며, 이를 넘어서는 과잉방위는 위법으로 인정받고 있다.

구 분	주요 내용
긍정요소(☺)	국가를 방위하는 강력한 무력수단(군사력)으로써의 기본역할을 우선하되, 평상시 재해·재난에 참여한 사례를 포함하여 제시
부정요소(☹)	군사적 측면의 중요성은 배제하고 평상시 활동만 강조

Key-word: 전쟁을 억제하는 수단, 강력한 군사력으로 적의 무력공격에 대응, 국가 재해·재난 상황 발생 시 지원
  * 국군에 해당하는 3가지 역할을 대표적인 사례로 들어 정리

<답안 만들기>

2-35. 우리나라는 6·25전쟁으로 인하여 256만여 명의 인명피해와 10만여 명의 전쟁고아가 발생하였다. 당시 1인당 국민소득은 67달러에 불과할 정도로 빈곤하였다. 이후 세계 각국의 원조를 바탕으로 경제발전에 노력한 결과 2020년 국제통화기금(IMF)이 발표한 세계 경제 규모 순위에서 1조 5,867억 달러로 세계 10위권에 이르는 경제 대국으로 성장하였다. 대한민국이 우방국의 지원으로 현재의 경제발전을 이룩하여 자랑스러운 국제사회의 일원이 되었다. 軍의 역할이 무엇인지를 발표하시오.

> <비슷하거나 같은 유형의 문제 참고하기>
> 대한민국 국군은 6·25전쟁으로 국토가 황폐화하였고, 케냐보다 못한 가난한 시절을 지나 이제는 지금까지 28개국 4만 9,000여 명의 파병으로 국제평화 유지 활동에 기여하고 있다. 국군이 국제평화 유지에 기여하기 위하여 할 수 있는 활동은 무엇이 있는지를 사례를 들고 설명하시오.

* 2020년 현재 UN 운영을 위한 한국의 예산 지원율은 11위로서 1993년 소말리아에 공병부대의 파병을 시작으로 580명이 5개 유엔평화유지군(PKO)에서 UN의 평화유지 활동66)에 참여하고 있다. 동명부대(레바논)는 2007년 파병되어 현재 280명을 운용 중이며, 군사작전뿐만 아니라 각종 인도적 지원 활동으로 가장 성공적인 해외 파병 사례로 평가받고 있다. 2013년 파병된 한빛부대(남수단)는 사회간접자본의 재건과 인도적 지원 활동을 하고 있다. 또한, 인도·파키스탄, 남수단, 서부 사하라 등의 UN 임무단에서 옵서버67) 및 참모장교로 임무를 수행하고 있다.

2009년부터 다국적군의 평화 활동68)에 동참하여 한국 선박들을 해적으로부터 보호하기 위해 청해부대를 소말리아 해역에 파견하였다. 2011년 '아덴만 여명작전'을 실시하였으며, 2010년 파병되어 2014년 철수한 오쉬노 부대는 아프가니스탄 지역의 재건과 경계 및 경호, 정찰 임무를 성공적으로 수행함으로써 한국군의 위상을 드높였다.

해외파병을 통하여 한국군은 '다국적군의 왕', '신이 내린 선물', '민사작전의 모델'이라는 평가로 국제적 위상을 드높였으며, 재외국민의 안전보장과 파병(派兵) 국가 간 긴밀한 유대강화로 국익을 창출하는 데 도움이 되었다. 또한, 다양한 지역과 상황에서의 실전경험은 우리 軍의 임무 수행 능력을 향상하는 계기가 되었다.

---

66) '유엔평화유지활동(PKO-Peacekeeping Operation)'은 '적대행위가 종식되어 평화회복 과정에 있는 국가에서 이루어지는 정전감시, 무장해제, 분쟁 재발 방지, 치안 유지, 전후복구 등을 위한 UN 주도의 국제평화와 안전 유지를 위한 활동'을 의미하고 있다.
67) '옵서버(Observer)'는 '현지 임무단의 통제하에 정전협정 위반 여부를 감시하고 순찰, 조사보고 및 중재를 맡는 역할'을 의미하고 있다.
68) '다국적군 평화 활동'은 안보리 결의나 국제사회의 지지와 결의에 근거하여 '지역 안보기구 또는 특정 국가 주도로 다국적군을 편성하여 분쟁 해결, 평화 정착, 재건지원 등의 활동을 하는 전반(全般)'을 의미하고 있다.

* PKO와 다국적군 평화활동 비교

구 분	UN평화유지활동(PKO)	다국적군 평화활동
주 체	UN이 직접 주도	지역 안보기구/특정 일부 국가
지휘통제	UN사무총장이 임명 (평화유지군 사령관)	다국적국가에서 협의 (다국적군 사령관)
경비부담	UN	참여 국가
사 례	동명부대(레바논), 상록수부대(동티모르), 한빛부대(남수단)	자이툰사단(이라크), 오쉬노부대(아프가니스탄), 청해부대(소말리아)

구 분	주요 내용
긍정요소(☺)	해외 파병의 종류인 PKO와 다국적군 평화 활동의 정확한 구분과 사례, 국제사회에 기여하고 있는 軍의 활동상을 제시
부정요소(😠)	군과 관계없는 우리나라의 대외활동 설명, PKO 활동에 대한 구체적인 내용의 이해가 부족

Key-word: 유엔평화유지활동(PKO), 다국적군 평화활동, 동명·청해부대, 해외파병의 효과 3가지, 정전감시, 무장해제, 분쟁 재발 방지, 치안 유지, 전후복구

<답안 만들기>

2-36. 한글은 1443년 창제되어 1446년 반포되었다. 창제 정신이 '자주, 애민(愛民), 실용'에 있다는 점에서 뛰어난 문자로 평가받고 있으며, 유네스코(UNESCO)는 매년 문맹 퇴치에 기여한 사람에게 '세종대왕 문맹 퇴치상'(King Sejong Literacy Prize)[69]을 수여하고 있다. 한글은 제작 원리의 독창성과 과학성이 뛰어난 문자다. 지원자가 한글의 우수성과 필요성을 느꼈던 사례를 들고, 아름다운 한글을 지키기 위해 할 수 있는 일은 무엇인지를 발표하시오

* 한글은 우리 언어를 마음대로 표현할 수 있는 장점이 있는데, 자음은 입의 모양을 본떠 'ㄱ, ㄴ, ㅁ, ㅅ, ㅇ'을 만들고 여기에 획을 더하거나 글자를 겹쳐 사용해 나머지 글자를 표현하고, 모음은 천지인의 3개 기호(·, ㅡ, ㅣ)를 조합하여 표현할 수 있다. 현재의 IT 강국으로 인정받는 데는 조합형인 한글의 우수성이 일정 부분 이바지했다고 볼 수 있다.

  또한, 같은 언어와 문자사용 등의 문화창작 활동을 통하여 민족의 일체감과 자긍심을 높이는 계기가 되었다. 낮은 문맹률은 국가건설의 기초가 되었으며, 문자 생활을 바탕으로 주변 국가와 경계를 이루어 독립을 유지할 수 있는 밑거름이 되었다.

① 2019년 미국 캘리포니아주에서 사상 최초로 한글날인 10월 9일을 '캘리포니아 한글의 날'로 기념하는 결의안 만장일치 통과

② 2009년 인도네시아 찌아찌아족(인구 7만여 명)이 자신들의 언어를 기록할 문자가 없었지만, 부족장 회의 후 한글을 부족 문자로 도입할 것을 결정하였다. 이후 매년 300여 명씩 3,000여 명에게 교육을 진행하고 있다.

③ 한국어를 대학입시에서 제2외국어로 채택한 나라가 1994년 호주, 1997년 미국, 2002년 일본, 2017년 프랑스, 2018년 태국으로 증가하고 있다. 프랑스는 한국문화에 대한 많은 관심을 두고 한국어를 외국어 교육에 추가시켰다. 현재 34개 초·중·고등학교에서 약 3,500여 명이 한국어를 배우고 있다.

④ 한글은 띄어쓰기가 발달한 언어지만 띄어쓰기를 하지 않아도 읽을 수 있다. '13인의 아해가도로로질주하지아니하여도좋소' (이상, 오감도)

---

[69] '세종대왕 문맹 퇴치상(King Sejong Literacy Prize)'은 1989년 6월 한글 창제에 담긴 숭고한 세종대왕의 정신을 기리고, 전 세계에서 문맹을 퇴치하기 위하여 헌신하는 개인, 단체, 기관들의 노력을 격려하고 그 정신을 드높이기 위해 제정되었다. 1990년에 인도 과학 대중화 단체에 처음으로 수여하였다. 수상자에게는 소정의 상장과 메달, 일정 상금(38,000$)을 수여하고 있다.

구 분	주요 내용
긍정요소(☺)	한글의 창제 정신과 모음, 자음 사용의 독창성과 과학성 설명, 국내외 구체적 사례와 지원자의 생각 제시
부정요소(😡)	구체적 내용은 제시하지 않고 우수하다고만 주장을 반복, 한글은 복잡하고, 표현하는 방법이 다양하여 컴퓨터 언어로 부적합하다는 부정적 사고가 존재

Key-word: '세종대왕 문맹퇴치상' '이상의 오감도: 띄어쓰기 없어도 이해'
　　　* 지원자가 실생활에서 한글사용의 실천이 가능한 내용을 포함(바른말 쓰기, 순 한글 시(詩) 작성하기, 아름다운 한글문학 및 공연내용 카톡 공유하기 등

<답안 만들기>

2-37. 6·25 전쟁 당시 공군 제10전투비행단장 故 김영환 장군은 가야산에 숨어든 무장공비를 토벌하기 위하여 합천 해인사를 폭격하라는 상부(上部)의 명령을 어기고 해인사와 팔만대장경을 지켜냈다. 이는 "공비의 소탕도 중요하지만 소중한 우리의 문화유산을 불태울 수 없다." 라는 판단에서 자신이 지휘관으로 모든 책임을 지겠다며 해인사와 팔만대장경[70] 수호를 선택하였다. 이처럼 우리나라의 전통을 계승하여 역사문화와 유산을 보존하고, 가꾸어야 하는 이유에 대한 지원자의 생각을 발표하시오.

* 문화재는 정신적 가치와 시각·음향적으로 표현하는 심미적 가치가 독특하고 주체성을 보존하는 중요한 매체이다. 따라서 문화재는 넓은 의미에서 물질적인 것을 말하는 것뿐만 아니라 구전·음악·인종학적인 유산·민속·법·습관·생활 양식 등의 본질을 표현하는 포괄적인 의미가 있기에 '문화유산'으로 표현하고 있다. 우리 민족은 오랜 기간 독자적인 문화를 유지함은 물론, 주변 지역의 문화도 적극적으로 수용하여 새로운 문화를 창조하였다. 그 결과 정치적 독립과 문화적인 정체성을 유지할 수 있었다.

  문화의 우수성은 유네스코의 세계문화유산[71] 및 세계기록유산[72] 등록을 통해 찾아볼 수 있다. 문화유산은 삶의 뿌리이자 창의성의 원천이며 인류의 자산이다. 또한, 과거와 현재를 이어주는 고리이며 미래를 열어주는 값진 자산이자 민족의 혼과 얼이 담긴 귀중한 유산이다. 문화유산은 우리 조상들이 걸어온 삶의 흔적과 기억을 담아낸 역사의 산물로써 겨레의 정체성을 확립하는 데 중요하며, 미래세대에 전달되어야 할 귀중한 자산이기도 하다. 또한, 과거의 생활 방식, 전통, 삶의 지혜와 멋, 신앙과 종교 생활, 학문과 산업 발달의 모습 등을 이해하고 소통할 수 있는 유일한 창구로서 이를 통해 조상들의 모습을 알 수 있기 때문이다.

---

70) 해인사 장경판전(국보 제52호)과 팔만대장경(국보 제32호)은 세계문화유산과 세계기록 유산으로 유네스코에 등재되었으며, 김 장군은 비행 훈련 중 실종되어 34세에 순직하였으며, 해인사에서는 사찰 입구에 공적비를 건립하고 추모제를 거행하고 있다.
71) 세계문화유산은 인류 전체를 위해 보호되어야 할 현저한 보편가치가 있다고 인정되어 등록된 문화재를 말한다. 우리나라는 석굴암과 불국사, 해인사 장경판전, 종묘, 창덕궁, 수원 화성, 고창 고인돌 유적, 경주 역사유적지구, 조선 왕릉 40기, 하회마을, 남한산성, 백제 역사유적지구, 소수서원 등 한국의 서원 9곳을 포함하여 총 13개의 문화유산을 보유하고 있다.
72) 세계기록유산은 세계의 귀중한 기록물을 보존 및 활용하기 위하여 선정한 문화유산이다. 우리나라는 훈민정음, 조선왕조실록, 승정원일기, 조선왕조의 의궤, 해인사 대장경판, 동의보감, 일성록, 5.18민주화운동 기록물, 난중일기, 새마을운동 기록물 등 총 16개를 보유하고 있다.

구 분	주요 내용
긍정요소(☺)	문화유산의 개념이해, 대한민국의 국가 정체성을 확립하는 기반 타 국가의 역사 왜곡에 대항 할수 있는 확실한 근거, 생활 인근의 문화유산 체험 및 관람 경험과 의미를 간략하게 제시
부정요소(😠)	문화유산과 대한민국, 한민족의 정체성의 연계한 이해 부족, 문화유산 체험 및 개인적 의미에 대한 부여 노력이 미흡

Key-word: 세계문화유산, 세계기록유산, 문화재, 문화유산 개념 이해
  * 과거와 현재를 이어주고, 미래를 열어주는 대체 불가능한 유일한 존재로, 문화유산과 연계된 국민감정의 일체화는 높은 자긍심과 창의성 개발의 원천

<답안 만들기>

2-38. '한류(韓流) 열풍'[73]은 한국문화에 대한 선호현상을 포괄적으로 나타내는 용어다. 대표적으로 2002년도에 일본 NHK에 방영된 드라마 '겨울연가'를 통해 중국, 타이완, 홍콩 등지에서 한국 연예인이 최고의 대우를 받을 정도로 한국의 영상·음악 문화는 동남아 지역에서 커다란 반향(反響, reverberation)을 불러왔다. 특히 한국에 대한 인식의 전환은 한·일 교류에도 커다란 영향력을 미쳤다. 지원자는 한류의 파급효과에 대하여 발표하시오

* 한류의 파급효과: 경제·문화·사회·정치적 효과, 관광 측면의 효과
① 경제적 효과: 문화 콘텐츠(드라마, 음반, 영화, 애니메이션, 캐릭터 등) 수출 확대와 국내 브랜드(핸드폰, 자동차, 가전제품 등) 해외 인지도 상승 및 판매 증가, 해외 관광객 방한 증가, 국가간 경제교류 활성화 등 직접적인 효과와 국가 이미지 제고, 국가간 상호이해증진, 문화 컨텐츠 산업의 선진국으로서 위상 제고, 한국제품 선호도 상승 및 상품광고 역할 등 간접적인 효과가 발생하였다.
② 문화·사회적 효과: 동·남·북 아시아권에서 새로운 문화 흐름의 선두주자로서 위상을 굳히고, 문화 전파로 한국문화의 우수성을 널리 알리게 되었으며, 국민이 국내 문화자원에 대한 자부심과 애착을 갖게 함으로써 내부화합을 위한 강력한 단결을 유도하였다.
③ 정치적 효과: 중국인들에게 한국문화에 대한 긍정적 이미지를 갖게 함으로써 한국을 조금 더 이해하고, 호감을 느끼게 함으로써 양국 간 외교에 긍정적인 영향을 끼쳤다.
④ 관광 측면의 효과: 한국 대중문화를 한국에서 직접 경험하고 또 드라마 등 대중문화의 촬영지 및 배우, 가수 등 한류스타를 만나기 위해 방한함으로써 관광 수요가 확대되고, 새로운 형태의 관광상품 및 신규 관광코스 개발에 기여하고 있다.
⑤ 한류가 일시적인 유행이 아니라 세계 문화를 주도하는 흐름으로 자리 잡기 위해서는 전통문화를 계승하고, 다른 문화의 좋은 점을 편견 없이 받아들여 우리의 것으로 발전시키려는 적극적인 노력이 필요하다.

---

[73] '한류(韓流)'는 '한국의 대중문화, 즉 한국에서 제작된 영화, 방송, 음악, 패션 등이 해외에서 인기리에 소비되는 문화적 현상'을 의미하고 있다. 넓은 의미로는 의·식·주 등 한국문화 전반을 의미하기도 하지만, 한국 대중문화 콘텐츠의 해외소비를 지칭하는 경우가 많다. 최근에는 한류로 인한 파생 효과 또는 새로운 분야나 지역에서 발생하는 한류의 현상을 신한류(新韓流)라고 부르기도 한다. 한류라는 단어가 처음 공식적으로 사용된 시기는 1999년 대한민국 문화관광부에서 대중음악의 해외 홍보를 위해<韓流-Song from Korea>로 음반을 제작한 이후였다.

구 분	주요 내용
긍정요소(☺)	한류에 대한 정확한 용어 이해, 분야별 파급효과를 설명하되, 향후 지속적인 유지를 위한 우리의 자세 제시
부정요소(😠)	한류를 방송(드라마), 영화, 노래 등으로만 한정하여 설명

Key-word: 겨울연가, 문화콘텐츠 개발, 경제적 효과, 한중, 한일교류 활성화, 국민적 자존심과 자국의 문화에 대한 자부심 상승 계기
　　　예) 영화 '기생충'(작품상 등 아카데미 4개부문 수상): 2,000억 원 이상 매출 예상, 짜파구리 열풍(짜파게티 매출 2배 증가), 소고기, 한우 관심 증가 등

<답안 만들기>

2-39. 과학기술의 발전에 따라 국가안보의 범주(category)와 영역(territory)은 기존의 전통적인 군사적 위협으로부터 국가를 보전하려는 '전통적 안보위협 개념'에서 2001년 9·11테러가 발생한 이후 초국가·비군사적 위협으로부터 지키는 '포괄적 안보 또는 전통·비전통적 안보위협'의 개념으로 확장하고 있다. 최근에는 '4세대 전쟁[74]'이라는 새로운 차원으로까지 전쟁의 영역이 확대 전개되면서 대비태세에도 어려움이 커지고 있다. 초국가·비군사적 위협이 무엇인지, 어떠한 것들인지에 관하여 지원자의 생각을 발표하시오

* 4세대 전쟁: 유형적인 형태의 적 군대가 아니라 정치적 의지와 지도부의 심리적 의지를 파괴하기 위한 전쟁이다. 심리전, 사이버전, 미디어전, 테러 등을 통해 사회 혼란과 공포감을 조성하여 아예 심리적 마비를 달성하려는 새로운 전쟁 양상이다.
* 초국가·비군사적 위협

① 테러리즘: 폭력의 형태가 '나 홀로형' 또는 '늑대형'으로 움직이거나, 급조폭발물(IED-Improvised explosive device) 등을 사용하여 적이나 상대편을 살해 및 사회 집단 전체를 공포에 빠뜨리는 활동이다. 특히 개인이나 비정부 행위자, 특히 이슬람국가(IS) 등과 같은 극단주의 세력의 테러 행위 등이 국제평화에 큰 위협 요인이다. 2016년 IS는 한국을 테러 대상으로 지목한 바 있다.

② 사이버 공격 위험: 정부·민간 기관의 정보시스템에 침입하여 장애 발생과 시스템을 파괴하는 사례가 빈발하고 있다. 특히 북한에 의한 코로나-19 백신·치료제를 빼내기 위한 해킹과 C4ISR 시스템에 접속하여 국가·군사 보안 관련 분야에 대한 해킹 시도, 방글라데시 중앙은행·소니픽처스·한국수력원자력·국방부에 대한 사이버 공격이 계속되고 있다. 2021년 2월 美 법무부는 각국의 은행과 기업 등에서 1조 4,000억 원을 해킹한 북한 정찰총국 소속의 해커 3명을 기소한 바 있다.

③ 신종감염병 확산과 기후변화: 에볼라 바이러스, 메르스, 지카 바이러스, 코로나19 바이러스의 확산과 사망자 증가, 국경봉쇄, 경제성장 악화 등은 감염병을 중대한 안보 위협으로 인식하게 하였다. 또한, 지구 온난화 등 기후변화로 인한 자연재해와 사회적 재난도 자주 발생하고 있는데, 이러한 현실은 국제사회의 협력이 없으면, 극복이 어려울 정도로 생존환경에 위협이 되고 있다.

---

[74] '4세대 전쟁(Fourth-generation warfare)'은 무기체계에 따라 1세대는 창, 활, 칼 등을, 2세대는 총포(銃砲) 등을, 3세대는 전투기, 전차, 잠수함 등을 사용하는 전쟁으로 요약할 수 있다. 4세대는 기습과 타격 활동을 주로 하는 게릴라전, 사이버와 해킹 등을 비롯한 사이버·정보전, 통신 교란 등의 군사·비군사적 방식과 수단을 이용하여 상대의 정치적 목적과 의도를 무력화하는 활동 및 형태를 의미하고 있다. 이는 현대전과 미래전의 특징으로도 볼 수 있다.

구 분	주요 내용
긍정요소(☺)	최근 끊임없이 자행하고 있는 북한의 불법·위법적인 해킹 사례를 상식 수준에서 간략하게 제시
부정요소(😠)	용어와 의미에 대한 이해가 부족, 북한의 사이버 공격과 대한민국의 피해와 국민의 일반적인 정서(감정)에 관한 관심이 부족

Key-word: 4세대 전쟁, 테러, 해킹, 감염병, 기후변화

* 기본적인 용어의 의미와 개념을 이해한 상태에서 언론에서 접하고 있는 사례 중 몇 가지를 대표적으로 언급한 다음 조리 있게 정리

<답안 만들기>

2-40. 2020년 7월 1일부터 일과 후 병사들의 휴대폰 사용이 전면 시행되었다. SNS를 활용한 장병 간 소통을 강화함과 동시에 사기를 높이는 목적에서 개인 정비시간에 허용하였으나, 일부는 취침 이후 모바일 게임, 유튜브에 접속하는 등 문제점도 발생하고 있다. 또한, 장병들의 두발 기준을 검토하고 있는 데 대하여 "군인은 군인다워야 한다."라며 반대하는 등 군기 이완과 신세대 병사의 정신력 약화를 우려하는 목소리가 높다. 휴대폰 사용과 두발(頭髮) 기준에 대하여 지원자의 생각을 발표하시오

* 휴대폰 사용: 개인 정비시간에 여러 곳에 분산되어 있을 때 단톡방을 활용하여 편리, 온라인 쇼핑으로 행복감 느낌, SNS 확인을 통해 함께 놀던 친구들 모임에 자신이 없는 경우를 보고 약간의 소외감을 느낌, 코로나19로 인하여 휴가를 통제하는 상황에서 위안(慰安), 하루 중 가장 기다려지는 시간이 휴대폰 사용 시간(평일 18:00~21:00, 주말 08:30~21:00), 음악을 감상하며 운동하기, 보지 못한 드라마의 시청, 연락하고 싶은 사람에게 연락 가능 등 사용 규칙만 잘 준수한다면 장점이 가득하다는 의견과 휴대폰을 사용하지 않았을 때는 주변 동료들과의 대화 및 운동시간이 많았는데, 과거가 그립다는 의견도 존재하고 있다.

* 두발 기준 통일: 병영생활 규정에 앞·윗머리 3cm, 옆·뒷머리 1cm 스포츠형 기준을 앞머리는 눈썹 위 1cm까지 오도록 하고, 윗머리는 5cm까지 기르되 옆·뒷머리와 구레나룻은 0.3~1cm로 유지하는 개선안을 검토하고 있다. 국가인권위원회에서 병사와 간부의 두발 규정 차등화가 '차별'이라는 지적에 따른 것인데, 일각에서는 군기 문란의 가능성이나, 위생문제를 우려하기도 한다. 육군에서는 방탄모와 방독면 착용이나 응급처치, 위생관리에 지장이 없는 선에서 기준을 마련할 것이라고 하고 있다.

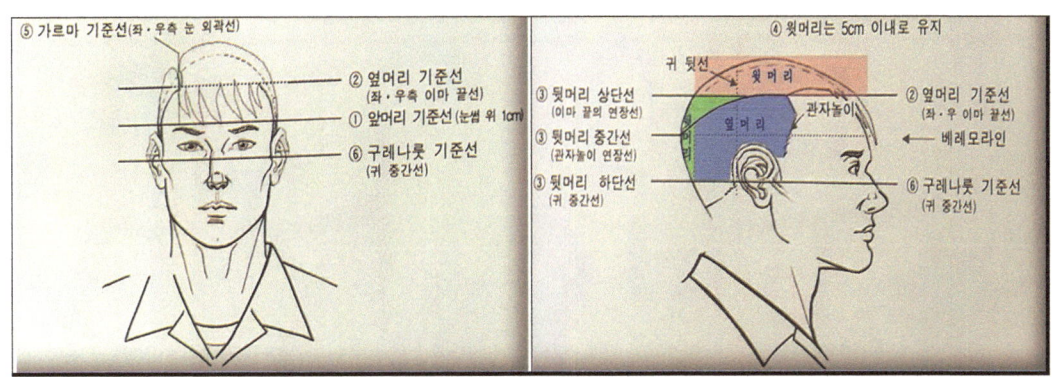

구 분	주요 내용
긍정요소(☺)	두 가지 제도 개선에 대한 근본 목적을 정확하게 인식하고, 휴대폰 사용의 장점과 단점을 해소할 수 있는 대안을 이야기하고, 두발기준 통일에 대한 자신의 의견과 이유를 합리적으로 제시
부정요소(😠)	제도에 대한 취지 이해 부족 및 시행 제도 세부내용 모름

Key-word: 병사 휴대폰 사용, 두발 기준의 통일, 장병 소통강화, 사기진작, 장병 두발 기준의 차별 해소, 단결심 함양을 위한 대안(代案)을 설명

<답안 만들기>

2-41. '제네바협약(전쟁법)'에는 민간인에 대한 어떠한 종류의 공격도 금지하고 있다. 2005년 미군 특수부대가 아프가니스탄 국경 지역에서 비밀리에 정찰 임무를 수행하던 중 3명의 염소 치기를 만났다. 특수부대원들은 이들을 돌려보내게 되면, 자신들의 위치를 탈레반에게 알려줄 위험이 있었지만 죽이지 않고, 풀어주었다. 결국, 탈레반의 공격을 받고 대원 4명 중 3명이 사망하였으며, 구조하고자 출동했던 헬기까지 격추되어 총 19명의 군인이 사망하였다. 지원자가 당시 특수부대원이었다면, 어떻게 행동하였을 것인지에 대하여 발표하시오.75)

* <전쟁법>에 의하면, 무장하지 않은 염소 치기들은 민간인 신분이기 때문에 살해해서는 안 된다. 그러나 순수한 군사적 측면에서 바라본다면, 옳은 결정은 아닌 것으로 보인다. 軍의 특성은 임무 수행이 우선이기 때문이다. 다만, 염소 치기들을 살해했을 경우 일어날 수 있는 미래가 확정적이지 않았기에 이러한 상황까지 명확하게 판단하여 대처하기는 당시의 상황이 매우 어려웠던 점을 간과할 수는 없다.

  따라서 먼저, 염소 치기들을 제거했다면, 특수부대원들은 늘 민간인을 죽였다는 자책감 속에 살아갈 수 있다. 결국, 합리적인 대처방법은 현실적 측면에서 발생할 가능성과 군사적 측면에서 임무 수행의 실효성을 고려하여 현장지휘관이 결정할 수밖에 없다. 결론적으로 당시에 수집한 정보와 부여받은 임무의 성격을 고려하여 최대한 시간을 끌지 말고 과감하게 결정할 필요가 있다.76)

① 부여된 임무와 임무의 완수를 위해서는 전투방법을 적용할 때도 어느 정도는 균형된 판단과 결정이 필요하다. 만약 염소 치기 3명을 사살하여 1개 사단의 상륙작전을 성공시킬 수 있다면 판단과 상황은 다소 달라졌을 것이다.

② 부여된 임무를 완수하기 위해 실제 필요한 정도의 폭력은 사용할 수 있어야 한다. 만약 특수부대원들이 철수하기 이전까지 염소 치기들을 특정한 장소에 가두거나, 정신을 잃을 정도로 가격한 다음 묶어두는 정도까지는 어느정도 합리성을 부여할 수 있지 않을까 싶다.

---

75) 이 문항은 하버드대학교 마이클 샌델 교수가 출간한 <정의란 무엇인가?-JUSTICE>에 나오는 토론의 한 장면이다.
76) 전장(戰場, 전투현장)의 상황은 언제나 급변하기에 최대한 신속하게 정보를 수집·판단·결정·결심·이행하는 노력이 필요하다. 이를 위해 올바른 '전장 리더십'과 '지휘통솔'과 관련한 내용을 학습할 필요가 있다.

구 분	주요 내용
긍정요소(☺)	전시상황에서의 전쟁법을 적용하는 데 있어서의 환경·조건적인 딜레마를 최대한 극복하고 임무와 전투방법의 균형, 임무완수에 필요한 폭력사용에 대한 자기 생각을 간략히 제시
부정요소(☹)	단순하게 임무완수, 전쟁법 준수라는 한쪽 측면으로만 접근

Key-word: 제네바협약(전쟁법), 비례성과 필요성, 정의(justice)란 무엇인가?
　　　* 마이클 샌델 교수의 답이 중요한 게 아니라 지원자가 어떠한 판단과 결정을 내렸고, 어떠한 이유와 배경 또는 목적을 가졌는지를 간략하게 정리

<답안 만들기>

2-42. 고대 그리스와 로마 군대는 시민군(市民軍)의 형태로 시작되었기 때문에 사회적 지위와 계층은 軍의 계급과 비슷하였다. 軍에 복무 시에는 퇴직금으로 토지를 하사하기도 하였으며, 시민으로서의 참정권도 보장되었다. 부상병의 치료를 위해서는 최고 수준의 군의관을 제공하였다. 이러한 여건은 고대 사례를 봤을 때 병역(兵役) 자체가 의무인 동시에 특권이라고 볼 수 있다. 지원자가 이러한 사례를 고려했을 때 병역의무를 부정적으로 생각하는 용사를 **대상으로 교육한다면 어떤 내용을 중점적으로 설명할 것인지 발표하시오**

* 로마의 시민군 제도: 17세에서 45세까지 28년 동안 현역으로 복무하였으며, 평균적으로는 3~10회 정도 복무했다. 소집되면 자신의 돈으로 무장하고 생업을 중단해야 하기에 큰 부담이었다. 하지만 병역 자체가 시민의 명예로운 의무이자 참정권의 조건이었기에 로마 사회에서 존경을 받거나, 공직에 진출하기 위해서는 필수 과정이었다. 따라서 로마 병사들은 전쟁터에 나가 가족과 명예와 개인의 출세를 위해 열심히 싸웠기에 이전의 용병(傭兵)군대보다는 훨씬 높은 전투력을 발휘할 수 있었다.

구 분	주요 내용
긍정요소(☺)	로마 시민군 제도의 특징과 높은 전투력을 발휘한 원동력을 이해하고, 국가안보를 지키는 의무이자 명예임을 제시
부정요소(☹)	시민군 제도에 대한 이해 정도가 부족, 병역을 의무로만 한정

Key-word: 로마 시민군 제도, 국가의 구성원인 국민만이 누릴 수 있는 권리
 * 국가가 없으면 군대도 국민도 없다.

<답안 만들기>

3. 집단토론 주제 발표(소요시간: ±15분)

3-1. 2019년 한국법제연구원 연구결과에 따르면 국민의 '준법' 인식은 73.9%로 상승했으며, '악법도 준수해야 하는가?'에 대한 질문에 66.2%는 '준수해야 한다.'라고 응답했다. 이때 법이 잘 지켜지지 않는다고 응답한 사람들은 법대로 살면 손해를 보기 때문으로 인식하고 있으며, 지난해에는 가장 주된 원인을 사회지도층의 법 준수가 미흡하다고 응답했다. 특히 법의 공평·공정성에 대한 인식은 15.7%로 극히 저조하다. 우리나라 국민의 준법의식은 높음에도 불구하고, 법의 집행에 대한 불신이 야기되고 있는 이유와 실생활에서 공평·공정성을 높이는 방법에 대하여 지원자의 의견을 제시하고 토론하시오

구 분	주요 내용
긍정요소(😊)	법 집행에 대한 신뢰성 부족 이유와 이를 해결하기 위한 사회와 개인의 실천적 노력 방법을 간략하게 제시
부정요소(😠)	법 집행의 불공정성 해소를 위한 개인의 역할을 미제시

Key-word: 법 준수에 대한 높은 인식에도 불구하고, 실제 올바르게 적용되지 않고 있는 구체적인 사례와 실질적인 대안(代案)을 정리

<답안 만들기>

3-2. 독신인 A씨는 회사 동료들과 함께 저녁 식사 후 늦은 시간까지 소주를 마신 후 새벽 2시에 집에 도착하였다. 불은 켜져 있고 B씨가 절도를 하고 있었다. A씨는 격투 끝에 B씨를 쓰러뜨려 옆에 있는 의자로 머리를 때린 다음 경찰에 신고하였다. B씨는 중상을 입어 1년간 식물인간으로 있다가 사망했다. 경찰은 A씨를 재판에 회부(回附)하였다. 그는 재판하는 과정에서 정당방위[77]라고 주장하였으나, 과도한 대응으로 결론이 나면서 유죄를 선고받았다. 회사원 A씨의 정당방위 여부에 대한 지원자의 의견을 제시하고 토론하시오.

구 분	주요 내용
긍정요소(☺)	정당방위의 성립요건과 주어진 상황과의 연계성을 고려하여 논지가 분명하게 의견을 제시
부정요소(☹)	정당방위의 개념 및 성립요건에 대한 이해 부족

Key-word: 불이 켜있는 상태에서 1차 쓰러뜨렸기에 2차 가격은 과잉방위로 형(刑)의 감경(減輕)이나 면제를 위한 법적 절차의 필요성 측면을 간략히 정리

<답안 만들기>

---

77) '정당방위'란 '긴급 부당한 침해에 대하여 자기 또는 타인의 권리를 방위하기 위하여 부득이하게 행한 가해행위'를 뜻한다. 성립요건은 ① 현재의 부당한 침해가 있을 것 ② 자기와 타인의 법익을 방위하기 위한 행위일 것 ③ 상당한 이유가 있을 것 등이다. 요건 범위를 넘는 방위행위는 과잉방위라고 하며, 처벌되지만 형을 감경 또는 면제할 수 있다. 그러나 그 행위가 야간 및 기타 불안한 상황에서 공포, 경악, 흥분, 당황 등으로 인한 때에는 벌하지 않는다(형법 제21조 3항).

3-3. 600만 명을 죽게 한 유대인 대학살을 지휘한 자가 아돌프 아이히만(Otto Adolf Eichmann, 1906~1962)이다. 그는 15년간 숨어 살다가 검거되었고, 15개의 죄목으로 기소되어 재판을 받았는데 33차례의 공판 과정에서 "독일의 군인 공무원으로서 지시대로 했을 뿐이고 유대인을 죽이지 않았다."라며 무죄를 주장해 국민의 공분을 샀다. 아이히만이 유죄(무죄)인지에 대하여 지원자의 의견을 제시하고 토론하시오

구 분	주요 내용
긍정요소(☺)	전쟁법78)의 내용을 이해하고, 전쟁 상황이라는 특수성 아래 판단할 수 있는 비례성과 필요성의 원칙을 중심으로 제시
부정요소(😠)	뚜렷한 근거와 설명 없이 민간인 학살은 잘못이라고만 주장

Key-word: 비례성과 필요성의 원칙79)에 따라 유대인 학살이 과연 군사적으로 필요했는지?, 또한, 수단과 방법이 정당했는가? 라는 관점을 간략하게 정리

<답안 만들기>

---

78) '전쟁법'은 전투력을 상실한 적군이나 포로에 대한 살상을 금지하고 있고, 특히 전투원과 비전투원을 반드시 구분하고 민간인에 대해서는 어떤 공격도 금지하고 있다.

3-4. 깊은 밤, 한의사인 A씨는 아파트 옆집에 거주하는 노인으로부터 심한 통증과 호흡곤란을 호소하는 전화를 받고 응급조치를 시도하였다. 그러나 긴급하게 병원으로 옮기지 않으면 생명이 위급한 상황이어서, 자신의 승용차로 1km 떨어진 병원응급실로 이송하던 중 단속 중인 경찰관에게 무면허(운전면허 취소)로 적발되어 재판에 회부(回附)되었다. 노인의 생명을 구한 A씨의 유죄(무죄)에 대한 지원자의 의견을 제시하고 토론하시오.

구 분	주요 내용
긍정요소(☺)	긴급피난[80]의 범위를 이해하고, 119구급차량이나 이웃 주민, 택시 등의 사용 가능성 정도에 따라 유무죄 의견 제시
부정요소(😡)	선한 의도를 고려 일반적인 감정으로 무죄 주장

Key-word: 긴급피난의 범위를 설명하고, 당시 여러 가지 조치가 가능했던 아파트에 거주하고 있었음을 정리

<답안 만들기>

---

79) '비례성'은 전투 목표와 전투 수단 간의 군사적 균형을 맞추는 것을 의미한다. '필요성'의 원칙은 전투 수단과 방법을 필요한 정도로 제한할 것을 요구하고 있다.
80) '긴급피난'은 위난 상태에 빠진 법익을 보호하기 위하여 다른 법익을 침해하지 않고는 달리 피할 방법이 없을 때 인정되는 정당화 사유의 하나이다. 위의 상황은 2005년 청주에서 발생한 사건으로 한의사에 대해 재판부는 '집행유예 2년'을 선고하였다.

3-5. 회사원 A씨는 4살 딸이 호흡곤란 증세가 심각하여, 기관절개 후 튜브를 부착한 가운데, 10km 떨어진 병원의 응급처치를 받기 위해 중앙고속도로를 130km 이상 과속하다가 경찰에 적발되었다. 당시 A씨가 주변의 다른 운전자를 위협하는 모습은 보이지 않았으며, 경찰은 차량 내부의 상황을 확인하고 병원까지 호위하였다. 딸은 응급처치 후, 다른 큰 병원으로 옮겨졌다. A씨는 과속위반으로 처분되어야 하는지, 아니면 긴급상황이기 때문에 처분하지 않아도 되는지에 대하여 지원자의 의견을 제시하고 토론하시오.

구 분	주요 내용
긍정요소(☺)	긴급피난의 범위를 이해하고, 타인에게 피해를 주지 않은 상황을 고려하여 의견 제시
부정요소(☹)	긴급상황을 미고려하고, 실질적 위반 측면에서 과속위반 처벌

Key-word: 딸의 응급상황을 해소하기 위해 타인의 이익을 침해하거나 위협하지 않았고, 과속 이외는 달리 해결할 방법이 없었다는 점을 논리적으로 전개
 * 경찰은 '칼치기' 등 위협적인 운행이 없었고, 긴급상황임을 고려 미처분

<답안 만들기>

3-6. 최근 사회적 물의를 일으켰던 조두순[81]이 출소하였고, 거주지 주민들의 극심한 반대, 기초생활 수급자 선정 등으로 아직도 큰 우려가 남아있다. 이 과정에서 12년 형량이 부족하다는 여론이 일면서 재심 청구를 통해 사형을 요구하는 국민청원이 발생하기도 하였다. 우리나라는 1997년 12월 30일 마지막 사형을 집행한 이후 10명이 사망했는데 5명은 질환으로, 5명은 자살을, 61명은 복역 중이다. 사형제도 유지와 폐지에 대한 지원자의 의견을 제시하고 토론하시오.

* 반대의견
① 범죄자의 죄에 대한 복수 방식은 사형이 아니라 뉘우칠 기회를 주는 것이 인간의 인권을 침범할 수 없도록 하는 인도적 측면이다.
② 만에 하나라도 누명을 쓴 무고한 사람이 사형되는 비극이 있어서는 안 된다(조지 스티니 사건).[82]
③ 정치적 의도에서 정적(政敵)을 처리하는 목적으로 이용될 수 있다.
④ 사형제도가 범죄율 증감에 직접적인 영향이 있는 것이 아니며, 세계 163개 국가에서 법적으로 사형을 집행하지 않고 있다.

* 찬성의견
① 인간을 대상으로 한 반인륜적 범죄행위에 대한 사회 정의 구현이며, 피해자에 대한 정서적 보상이다.
② 과학의 발달에 의한 수사기법과 합리적 사법 체계로 오심의 가능성이 현저하게 줄었다.
③ 출소 후 재범방지는 물론 다른 범죄자에게 경각심을 줌으로써 범죄 감소에 효과적이다. 조두순처럼 전자팔찌로 해결되지 않는다.
④ 범죄자를 수십 년이나 복역시키면 국가 세금이 낭비된다.

---

81) 상해치사, 아동 성범죄, 성폭행 등 18건의 범죄를 저지른 흉악 범죄자이다. 2008년 8세 여아를 성폭행, 중상해하여, 징역 12년, 전자팔찌 부착 7년, 신상정보 열람 5년 형(刑)을 선고받았다. 피해자는 8시간의 수술로 항문과 대장, 생식기의 80%가 훼손되어 배에 구멍을 뚫어 배변주머니를 달아야만 했고, 2010년 수술을 통해 임신 및 배변이 가능해졌으나 정상인의 70% 정도 기능만이 가능하다고 한다. 최근 조두순이 퇴소하자 후원자들의 도움으로 다른 지역으로 이사하여 생활하고 있으나, 아직도 정신적인 충격이 계속되고 있다고 부친이 전했다.
82) 1944년 미국의 사우스캐롤라이나에서 8세, 11살 두 백인 소녀가 실종되었고, 14세 흑인 조지 주니어스 스티니를 백인 경찰이 체포하여 자백에 따라 150분간의 재판 진행과 10여 명의 백인 배심원단 판결로 유죄를 판결한 지 이틀이 지난 후 사형당했다. 60년 뒤 2004년 재조사 결과 백인 남성 한 명이 임종 직전에 한 고해(告解, 고해성사)에서 사건의 범인이 자신임을 밝혔다는 가족들의 진술을 확보해 2014년 70년 만에 무죄판결을 받았다.

구 분	주요 내용
긍정요소(☺)	찬성 또는 반대의견 중 하나를 선택하고, 자신의 직접 및 간접적으로 경험한 사례를 간략하게 제시
부정요소(😠)	사형제도에 대한 이해가 부족, 찬성(반대)의견이 불분명

Key-word: 조두순 사건, 조지 스티니 사건, 김대중 前 대통령의 사형선고, 1974년 과거 국가보안법 등으로 중앙정보부에 의해 조작된 사건으로 사형되고, 2007년에 무죄 선고된 사건들을 실례로 들면서 의견 제시

<답안 만들기>

3-7. 2020년 10월 밤 11시. 술자리를 가진 일행 간에 사소한 말다툼이 벌어져 주먹다짐 끝에 20대 남성 한 명이 쓰러졌다. 그러나 일행들은 병원으로 옮기지 않고 모텔로 데리고 갔고, 다음 날 아침 피해자는 결국, 사망하였다. 경찰은 직접 폭행하였던 A씨를 상해치사 혐의를 적용하여 구속으로 기소하였다. 그러나 일행 4명은 적용할 수 있는 혐의가 마땅치 않아 참고인 신분으로 조사했다가 4개월 후에야 과실치사 혐의로 다시 기소하였다. 2017년에는 서울 대로변에서 24세 남성이 별거 중인 아내를 흉기로 수차례 찔렀지만, 주변 시민들이 조치하지 않아 아내가 숨지기도 하였다. '착한 사마리아인 법'[83] 제정에 대한 지원자의 의견을 제시하고 찬반(贊反)을 토론하시오

* 찬성의견

증가하는 범죄의 감소 효과를 얻을 수 있다. 이기적인 사회를 극복하고 사회 연대의식 강화를 위해 어느 정도 법으로 도덕을 강제하는 것이 필요하다. 여론조사 결과 찬반이 53.8%대 39.1%로 찬성이 많다. 위험에 처한 사람을 구하지 않는 것은 사회 구성원으로서 옳지 않은 행동이다. 구조의무는 도덕적 의무가 아닌 최소한의 법적 의무다. 미국 30여 개주, 유럽 14개국에서 시행하고 있다.

* 반대의견

형법은 최후의 수단이다. 타인에 대한 도움에 있어 개인이 선택할 수 있는 자유를 침해하는 것이다. 법 시행 후 일어날 수 있는 일들에 대해 구체적인 처벌기준과 잘못되었을 때 보상하는 등의 법제화 과정이 쉽지 않다. 법적인 강제보다는 교육을 통해 방관자를 줄여야 한다. 법은 도덕의 최소한이어야 하기에 법이 도덕의 영역에 개입하는 것은 불합리하다.

---

[83] '착한 사마리아인 법'이란 '자신에게 특별한 부담이나 피해가 오지 않는데도 타인의 생명이나 신체에 중대한 위험이 발생하고 있음을 보고도 구조하지 않는 경우, 처벌하는 법'을 말한다. 강도를 당한 사람을 도와준 성경 속 사마리아인 이야기에서 비롯되었다. 프랑스의 경우 '위험에 처해 있는 사람을 구해 주어도 자신이나 제3자에게 위험이 없는데도 도와주지 않는 자는 3개월~5년의 징역 또는 360(43만 원)~1만5천 프랑(1,793만 원)의 벌금을 물리고 있다.

구 분	주요 내용
긍정요소(☺)	착한 사마리아인 법에 대한 정확한 이해와 설명, 선택한 의견 설명 시 실제 사례와 연계하여 의견 제시
부정요소(☹)	법에 대한 이해가 부족, 찬성(반대)에 대한 이유만 단순하게 주장

> Key-word: 어느 의견을 선택하는 문제보다는 사소한 것이라도 주변의 실질적인 사례를 들어 설명하는 것이 필요하다. 정답이 없는 문제이기 때문에 상대방의 의견도 수용하되, 앞으로의 방향성을 제시하는 관점에서 접근 필요

<답안 만들기>

3-8. 스페인은 흡연 시간을 급여에서 제외하는 것이 정당하다고 보며, 스위스는 휴식시간을 초과해서 흡연하는 공무원을 단속하고 있다. 우리나라의 경우 A 업체는 흡연 등으로 5분 이상 자리를 이탈하면 근무시간에서 제외하며, B 업체는 흡연 1회당 15분을 연장 근무토록 하고 있다. 비흡연자의 고용환경과 동일근무조건에 대한 형평성에 따라 당연하다는 의견과 흡연 시간도 잠시 휴식을 통한 충전의 시간으로 근무의 연장이라는 의견이 있다. A와 B 업체의 기준에 대한 지원자의 의견을 제시하고 토론하시오.

* 대법원 해석: '휴식시간'은 '근로시간 도중에 사용자의 지휘, 감독으로부터 해방되어 근로자가 자유로이 이용할 수 있는 시간'을 뜻한다.

구 분	주요 내용
긍정요소(☺)	비흡연자와의 형평성, 3차 흡연의 피해 등을 고려하여, 구성원의 합의를 바탕으로 회사 내의 금연운동 필요성을 제시
부정요소(😡)	흡연 및 비흡연자의 입장에서 찬성(반대)에 대한 일방적 주장

Key-word: 대법원의 해석을 기초로 할 때, 흡연 시간도 근로시간에 포함되기 때문에 과도한 통제이나, 해당 회사의 경우 사원 복지에 많은 지원을 하는 상황임과 타인의 건강 및 업무 집중으로 인한 효율성을 간략하게 정리

<답안 만들기>

3-9. 2021년 지하철에서 중학교 남학생 2명이 70대 노인을 폭행, 욕설하는 영상이 퍼지면서 공분을 일으켰다. 그러나 만 14세 미만이라 죄를 저질러도 처벌을 받지 않는 '촉법소년'들이었다. 과거 '절도' 등의 범죄로 붙잡혔지만 풀려났던 것으로 확인되었다. 가족 험담을 이유로 친구를 흉기로 살해한 초등학생, 훔친 렌트카로 사망사고를 낸 중학생 등 촉법소년 범죄의 심각성에 엄정처벌을 요구하는 여론이 높다. 그러나 처벌강화보다는 올바르게 교육하여 사회로 복귀시켜야 한다는 시각이 강하다. 소년법84) 폐지에 대한 지원자의 의견을 제시하고, 찬반(贊反)을 토론하시오.

구 분	주요 내용
긍정요소(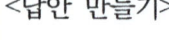)	소년법과 촉법소년의 내용과 범위로 인해 범죄행위 심각성과 피해자의 아픔, 재범률 증가, 소년법 악용, 판단능력 부족, 처벌보다는 예방 우선, 처벌강화 및 연령(年齡)의 인하로 인한 범죄 감소 효과 부족 등을 고려하여 보호처분의 내실화 방안을 제시
부정요소(😠)	소년 범죄자는 어떤 경우에도 교도소에 가지 않음을 고집

Key-word: 소년법 적용 대상자 중 나이에 따라 처분내용에 차이가 나는 점을 정확히 이해하고 강력범죄의 근본적인 원인 해결에 중점을 두고 정리

<답안 만들기>

---

84) '소년법(少年法)'은 '소년의 건전한 육성을 위해 제정된 법률'로써, 10세 이상 14세 미만의 소년(촉법소년)은 보호처분 대상자로 형사처분을 받지 않고(보호자 위탁, 수강명령, 사회봉사, 보호관찰, 병원 위탁, 소년원 송치) 처분 결과는 전과 기록이 남지 않는다. 또한, 10세 미만은 보호처분, 형사처분을 받지 않는다. 그러나 14세 이상자 중 형사 처분자는 소년형무소 수감이 가능하다.

3-10. 2021년 스페인 하원이 적극적인 안락사[85]를 허용하는 법안을 통과시켰다. 의료진이 의도적으로 환자의 고통을 덜어주기 위해 생명을 끝내는 적극적인 안락사와 환자 스스로 목숨을 끊을 수 있도록 의학적인 도움을 받는 조력자살 합법화를 내용으로 정하고 있다. 우리나라는 뇌사자의 장기 적출과 연명의료결정법[86]의 시행으로 소극적 안락사만 허용하고 있다. 2019년 여론조사 결과 국민의 80%가 안락사에 찬성하기도 하였다. 안락사에 대한 지원자의 의견을 제시하고, 찬반(贊反)을 토론하시오

구 분	주요 내용
긍정요소(☺)	안락사와 존엄사의 차이를 이해하고, 인간답게 죽을 수 있는 권리 보장, 무의미한 연명치료 해소, 자살방조나 살인 공모 등 법률적 문제 발생, 인간의 존엄성 대신 경제적 논리 적용, 의식없는 환자에 대한 결정권 행사의 부당성 등을 토대로 의견을 제시
부정요소(☹)	구체적 사례도 없이 감정적 관점으로만 접근

Key-word: 스위스의 적극적 안락사 허용 배경(높은 자살률), 한국의 2019년 자살 사망자 수(13,799명 / 일일 38명) 등의 구체적 내용 활용

<답안 만들기>

---

[85] '안락사'란 '병의 질환 유무를 떠나 고통 없이 삶을 마감하는 것'으로, 네덜란드, 벨기에, 스위스, 미국 일부 등에서 허용하고 있다. '존엄사'는 환자의 자기 결정권을 중시하고 있다.
[86] '연명의료결정법'은 '회생 가능성이 없는 환자가 자기의 결정이나 가족의 동의로 연명치료를 받지 않을 수 있도록 하는 것으로 존엄사를 인정하는 법'이다.

3-11. 통계청이 발표한 '2020년 사회조사'에 따르면 동거 찬성 59.7%, 동거 중 자녀 출산 가능 30.7%로 매년 증가하고 있다. 또한, 전형적인 가족으로 인식되던 '부부와 미혼 자녀' 가구 비중이 2010년 37%에서 2019년 29.8%로 감소했으며, 법적 가족의 범위[87]를 사실혼이나 비혼동거까지 확대에 찬성하는 이들이 60.1%에 이르고 있다. 그러나 가정 질서와 생명 윤리가 무너질 것이라는 반대의견도 있다. 비혼·동거 커플도 가족으로 인정한다는 데 대한 지원자의 의견을 제시하고, 찬반(贊反)을 토론하시오.

구 분	주요 내용
긍정요소(☺)	인식변화에 따른 제도 보완의 필요성, 사회복지 혜택과 제도적 권리 보장 (주거, 의료, 돌봄, 취학 등), 충분한 공론과정을 통한 제도개선, 출산율 증가에 기여 등을 고려하여 제시
부정요소(☹)	현행 가족의 범위와 비혼·동거를 부정적으로만 인식

> Key-word: 전통적인 가족의 범위를 인정하되, 현실적으로 발생한 사실혼, 비혼·동거로 인해 차별받지 않도록 관련 법률 보강의 필요성 인식

<답안 만들기>

---

87) 민법 제779조는 가족 범위를 '배우자, 직계혈족과 형제자매'로 규정하고 있다.

3-12. 장기이식에 대한 의학의 발전에도 타인의 장기이식은 면역으로 인한 거부반응, 감염, 기증자 부족으로 인하여 약 6%(미국)만이 이식을 받고 있다. 인간 복제를 해결책으로 생각할 수 있으나, 배아[88]나 수정란의 이용으로 인해 '생명의 존엄성 파괴행위'라는 윤리적 문제가 발생한다. 또한, 복제인간이 현실로 나타날 경우, 윤리·사회적 혼란도 우려된다. 특히 신이 내린 생명과 자연의 섭리 부정으로 인해 미래는 혼돈에 빠질 것이다. 장기이식을 목적으로 하는 인간 복제에 대한 지원자의 의견을 제시하고 찬반(贊反)을 토론하시오.

구 분	주요 내용
긍정요소(☺)	배아의 개념을 정확히 알고, 인간 복제의 필요성을 설명하되, 생명 윤리 훼손을 위한 예방대책을 간략하게 제시
부정요소(☹)	배아, 인간 복제, 생명 윤리에 대한 이해가 부족

Key-word: 장기이식을 위한 복제인간을 그린 영화 '아일랜드(2005년 개봉)'와 같은 관점보다 배아(胚芽) 연구를 통한 줄기세포를 이용한 치료방식을 정리

<답안 만들기>

---

88) 접합체가 한 번 이상 세포분열을 하기 시작한 때부터 하나의 완전한 개체가 되기 전까지 발생 초기 단계로, 수정된 지 6주에 뇌, 심장, 콩팥, 간, 소화기관 등이 형성된다. 한 달 정도 자란 어린 개체를 배아라고 하며, 크기는 약 0.5cm 정도다. 8주 정도 되면 사람의 형상을 갖추게 된다.

3-13. 1979년 영국 동물실험반대협회에 의해 제정된 4월 24일은 실험동물의 날이다. 이날은 세계 곳곳에서 위령제가 열리고 반대행사를 진행한다. 우리나라는 신약 및 백신 개발 등을 위해 한해 약 4백만 마리의 동물을 희생시키고 있다. 동물실험은 '인간의 편의를 위한 불필요하고 무책임하며 잔인한 실험'이라는 의견과 인류복지와 의학의 발전을 위해 불가피하다는 의견이 대립하고 있다. 동물실험에 대한 지원자의 의견을 제시하고 찬반(贊反)을 토론하시오

구 분	주요 내용
긍정요소(☺)	인간과 동물이 공유하는 질병 1.16%에 불과, 동물실험의 잔인성, 인공 피부 조직, 컴퓨터 시뮬레이션 등 대체실험 개발, 약의 안정성 검증 방법 부재, 실험결과의 인간에 대한 반응 잘 예측 등 구체적인 내용과 지원자의 경험담을 포함하여 의견 제시
부정요소(☹)	구체적 사례나 설명 없이 감정적 측면에서만 주장

Key-word: 동물보호법에 따른 동물실험의 원칙[89]을 이해하고, 현실적 대안을 합리적인 논리로 정리

<답안 만들기>

---

89) 동물실험은 인류의 복지 증진과 동물 생명의 존엄성을 고려하여 실시하되, 되도록 다른 방법을 선택하고(대체), 실험에 사용되는 동물의 수를 최대한 줄이며(감소), 동물이 사육되는 환경이나 실험 조건을 최대한 개선(개선)하는 것을 기본원칙으로 제시하고 있다.

3-14. 고대 중국에서 주장하던 도덕 사상의 기초가 되는 인간성에 대한 이해로 맹자는 인간의 본성은 선(善)하나, 외물(外物)의 유혹 때문에 악(惡)이 생긴다는 성선설을 주장하였다. 순자는 인간의 도덕성이 선천적이지 않다며 이를 부정하는 성악설을 주장하였다. 성선설과 성악설90)에 대한 지원자의 의견을 제시하고 토론하시오

구 분	주요 내용
긍정요소(☺)	성선설과 성악설의 개념을 정확히 알고, 사회적 현상(입양아동 학대, 지하철 승객 구조 등)과 연계하되, 두 학설의 공통점인 인성교육의 중요성과 착하고 바른 삶의 추구가 필요함을 제시
부정요소(☹)	성선설과 성악설에 대한 개념적 이해가 부족

Key-word: 성선설, 성악설의 정의와 의미, 실제 사례를 1~2가지 들면서 자신의 견해를 간략하게 정리

<답안 만들기>

---

90) '성선설(性善說)'은 '환경에 따라 기질이 변할 수는 있겠지만 기본적으로 인간의 본성은 본래 착하다는 것'이며, '성악설(性惡說)'은 '본래 악한 기질을 가지고 있기에 학습, 사회화 과정을 통해 제어해야 한다.'라는 주장이다. '성무선악설(性無善惡說)'은 '인간의 본성은 선도 악도 아니고, 교육하고 수양하기 나름이며 수행과정에서 어느 쪽도 될 수 있다.'라는 주장이다.

3-15. 2017년 A시 지진 발생 당시 지진대피소에 대한 반려동물 출입금지가 논란이 되었다. 한 가족이라고 생각하는 사람들은 당연히 출입에 찬성했다. 하지만 강아지나 고양이를 싫어하는 사람과 좁고 열악한 대피소 안에서의 소음과 위생상 문제를 비롯한 각종 알레르기 반응이 있는 사람들은 반대하는 처지다. 미국은 재난대피소에 반려동물 출입이 금지되어 있었으나, 2005년 허리케인 당시 버림받거나 죽은 동물이 수 천마리에 달하자 관련법을 제정하였다. 이후 대피소 출입이 가능해졌고, 재난 시 반려동물을 유기한 사람에 대한 처벌도 가능해졌다. 지원자가 대피소 책임자라면 어떤 결정을 내릴 것인지 의견을 제시하고 토론하시오.

구 분	주요 내용
긍정요소(☺)	반려동물 재난대책을 '사회'의 문제로 인식하고, 국가의 동물보호책임 명시, 반려동물 안전대책 포함, 재난 시 반려 가구의 행동지침, 반려동물 동반 가능 대피 시설 지정 등의 의견을 제시
부정요소(☹)	반려동물 재난대책은 개인이 잘 대처해야 한다고 단순하게 주장

Key-word: 반려동물 가구가 600만 시대, 반려동물 재난대책 관련 법이 없는 상황, 대피소에 입소한 주민의 의견수렴, 별도 장소의 마련 등 대책을 정리

<답안 만들기>

3-16. 수능제도는 절대평가와 상대평가[91]가 혼재되어 있다. 2017년 한국사, 2018년에는 영어가 절대평가로 실시하였으며, 2021년 제2외국어와 한문이 포함된다. 그러나 절대평가의 경우 정시에서 동점자가 발생하여 입시의 공정성을 해치고, 우수학생 선발을 위해 대학 자체의 추가적인 시험이 나올 수 있으며, 신종 사교육을 받게 될 거라는 반대의견이 있다. 수능 절대·상대평가에 관한 지원자의 의견을 제시하고 찬반(贊反)을 토론하시오.

구 분	주요 내용
긍정요소(☺)	절대·상대 평가 개념을 이해, 지원자의 대학지원 경험과 연계하여 제도의 시행 여부에 대한 의견 제시
부정요소(😠)	수능제도 자체에 대한 이해가 부족

Key-word: 논란이 많은 부분에 대해서 자신의 경험과 사례를 들어 설명
 * 변별력 약화로 정시 폐지, 대입 경쟁 완화, 선발 공정성 훼손, 사교육 감소, 영어영역의 부담 완화, 대학 서열화 약화 및 학벌주의 완화 중심으로 정리

<답안 만들기>

---

[91] '절대평가(絕對評可, Absolute evaluation)'는 절대적인 기준으로 학생을 평가하는 것으로 집단의 성취도와는 관계 없이 자신의 성취도를 확인을 목적으로 하는 자격 고사에서 주로 채택하는 편이다. '상대평가(相對評價, Relational evaluation)'는 학업 성적을 평가할 때, 절대적인 성취의 정도가 아니라 집단 안에서의 상대적인 성취도로 평가하는 것으로 수학적(修學的)인 역량을 확인하려는 적성검사에서 주로 채택되며, 공정한 선발을 목적으로 한다는 명분에서 진행하고 있다.

3-17. 코로나19로 인하여 13세 이하 청소년 자녀의 TV, 인터넷, 스마트폰 이용 시간이 늘었다고 한다. 2020년 여성가족부의 '청소년 매체 이용 및 유해환경 실태조사'에 따르면, 초등학생 중 스마트폰으로 성인용 영상물(19세 이상 시청가, 청소년 관람 불가 TV 프로그램과 영화)을 이용한다는 비율이 33.8%에 달했다. 일부 부모들은 자녀 보호를 위하여 유해(有害)한 콘텐츠 차단, 자녀위치 확인, 사용시간 통제, 원격 잠금 등의 기능이 있는 스마트폰 통제 앱을 활용하고 있으나, 자녀 인권을 과도하게 통제한다는 일부의 우려도 있다. 스마트폰 통제 앱[92] 사용에 대한 지원자의 의견을 제시하고 찬반(贊反)을 토론하시오.

구 분	주요 내용
긍정요소(☺)	국가인권위원회의 권고사항을 인용하되, 스마트폰에만 빠지지 않도록 부모와 자녀 간의 소통과 정서적 유대감 강화 노력의 필요성을 강조하는 의견 제시
부정요소(😡)	부모 또는 자녀 입장만을 강조하여 의견 제시

Key-word: 청소년의 스마트폰 사용의 긍정적 부정적 사례를 들어 주장하되, 국가인권위원회의 결론과 가정 내에서의 노력해야 할 내용도 제시

<답안 만들기>

---

92) 2021년 국가인권위원회에서는 앱의 기능이 헌법과 국제 인권 규범에 따라 아동이 가지는 사생활의 비밀과 자유, 통신의 자유, 개인정보자기결정권 등 기본권을 지나치게 제한할 수 있는 여지가 있고, 아동의 학습권과 알 권리를 침해하며, 부모의 친권과 자녀교육권은 자녀의 행복과 이익을 중시(重視)해야 하는 거라고 권고하고 있다.

3-18. 3개월 전 남편을 교통사고로 잃고 5살 아들을 양육하고 있는 A씨는 동네 목욕탕을 찾았다. 아이가 사고 당시 충격으로 엄마와 떨어지는 것을 무척 불안해하기 때문이다. 아이를 씻기던 중 다른 이용객이 관리인에게 아이를 데리고 나가 달라고 요청하였다. 지원자가 관리인이라면 어떻게 할 것인지에 대하여 의견을 제시하고 및 토론하시오

* 공중위생관리법: 2021년 1월 1일부터 목욕탕에 이성 출입이 가능한 나이는 아동의 발육상태 향상과 민원 증가로 만 5세에서 만 4세 미만으로 조정되었다. 미준수 업장은 1차 경고, 2차 영업정지 처분이 내려질 수 있다.

구 분	주요 내용
긍정요소(☺)	법 준수를 원칙으로 하되, 아이의 건강·행복·복지 차원에서 목욕탕의 안전 기준을 강화하고 시설보완 관점에서 제시
부정요소(😠)	만 4세 미만은 우리나라 나이로 5~6세에 해당함을 주장하여 목욕탕 출입이 허용되어야 한다고 주장

Key-word: 만 4세 미만은 우리나라에서 5~6세에 해당, 법적 출입이 가능할 수 있어, 타 이용객에게 현재 기준과 개인적 상황을 설명 및 양해를 받을 수 있도록 정리

<답안 만들기>

3-19. 최근 대학가 원룸촌에서는 불법적으로 투기한 생활 쓰레기로 몸살을 앓고 있다. 또한, 코로나19 확산에 따른 배달 음식 주문량이 늘어나면서 쓰레기양은 2배로 증가하였다. 그러나 대부분 종량제 봉투에 넣지 않고 무단 배출하고 있다. 분리 수거시설이 적은 이유도 있지만, 시청에서는 분리수거 시설에 관한 의무설치 조례도 제정하지 않았다. 주민대표가 대학교로 찾아와 총장님에게 대책을 마련하기를 요청하였지만, 학생대표는 대부분이 지역주민의 쓰레기라고 주장하고 있다. 지원자가 대학 총장이라면 어떻게 조치할 것인지 의견을 제시하고 토론하시오.

구 분	주요 내용
긍정요소(☺)	책임소재 규명보다는 학생과 대학, 주민과 시가 함께 해법을 찾는 관점으로 접근하되, 학교 자체에서 실천이 가능한 방안을 간략하게 제시
부정요소(😡)	학생들의 의견을 믿고, 주민들의 문제점만 강조

Key-word: 주민과 학생들이 함께하는 분리수거 캠페인, 학생 교육, 교내 식당 메뉴 다양화, 기숙사 외 거주 학생 쓰레기봉투 지급 등 실천 방안을 설명

<답안 만들기>

3-20. 기숙사에 입주한 A학생은 쓰레기를 매일 처리하지 않고, 복도에 두어 악취가 심해지자 주변 학생들의 불만이 많다. 관리인 B씨는 A학생에게 쓰레기봉투를 숙소 안으로 옮기거나, 매일 처리토록 수차례 요청했음에도 15일이 지난 지금도 변화가 없다. 오늘도 악취가 심해 방문 앞에 가보니 봉투가 쌓여 있었다. 방문을 두드렸으나, A가 방에 없어 비상열쇠로 열고 쓰레기봉투를 방안에 넣고 나왔다. A는 B씨를 무단 주거침입으로 고발하였고, B씨는 형사처분과 함께 관리인에서 면직되었다. 이에 학생들은 A학생의 기숙사 퇴사와 B씨의 복직을 학생 대표에게 요청하였다. 지원자가 학생대표라면, 어떻게 조치할 것인지 의견을 제시하고 토론하시오

구 분	주요 내용
긍정요소(☺)	주변 학생들의 피해 및 공동생활 규칙을 준수하지 않은 사실에 대한 처벌(퇴사)은 가능하나, 주거침입은 불법행위임을 제시
부정요소(☹)	주거침입으로부터 보호받을 권리에 대한 이해가 부족, 단순히 관리인의 복직만 주장

Key-word: 잘못한 행위에 대한 처벌은 받겠지만, 주거침입에 대한 항의가 가능, 무단 침입 시 3년 이하의 징역 또는 500만 원 이하의 벌금 처분을 정리

<답안 만들기>

3-21. A공사는 강원지역 산불피해 복구를 위해 전 직원이 모은 3,000만 원을 포함한 성금 1억 원을 전국재해구호협회에 맡겼다. 그러나 일부 직원들은 회사가 자신들의 동의 없이 기부금을 일괄징수했다고 불만을 제기하였다. 이에 회사 측에서는 개개인의 동의를 받지는 않았지만 단체협약[93])에 따라 노조와의 합의를 통해 징수했다고 밝혔다. 개인의 동의가 없는 상태에서 회사의 기부금을 일괄징수한 사건에 대한 지원자의 의견을 제시하고 찬반(贊反)을 토론하시오

구 분	주요 내용
긍정요소(☺)	어려운 상황의 사람을 자발적으로 돕는 기부의 의미 측면에서, 노사합의에 따른 기부금 일괄징수 방법은 문제임을 제시
부정요소(😠)	기부가 활성화되지 않은 우리나라 실정을 고려할 때 일괄징수가 불가피하다는 점만 강조

Key-word: 회사의 목적이 선의라 할지라도 절차적 정당성이 보장되지 않으면 그 의미가 퇴색될 우려가 있다는 관점으로 접근

<답안 만들기>

---

93) 2017년 제주도와 공무원노조는 각종 기부금이나 성금, 행사 입장권 구매 등을 강제배분 하거나 동의 없이 원천징수 및 판매와 성금의 직원별 배분을 금지키로 협약하였다.

3-22. 우리나라는 폐암 사망률이 세계 2위를 차지하고 있으며, 폐암 환자 10명 중 9명은 흡연자로 판정될 정도이다. 미국의 흡연피해 소송[94]을 통해 담뱃갑의 '유해' 표시와 소비자 위험 사이의 관계가 주목받기 시작했다. 그러나 독일에서는 흡연은 흡연자 스스로가 책임지고 하는 행동이기 때문에 그 결과에 대한 책임도 흡연자에게 있으며, 담배 생산자에게 전가(轉嫁)할 수 없다고 판단하였다. 흡연피해에 대한 책임이 제조사인지, 흡연자인지에 대하여 지원자의 의견을 제시하고 찬반(贊反)을 토론하시오.

구 분	주요 내용
긍정요소(☺)	흡연피해의 인과관계 검증에 따른 판결이나, 일반적인 유해성을 인정(담뱃갑 유해표시), 금연확산 추세를 간략하게 제시
부정요소(😠)	유해(有害) 표시의 경고로 제조사의 의무는 다했다는 논리만 전개

Key-word: 흡연피해에 대한 제조사, 흡연자의 책임 여부를 떠나, 금연을 통해 나와 주변 사람의 건강을 지키는 것이 최선의 방법임을 논리적으로 설명

<답안 만들기>

---

94) 우리나라는 국민건강보험공단이 담배회사를 상대로 533억 원의 손해배상 소송을 2014년 제기한 이래 6년만인 2020년 흡연과 질병의 인과관계 인정이 힘들고, 제조 담배의 결함도 없고, 공단이 직접적인 피해자가 아니라 이유로 공단의 패소를 판결했다.

3-23. 고속도로에서 3중으로 추돌(追突)한 교통사고로 2명의 환자가 응급실에 실려 왔다. A는 우측 다리가 절단되었고, 즉시 치료하지 않으면, 좌측 발가락을 잃는다. B는 좌측 다리가 10cm 분리된 상태로 당장 치료하지 않으면 절단해야 한다. 그러나 의약품 부족으로 한 명만 치료할 수 있다. A를 치료하면 A는 우측 다리를 잃고 B는 좌측 다리를 잃는다. B를 치료하면 A는 우측 다리와 좌측 발가락을 잃고, B는 문제가 없다. 지원자가 의사라면, 누구를 먼저 치료할 건지에 대한 의견을 제시하고 토론하시오

* 응급조치 우선순위: 1차로 생명을 구하는 것이며, 특히 직접적인 영향을 미치는 질식(호흡곤란)과 대량 출혈에 대한 처치가 필요하다.

구 분	주요 내용
긍정요소(☺)	환자의 위독상태에 따라 판단하되, 만약 전투상황에서 군의관이라면 부상이 경미한 환자를 우선 치료한다는 기준을 제시
부정요소(☹)	최종적인 환자의 부상 상태에 따른 형평성만 고려하여 설명

Key-word: 제한된 상황에서의 합리적인 판단력이 필요하다. 부여된 상황에서 위독 여부가 제시되지 않았으나, 환자 상태를 추측해 볼 때 A가 더 위독한 상태로 보인다. 군의관의 치료 우선순위를 먼저 설정하는 등을 구체적으로 언급

<답안 만들기>

3-24. 과학기술의 발달로 인간이 직접 운전하지 않고도 자동으로 주행할 수 있는 자율주행차는 현재 위험한 상황에서 사람이 수동 조작하는 단계를 목표로 하여 개발하고 있다. 그러나 사람의 개입이 필요 없는 단계까지 발전할 경우 윤리적 문제가 발생할 수 있다는 우려가 크다. 만약 '자율주행 차량[95]이 30t 트럭과 정면으로 충돌한 상황에서 피하는 방법은 인도밖에 없는데, 인도로 핸들을 조정하면 5명의 행인이 피해를 볼 수 있다. 정면으로 충돌하면, 운전자에게 피해가 간다.'라는 상황에서 인공지능을 어떻게 프로그램하는 것이 윤리적으로 타당한지에 대한 지원자의 의견을 제시하고 토론하시오

* 미국 매사추세츠공과대(MIT) 연구결과
① 우선 보호해야 할 대상으로는 아기, 소녀, 소년, 임산부, 남성 의사, 여성 의사, 여성 운동선수, 여성 CEO, 남성 운동선수, 남성 CEO 순으로 확인하였다. 크게 보호할 필요가 없는 대상으로는 고양이, 범죄자, 개, 여성 노인, 남성 노인, 노숙자, 몸집이 큰 남자를 꼽았다.
② 특성별로 보면 탑승자보다 보행자, 남성보다 여성, 어른보다 아이, 사회적 지위가 낮은 사람보다 높은 사람, 교통신호를 준수하는 사람, 노인보다 어린이, 애완동물보다 사람, 사람 수가 적은 쪽보다 많은 쪽이 살 수 있도록 해야 한다고 선택한 것으로 연구되었다.
③ 완전 자율주행차가 갑자기 맞닥뜨릴 현실은 예측 가능한 경우는 거의 없으므로, 운행 허용 전에 제조사와 정부, 학자들이 함께 참여하여 범용적 기준이 아닌 지역·문화적 맞춤형 도덕 AI 알고리즘을 설계하는 것이 필요하다는 전문가의 의견도 존재하고 있음을 기억하여야 한다.

---

95) '자율주행 차량'은 '운전자가 없이 스스로 주행하는 자동차'를 의미하고 있다. 현재 구글이 2010년에 무인 주행 실험에 성공하면서 세계에서 가장 앞선 기술을 보유하고 있다. 구글 무인 자동차는 2012년 시각장애인을 태우고 20만 마일(321,000km)을 주행하는 데 성공하였으며, 2014년까지 70만 마일(1,126,000km)을 주행하는 데 성공하였다. 자율주행 기술은 미래의 스마트 카 시대를 여는 데 필요한 핵심 기술이다.

구 분	주요 내용
긍정요소(☺)	현재 자율주행 차량 기술 발전실태, MIT 연구결과, 지원자의 윤리적 기준에 따른 판단, 향후 발전 방향성 제시
부정요소(☹)	자율주행 차량에 대한 이해가 부족, 윤리적 개념에 대한 지역·문화적 특성을 고려하지 않고, 감성적 접근으로만 접근

Key-word: 자율주행 차량의 개념에 대한 기초 지식을 설명하고, MIT 연구결과를 기초로 하여 주어진 상황을 정리하되, 단정적인 결론보다는 앞으로의 방향성에 대하여 언급

<답안 만들기>

3-25. 15일간 폭우가 내리면서 A시(1,000만 명이 거주) 상류에 있는 댐의 저수 용량이 초과되었다. 이제 24시간이 지나면 홍수가 발생하여 인명피해는 없으나, 막대한 경제적 피해가 예상된다. 만약 작은 댐을 사전에 폭파하여 물길을 돌리면, 50여 가구가 있는 마을에 인명피해가 예상된다. 상급기관으로부터 작은 댐을 폭파하라는 지시가 내려졌다. 지원자가 댐 관리소장이라면 어떤 결정을 내릴 것인지에 대한 지원자의 의견을 제시하고 토론하시오.

구 분	주요 내용
긍정요소(☺)	상급기관 지시, 막대한 경제적 피해, 마을의 인명피해, 사전(事前)에 주민대피 등을 고려하여 의견을 제시
부정요소(😠)	상급기관의 지시사항을 우선시해야 하므로 '댐 폭파'를 결정

Key-word: 중국 샨샤댐 사례[96]를 참고하여, 피해를 최소화할 수 있는 측면으로 정리

<답안 만들기>

---

96) 2020년 중국 남부지방 집중호우로 인한 홍수로 인하여 샨샤댐(높이 181m, 길이 2,335m, 저수량 390억)이 위험 수위에 도달하여 댐 하류에 사는 3,400만 명의 이재민 발생이 우려되자, 중국 정부는 추어강 상류의 2개 제방을 폭파하여 강의 수위를 조절하였다. 제방 폭파 전 인근 주민들을 미리 대피시켜 인명피해는 발생하지 않았다.

3-26. 시 교육청에서 학교폭력 예방에 관한 순회 설명을 나와 익명으로 설문을 받는다고 한다. 우리 반은 평상시 담임교사의 폭언과 비인격적 언어 사용으로 원성이 높다. 과거에 한 학생이 시정(개선)을 건의했다가 생활지도 기록부에 부정적으로 내용이 기록되어 대입시험에서 피해를 보았다는 소문도 있다. 신고 여부에 대한 지원자의 의견을 제시하고 찬반(贊反)을 토론하시오.

구 분	주요 내용
긍정요소(☺)	단계적(담임교사 → 학교 → 교육청) 절차를 논리적으로 제시
부정요소(☹)	확인되지 않은 소문에 따른 갈등 설명 및 결과를 선택

Key-word: 문제 발생 시 해결을 위한 지원자의 합리적 선택이 필요, 담임교사에게 직접적인 시정요구, 학교의 인권 관련 교사를 면담, 교육청에 문제 제기 등을 통하여 자체적인 해결방안을 마련하는 등으로 간략하게 정리

<답안 만들기>

3-27. 어린이집에 보육교사인 A씨는 야외활동 인솔자인 B씨에게 자신의 외투를 빌려주었다. 아이들과 뛰는 중 주머니에 있는 담배와 라이터가 나왔고, 이를 지켜본 주임교사가 원장에게 보고했다. A씨는 출근 이후에는 핀 적이 없다고 해명하였으나, 흡연·문신·네일아트·밝은 염색 금지, 복장규제(짧은 치마, 반바지, 비치는 옷)내용이 포함된 취업규칙 및 복무규정 불이행을 이유로 권고사직하였다. A씨의 평소 보육방식이나, 업무 간 결격 사유 및 아동인권침해가 없고, 퇴근 후 흡연까지 통제는 과도하다는 게 동료들의 의견이다. 해고에 대한 지원자의 의견을 제시하고 찬반(贊反)을 토론하시오

구 분	주요 내용
긍정요소(☺)	취업규칙 및 복무규정 근거, 3차 흡연[97]이 아이들에게 미치는 영향을 고려하여 권고사직에 대한 贊·反 이유를 제시
부정요소(☹)	일과 이후의 생활까지 통제는 과도하다는 측면만 강조, 어린아이를 돌보는 책임보다는 개인의 자유만을 주장

Key-word: 취업규칙 및 복무규정, 3차 흡연의 폐해, 어린이집 보육교사로서의 강화된 윤리 및 책임 의식 관점으로 접근

<답안 만들기>

---

97) '3차 흡연'이란 '담배 연기를 직접 맡지 않고도 몸이나 옷, 카펫, 커튼 등에 묻은 담배 유해물질을 통해 흡연 효과가 나타나는 것'을 말한다. 50여 종의 유기화합물은 18시간 후까지 잔류, 먼지에 흡착된 니코틴은 21일 이후에도 40%가 남는다. 간경변과 간암, 폐기종, 천식 등의 증상 유발이 가능하다.

3-28. 韓·中 간 갈등으로 인한 중국 정부의 통제와 노동자들의 임금인상 요구 등이 상당하다. 중국(아시아지역 수출 거점)에서 배터리 공장을 하는 A사장은 이전(移轉)을 검토 중이다. A국가는 안정된 치안과 물가, 숙련된 노동자가 있으나, 시장 확대는 다소 제한된다. B국가는 불안정한 치안과 물가, 노사분규의 여지가 있으나, 정부의 적극적 지원 약속 및 유럽 시장으로 확장하는 데 유리하다. 월 1억 개 생산 시 A국가는 개당 단가 1000원, 임금 1인당 100만 원, 2,000명이 소요되지만, B국가는 개당 단가 900원, 임금 1인당 120만 원, 2,000명이 소요된다. 지원자가 사장이라면 어느 나라로 공장을 이전할 것인지에 대한 지원자의 의견을 제시하고 토론하시오.

구 분	주요 내용
긍정요소(☺)	1억 개 생산 시 원가 제시, 공장 이전의 원인을 해소할 수 있는 관점에서 의견을 조리있게 제시
부정요소(☹)	여러 가지 요소 중 한 가지 요소만을 고집(고지식)

Key-word: 총 소요되는 생산원가 비교, 중국에서의 이전 원인 해소, 회사의 어려운 상황을 고려하여 일정 기간 안정된 이익을 창출하는 관점으로 접근

<답안 만들기>

3-29. 2021년 3월 25일 전남 고흥 나로우주센터에서는 한국형 발사체인 누리호 개발의 가장 어려운 과정인 엔진 최종 연소시험에 성공하였다. 우리나라는 2030년까지 달 착륙과 세계 7대 우주 강국으로의 도약을 추진하고 있다. 그러나 약 2,300억 원의 예산이 투입되는 달 탐사 사업계획은 4차례나 변경되었으며, 단기적인 성과가 어렵고 투자 대비 불확실성의 이유로 국내 주요 대기업은 참여하지 않고 있다. 우주개발 투자에 대한 지원자의 의견을 제시하고 토론하시오.

구 분	주요 내용
긍정요소(☺)	우주 주권 확보로 국가 위상을 제고, 항공·전자·통신·소재 등 연관사업 일자리 창출, 한국형 나사(NASA) 설립을 제시
부정요소(😠)	불확실한 미래 투자 보다 당장 급한 분야에 예산 투입을 주장

Key-word: 우주개발의 필요성[98]에 대한 몇 가지의 사례를 포함하여 정리

<답안 만들기>

---

98) 최고의 고지 점령(인공위성, 인공지능 기술, 우주무기)으로 국가 안전 보장, 우주 탐사에 따른 무한한 기회와 가능성 제공(경제활동 증대, 에너지와 자원 조달, 우주 생산공장 건설, 우주여행), 국가의 발전적 요소로 작용(외교력 강화, 국가 과학기술 및 산업발전, 국민의 자부심 증대 등)

3-30. 서울이 집인 지방대 출신의 형은 취업준비생이지만 3년 동안 실패하였다. 고3 수험생인 동생은 수능시험 성적이 좋아서 부모님의 기대를 한껏 받고 있으며 지원할 대학을 고민 중이다. 지원자가 형이라면, 동생에게 어떤 선택을 하도록 조언할 것인지에 대한 의견을 제시하고 토론하시오.

* 특별상황: 담임교사는 가정의 경제적 여건과 향후 취업을 고려하여 서울 국립대학교의 하위권 학과를 추천하지만, 부모님은 경제적으로 부담스럽다. 동생은 자존심이 강하여 기업 선호도가 높은 지방 사립대학교의 상위권 학과를 희망하나 스스로 자신의 취향이나 적성을 정확하게 알지 못하고 있는 상태다.

구 분	주요 내용
긍정요소(☺)	경제적 어려움, 부모의 기대, 동생의 적성을 고려하고, 자신의 실제 경험 및 실패한 사례를 간략하게 제시
부정요소(😠)	한 가지 측면만을 중요시하여 객관성과 합리성이 낮게 설명

Key-word: 동생의 적성을 찾고, 지방대 상위권 학과 중 수능성적을 고려하여 장학금 수혜 가능성 등을 복합적인 판단의 필요성을 언급

<답안 만들기>

3-31. **취업준비생**[99] A씨는 지방 출신으로 3년간의 강남고시촌 생활 끝에 지난달 2곳의 회사에 합격하였다. A회사는 서울에 있는 대기업으로 계약직 1년이나, 여기에서의 근무경력은 동종 업체에서 높이 평가받고 있다. B회사는 지방의 건실한 중소기업으로 사원은 평균 60세까지 근무하는 AI 지능 프로그램 개발업체이다. 지원자가 A씨라면, 어느 회사를 선택할 것인지에 대한 의견을 제시하고 토론하시오.

구 분	주요 내용
긍정요소(☺)	근무지역, 보수, 경험, 이직 가능성, 장기근무, 노후보장 등을 실질적으로 판단하여 합리적 측면에서 간략히 제시
부정요소(☹)	단순히 대기업과 중소기업의 선택 측면에서 이유 설명

Key-word: 회사의 일이 자신의 적성과 잘 맞는지, 하고 싶은 일인지, 일을 통한 성취감과 보람이 있는지에 대하여 지원자 처지에서 진솔하게 정리

<답안 만들기>

---

[99] 2021년 취준생들의 직장 선택 시 가장 중요하게 생각하는 것에 대한 설문 조사 결과 연봉 수준 46.9%, 원하는 일 40.8%, 직원복지 39.7%, 성장기회 34.6%, 이직기회 22.0%로 조사되었다.

2-32. 20~30대 청년들에게 「결혼과 자녀의 출산에 관한 생각」을 주제로 설문 조사를 진행한 결과 47.9%가 향후 결혼을 안 할 가능성이 크다고 했으며, 자녀출산은 80.9%가 부담스럽다는 회의적 반응을 보였다. 청년들의 결혼 기피 현상과 자녀출산 부담의 원인을 주제로 토론하시오.

* 기피 이유: 혼자 사는 게 편해서(71.5%), 출산과 육아에 대한 경제적 부담(54.5%), 결혼식과 신혼살림에 대한 경제적 부담(42.6%)이었다.
* 자녀출산이 부담인 이유: 소득이 적어서(28.1%), 나의 삶을 살고 싶어서(19.9%), 자녀에게 충분히 잘해줄 수 없을 것 같아서(18.6%), 한국의 치열한 교육제도 아래서 키우기 싫어서(12.8%), 경력단절(10.5%), 육체적으로 너무 힘들 것 같아서(5.6%)로 나타났다.

구 분	주요 내용
긍정요소(☺)	결혼 기피 및 출산 부담의 원인 등 실제 사례를 제시
부정요소(☹)	지원자의 의견 없이 단순한 추측성 원인 설명

Key-word: 결혼 기피 및 출산 부담감의 원인이 다양하지만, 지원자가 가장 중요하다고 생각하는 원인과 이유를 간략하게 정리

<답안 만들기>

3-33. 한 젊은 청년이 현대 문학의 가장 난해한 작가로 꼽히는 제임스 조이스의 소설 율리시스를 연구해 박사학위를 받았다. 문법상으로 마침표가 들어갈 자리가 아닌 곳에 들어간 마침표를 연구하여, 제임스 조이스가 점을 찍은 이유와 철학적인 배경, 문학적 의미 등을 심층적으로 분석했다. 논문은 인정받았고, 그는 학계의 주목을 한 몸에 받았다. 1년 후 율리시스 원본을 직접 볼 기회가 주어졌다. 박사는 충격을 감출 수 없었다. 왜냐하면, 마침표는 조이스가 펜으로 찍은 것이 아니라 파리의 똥이 떨어진 흔적이었다. 그 후로 사람들은 그를 파리똥 박사라고 불렀다. 젊은 청년의 박사학위를 인정(취소)해야 하는지에 대한 지원자의 의견을 제시하고 토론하시오

구 분	주요 내용
긍정요소(☺)	박사학위에 대한 인정은 연구결과가 훌륭해서가 아닌 연구 과정을 인정하는 점에 있다. 따라서 이를 통해 자신감을 얻은 과정 측면을 장점으로 부각하여 제시
부정요소(😠)	논문 작성의 논리적인 과정에 주목하지 않고, 결과만을 주목

Key-word: 새로움에 대한 젊은 학자의 도전과 창의적, 논리적 전개 과정을 모든 사람이 인정하고 받아들였다는 점을 고려하여 학위 인정 여부를 정리

<답안 만들기>

3-34. 여자농구는 최근 코로나19에 따른 무관중 경기와 관중의 출입이 제한되어 입장료 수입은 감소하고 있으며, 남자농구와 비교할 때 박진감이 없기에 TV 광고 수익도 많이 떨어져 각 프로구단이 어려움을 겪고 있다. 흥행 성공을 위해 덩크슛에 성공할 경우 3점을 부여하는 제도를 검토하고 있다. 지난 3년간 성공한 경우는 한 번에 불과하며, 단지 키가 크다고 성공하는 것이 아니라, 순간적인 점프력과 유연성이 필요하다. 지원자가 여자농구협회 홍보담당자라면 어떤 결정이 내릴 것인지 토론하시오

구 분	주요 내용
긍정요소(☺)	실현 가능성 없는 제도의 시행, 국제 규칙과의 상이성, 선수 부상 우려, 흥행을 위한 홍보담당자의 입장을 고려한 의견 제시
부정요소(😡)	흥행만을 고려한 제도 시행 주장

Key-word: 2007년 제도 시행 후 단 한 차례의 성공으로 현실성이 부족하여 폐지된 제도로 흥행 및 특정 선수를 대상으로 한 규칙 제정의 문제점을 언급

<답안 만들기>

2-35. 우리나라에는 지역별로 아름다운 자연경관을 지닌 크고 작은 산들이 많다. 따라서 등산이 어려운 장애인과 노약자들에게 자연경관을 조망(眺望, 먼 곳을 바라보는)하는 즐거움을 주고, 접근하기 쉽게 하여 지역 관광산업을 활성화하기 위하여 케이블카 설치를 추진하고 있다. 최근에는 설악산의 오색계곡과 지리산, 대구 달성의 비슬산에 대한 케이블카 설치가 상당한 논란이 되면서 찬반 의견이 팽팽하였다. 과거에도 북한산에 케이블카 설치가 추진되었으나, 환경파괴에 대한 우려가 강해지면서 취소된 바 있다. 자연경관이 아름다운 산에 케이블카를 설치하는 데 대한 지원자의 의견을 제시하고 찬반(贊反)을 토론하시오.

* 찬성의견

  수많은 관광객의 등반으로 자연환경이 훼손되고, 교통약자가 접근하기 힘든 문제를 해결할 수 있다. 세계 산림 선진국인 캐나다, 호주, 일본은 국립공원에 케이블카를 설치하여 산림도 지키고 동식물도 보존하는 등 환경을 보호하는 측면을 중시하고 있다. 이는 일자리 창출과 지역경제 활성화에도 상당한 도움을 주고 있으며, 케이블카를 운영함으로써 지상에서는 야생동물들이 자유롭게 이동하기가 가능하다.

* 반대의견

  케이블카로 인해 더 많은 관광객이 방문하게 되면, 주변 환경을 파괴하고, 특히 걸어 내려오는 과정에서 주변은 더욱 황폐해질 것이다. 대표적으로는 내장산 '굴거리나무' 군락이 훼손된 사례를 들 수 있다. 케이블카를 건설 및 운영과정에서 환경파괴는 불가피하다. 음식물을 준비한 당일 일정의 승용차 여행으로 인한 경제적 효과 증대는 기대보다 높지 않을 것이다. 케이블카 설치는 자연과 공존하는 것이 아니라 소유물로 간주하겠다는 행위가 되지 않을까 우려스럽다.

* 자연공원법: 자연생태계와 자연풍경지를 보호하고, 이를 계속 이용할 수 있게 함으로써 국민의 보건과 여가 및 정서 생활의 향상에 기여할 목적으로 제정한 법이자 기본원칙으로 자연공원은 모든 국민의 자산으로서 현재와 미래세대를 위해 보전되어야 함을 명시하고 있다.

구 분	주요 내용
긍정요소(☺)	찬성과 반대의견 중 하나를 선택하되, 자신의 경험담과 연계하여 설명하고, 단기적 측면보다는 장기적 측면 고려하여 의견을 제시
부정요소(😠)	경험적 요소나 사례는 들지 않고 단순하게 찬성 및 반대

Key-word: 장애인 노약자 권리, 지역경제 활성화, 환경파괴 예방, 자연 공존에 대한 인식, 자연공원법 기본원칙, 자신의 이용 경험(케이블카, 등산)을 정리

<답안 만들기>

3-36. 가수 A는 입대 전 공연 차 출국하여 취득한 외국 시민권이 병역을 기피하려는 행위로 논란이 있었고, 당시 병무청은 병역의무 면탈(免脫)로 판단하여 입국을 금지했다. 최근 A씨가 비자 발급 거부는 위법하다며 낸 소송에서 승소했지만, 정부는 재차 거부했다.[100] A씨는 연예인으로서의 약속을 지키지 못했을 뿐인데 국가 안전보장을 이유로 장기간(19년) 입국을 금지하는 조치는 위법하다고 주장하며 다시 소송을 냈다. 해외 거주를 이유로 병역을 미이행한 사람은 1만 명에 이른다. 37세 이후 국적을 재취득하고 입국하여 활동하면 병역의무가 해소된다. A씨의 입국 허가에 대한 지원자의 의견을 제시하고, 찬반(贊反)을 토론하시오.

구 분	주요 내용
긍정요소(☺)	병역을 면탈(免脫)하기 위한 기만, 연예인(公人)으로서 약속, 법의 허점을 악용, 인권보장, 미이행자와의 형평성 등을 고려하여 제시
부정요소(☹)	병역기피가 아닌 연예인으로서 약속위반의 관점만 단순히 주장

Key-word: 입영통지서 발급상태, 국외여행허가서에 기간 명시, 공인으로서의 병역이행 약속, 병역기피의 의도성을 고려하여 입국이 불허(不許)된 점을 설명

<답안 만들기>

---

[100] 정부는 재외동포의 출입·국과 법적 지위에 관한 법률 제5조 2항 '대한민국의 안전보장, 질서유지, 공공복리, 외교 관계 등 국익을 해칠 우려가 있는 경우 재외동포 체류 자격을 부여하지 않는다.'라는 규정을 근거로 거부하였다. 또한, A씨를 '국내 활동을 하면서 영리를 획득하고, 입영통지서까지 받은 상태에서 미국 시민권을 취득한 유일한 사람'으로 '병역 면탈(免脫)을 목적으로 하여 국적을 상실한 병역기피자'로 판단하고 있다.

3-37. 우리나라는 병역자원의 감소 추세를 고려 시 2030년 이후에는 남성만으로 20만 명 수준의 군대도 운영하기 어렵다. 2020년 A 방송사의 패널조사에 따르면 여성 징병제에 52.8%가 모병제에는 61.5%가 찬성하였다. 美·日·네덜란드는 모병제[101], 노르웨이·스웨덴·이스라엘·쿠바는 징병제[102]를 시행 중이며, 북한은 징병제로 남군은 13년, 여군은 7년을 복무하고 있다. 여성 징병제에 대한 지원자의 의견을 제시하고, 찬반(贊反)을 토론하시오.

구 분	주요 내용
긍정요소(☺)	인구 감소에 따른 병력 부족 현상 해소, 양성평등 실현, 전투에 적합한 신체·생리적 특성, 새로운 일자리 확대 측면을 고려하되, 남성 중심의 문화·환경 개선 노력이 필요함을 제시
부정요소(😠)	軍 가산점제도 폐지에 따른 젠더 갈등 측면에서 징병제 주장

> Key-word: 신체·생리적 특성에 대한 선입견 보다, 국민의 국방의무 수행과 양성평등을 위한 군내 문화·환경을 개선하는 노력의 필요성을 정리

<답안 만들기>

---

101) 강제로 징병하지 않고, 본인의 지원 때문에 군인으로 모집해서 복무시키는 제도이다.
102) 국가가 국민을 대상으로 병역 의무자를 강제적으로 징집하여 일정 기간 병역에 복무시키는 제도이다.

3-38. 병무청에 따르면 병역 면탈[103]을 적발한 건수는 2015년 47명에서 2019년 75명으로 매년 증가 추세이다. 사유별로 고의 체중 증(감)량, 정신질환 위장, 고의문신, 학력 속임 순이었으며, 기타 청력 장애, 허위장애 등록, 고의 생계감면, 수지(手指, 손가락) 절단 등이 있었다. 병역을 기피할 목적으로 신체를 손상하거나 속임수를 쓸 경우, 1년 이상에서 5년 이하의 징역에 처하도록 규정하고 있다. 그러나 최근 4년간 유죄확정자 152명 중 4명만이 실형을 선고받았으며, 148명은 기소유예나 집행유예 처분을 받았다. 병역 면탈이 증가하는 원인과 예방대책에 대한 지원자의 의견을 제시하고 토론하시오.

구 분	주요 내용
긍정요소(☺)	특권 없는 공정한 병역문화 조성 차원에서 병역면탈 처분자에 대한 강력한 제재와 경력 및 사회와 단절된다는 군대에 대한 부정적 인식의 해소가 필요하다는 관점에서 제시
부정요소(😠)	단순하게 선처 또는 강력한 처벌만이 해결방안으로 주장

Key-word: 병역 면탈의 개념과 처분 및 시행 중인 예방대책을 설명하고, 지원자가 생각하는 증가 원인과 예방대책 1가지 정도 추가 설명

<답안 만들기>

---

103) '병역 면탈(免脫)'은 '신체적 조건, 질병, 심신장애를 이유로 병역의무를 회피하기 위해 고의로 신체에 손상을 가하는 행위'이다. 병무청에서는 연예인, 4급 이상 공직자와 자녀, 종합소득 5억 초과자와 자녀를 대상으로 18세부터 병역이행 과정을 검증하는 제도를 시행 중이며, 병역 면탈을 조장하는 인터넷 정보 감시를 강화하고 있다. 또한, 병역 의무자가 존경을 받는 사회 분위기를 조성하기 위해 병역명문가(3대 현역복무)를 선정하고, 영주권자 희망입영을 통해 자진이행 풍토 확산 등을 추진하고 있다.

3-39. A 소대는 부대평가를 받고 있으며, 종합 2위를 달리고 있다. 다행히 평상시 탁월한 수준을 보이는 독도법에서 1위를 한다면, 종합우승도 가능하다. 부소대장은 욕심이 나는지 규정된 코스가 아닌 지름길로 이동하자고 건의하였고, 다수의 병사도 이에 동의하였다. 우승하면 개인별 포상휴가를 10일씩 갈 수 있지만, 준우승팀에는 부상(副賞)이 없기 때문이다. 만약 지원자가 소대장이라면, 어떠한 선택을 할 것인지 그 이유와 조치사항을 주제로 토론하시오

구 분	주요 내용
긍정요소(☺)	평가 규칙준수 필요성과 미준수 시의 문제점을 간략히 제시
부정요소(😠)	다수결에 따르겠다면서도 규정코스 미준수 시 문제점은 미설명

Key-word: 평상시 독도법 성적을 토대로 소대원에게 자신감을 부여하며 규칙준수가 중요하니 규칙의 범위 내에서 명예로운 우승을 해야 함을 강조

<답안 만들기>

3-40. A 소대장은 전입 6개월 차이며, 1개월 후 소대장 평가, 3개월 후 중대장 평가(ATT)가 계획되어 있다. 소대는 3개월 동안 관련 행정업무와 훈련을 야근(夜勤)하면서까지 준비해 왔고, 부소대장은 이에 불만을 품고 있어 지시에 대한 반응은 그다지 좋지 않다. 소대원과 개별 면담을 한 결과 부소대장이 소대장의 지휘방식에 불만을 품고 있으며, 소대원들도 많이 힘들어하고 있다는 사실을 알게 되었다. 지원자가 소대장이라면, 부소대장과의 관계와 소대원들의 불만을 어떻게 해결할 것인지에 대하여 의견을 제시하고 토론하시오.

구 분	주요 내용
긍정요소(☺)	지휘방식에 대한 자기성찰(업무와 휴식 병행), 부소대장과의 직접적인 의사소통, 평가에 대한 소대원의 자발적 참여 유도(목적의식, 포상 등)를 중점적으로 제시
부정요소(😠)	목표 지향적 지휘방식 유지(상명하복 강조), 신상필벌만을 강조

Key-word: 전입 6개월 소대장으로써 자신이 파악한 소대의 특성에 대해서 다시 한번 되돌아보고, 부소대장 및 소대원과의 소통을 통한 해결책을 강조

<답안 만들기>

3-41. 1주일 전 B 소대에서 사고가 발생하여 이등병이 후송되었다. 중대장은 대대장으로부터 병력통제와 업무미숙에 대하여 심한 질책을 받았다. A 소대장은 당직근무 간 B 소대원과 대화에서 계급에 따라 병영 생활 행동[104]이 구별 되고, 이등병들의 불만이 높아지고 있다는 것을 확인했다. 만약 대대장에게 보고하면 중대장은 더욱 신뢰를 잃고 질책을 받을 것이다. 지원자가 A 소대장이라면, 어떻게 할 것인지에 대한 의견을 제시하고 토론하시오

구 분	주요 내용
긍정요소(😊)	병영 생활 간 준수해야 할 기본원칙을 이해하고, 상황의 경중에 따른 처리 방안(법적제재, 징계 요구)을 구분하여 제시
부정요소(😡)	중대장 입장만 고려하며 병영 생활과 행동의 기본원칙에 대한 이해가 부족

Key-word: 법률을 위반한 상황이 발생한 경우 1차로 B 소대장에 내용을 설명 후 중대장에게 법적제재의 필요성에 관하여 건의하는 방향으로 정리

<답안 만들기>

---

104) 군인 지위 및 복무에 관한 기본법에는 병 상호 간에는 직무에 관한 권한이 부여된 경우 이외에는 명령, 지시 등을 하여서는 안 된다고 명시되어 있다. 최근 대법원도 분대장에 대한 상관모욕죄를 인정하고, 분대장은 분대원에 대해 명령권을 가진 사람 즉 상관에 해당한다고 판결했다.

3-42. 전역을 3개월 앞둔 중대장은 부대 업무에 관심이 없고, 취업 준비와 개인적인 일에만 열심이다. 지휘관으로서의 자질과 지휘통솔 능력이 다소 부족하다고 느끼지만, 임무 수행 측면에서 큰 무리는 없이 수행하고 있다. 다음 주 대대장과의 간담회 시 부대발전을 위한 제언과 애로 및 건의사항 시간이 계획되어 있다. 지원자가 예하 소대장이라면, 대대장에게 어떤 내용을 건의할 것인지에 대한 의견을 제시하고 토론하시오

구 분	주요 내용
긍정요소(☺)	중대장의 현재, 과거 상황을 모두 확인하고, 중대장의 입장과 부대발전 측면을 고려하여 의견을 제시
부정요소(☹)	중대장의 현재 상황과 문제점만을 대대장에게 언급

Key-word: 여러 가지 상황을 고려하여 대대장에게 적절한 보고가 필요할 경우, 전체가 참석하는 간담회보다는 별도의 보고 방식(이메일, 개별 면담 등)을 통해 건의하는 융통성도 필요함을 이해하고 접근해야 함.

<답안 만들기>

3-43. 대대로 전입한 지 6개월이 지난 2소대장은 야외훈련을 마치고 복귀하여 저녁에 결혼을 반대하는 여자친구 부모와 만나기로 약속되어 있다. 그런데 오늘 당직근무인 1소대장이 아들의 대학병원 치료를 위해 대리근무를 부탁했으나, 불가피한 상황을 설명하고는 퇴근하였다. 1소대장은 이전에 경험이 없는 2소대장에게 많은 도움을 주었으며, 감기가 심할 때 당직근무를 교대해 주기도 했다. 퇴근 후 1시간이 지나 대대장으로부터 근무를 교체할 대상이 없어, 2소대장이 괜찮다면, 당직근무를 대신 수행하여주면 좋겠다는 연락을 받았다. 지원자가 2소대장이라면, 어떻게 할 것인지에 대한 의견을 제시하고 토론하시오.

구 분	주요 내용
긍정요소(☺)	개인의 상황보다는 동료와 부대 상황, 지휘관의 의견 등을 고려하여 자기희생적인 측면에서 문제해결방안을 제시
부정요소(😡)	개인의 상황이 무조건 우선이고, 대대장의 전화를 단순히 지시로 판단하여 수행하는 자세를 고집

Key-word: 동료와 부대를 위해 개인의 희생을 요구할 경우의 자세를 판단하기 위한 상황임을 이해하고 어느 방향을 선택하던 상식선에서 정리

<답안 만들기>

3-44. 부대에서 예산 관련 업무를 총괄하고 있는 A 장교는 1개월 전 상급부대로부터 긴급하게 필요한 예산사업을 추가로 파악하도록 지시받고 문서작업 중에 있다. 이 와중에 종합훈련장 운영에 따른 갈등 감소와 민원해소 사업에 우선을 두고 보고 하라는 지시를 추가로 받았다. 대대장이 지시한 주요 내용은 실전적인 훈련을 통한 장병들의 교육을 강화하기 위하여 ① 자주포 진지 지붕 설치 및 실전적 훈련장 설치(소요금액 50억 원), ② 자주포 사격훈련장 인근 방음벽 설치(소요금액 40억 원)로 보고하도록 지침을 주었다. 지원자가 A 장교라면, 어떤 내용을 먼저 보고할 것인지에 대한 의견을 제시하고 토론하시오.

구 분	주요 내용
긍정요소(☺)	상급부대와 대대장의 지침이 다를 경우 어떤 논리로 지휘관을 설득하는 게 합리적인지에 대한 시각으로 의견을 제시
부정요소(😡)	합리적으로 타당성 없이 단순히 대대장 지시사항을 이행

Key-word: 현재의 시급성과 훈련장 인근 주민과의 갈등을 해소하는 데 중점을 두고 대대장을 어떻게 설득할 것인가에 중점을 두고 판단하는 것이 중요

<답안 만들기>

3-45. A 장교는 중대 개인화기 사격 교관으로 3개월 동안 집중적으로 사격연습을 진행하여 대다수는 합격 수준에 도달하였다. 그러나 10명은 별도의 집중교육까지 하고 있으나 진전이 거의 없다. 3개월 후 중대 전투력측정이 예정되어 있기에 중대장은 평가받는 게 중요하므로 평가 때 10명은 정기휴가로 조치하도록 지시하였다. 지원자가 A 장교라면, 중대장의 지시에 어떻게 대처할 것인지에 대한 의견을 제시하고 토론하시오.

구 분	주요 내용
긍정요소(☺)	잔여기간 중 저조한 병사들에 대한 추가 교육 및 집중력 향상을 위한 대책과 평가 후 결과의 공정성이 필요함을 제시
부정요소(☹)	중대장의 지시에 순응하고, 쉬운 길을 선택

> Key-word: 1차로 3개월 남아있는 기간에 합격 수준에 도달하기 위한 대책을 마련하거나, 2차로 공정하지는 않지만, 중대장이 융통성을 발휘하여 내린 지시에 대하여 어떻게 행동할 것인지를 간략하게 정리

<답안 만들기>

3-46. A 소대는 전술훈련 중이다. 중대장은 상급부대 작전지침에 따라 목표지점까지 A 코스를 통해 이동하라고 지시했다. 그러나 소대원 대다수는 B 코스로 이동하는 게 좋겠다고 건의하고 있다. 소대장이 판단하기에도 B 코스의 지형이 이동하는 데 좋고, 목표지점까지의 도착 소요시간도 30분을 단축할 수 있어 괜찮은 방법으로 생각되었다. 지원자가 A 소대장이라면, 중대장에게 어떻게 건의할 것인지에 대한 의견을 제시하고 토론하시오.

구 분	주요 내용
긍정요소(☺)	상급부대 훈련의 목적을 확인하고, 중대장의 지시하는 의도와 자기 생각을 비교하여 최종 결정된 결과를 제시
부정요소(😠)	다수의 소대원이 희망하기 때문에 B 코스 이동을 건의 또는 상관의 지시임으로 무조건 복종한다고만 주장

Key-word: 상급부대와 경험이 많은 중대장의 지침임을 고려하여, 소대원과 의견이 다르더라도, 이유를 확인한 다음 소대원 교육의 필요성을 언급

<답안 만들기>

3-47. A 일병은 소대에 전입한 첫날부터 무릎 통증을 호소하며, 각종 임무에서 제외해 줄 것을 건의하였다. 군의관이 진단한 결과 일상적인 부대 활동은 가능하다고 판정하였으나, 계속 통증을 호소하면서 6개월 동안 부여한 임무를 수행하지 않아 소대원들의 업무는 가중되고 있다. 관찰결과 A 일병은 자유시간이나 종교활동 때는 활발하게 생활하고 있다. 지원자가 소대장이라면, A 일병을 어떻게 조치할 것인지에 대한 의견을 제시하고 토론하시오

구 분	주요 내용
긍정요소(☺)	질병 치료, 소대장 면담, 병영 생활 전문상담관 활용, 의도성이 있다고 확인 시 징계(군법 회부) 조치 등으로 단계화하되, 원인을 파악하여 해결하는 데 중점을 두고 의견을 제시
부정요소(😠)	문제 발생을 우려하여 묵인하거나, 의도성을 임의로 판단하여 징계하는 등 강제적인 방법으로 제재(制裁)해야 한다고만 주장

Key-word: 신체적 증상 확인 및 치료, 임무 기피 원인 확인(소대장, 병영 생활 전문상담관) 및 조치, 징계(군법 회부) 사전 경고 및 지시 불이행이나 軍 기강 문란으로 조치하는 등의 단계적 조치방안을 간략하게 정리

<답안 만들기>

3-48. 휴가에서 복귀한 A 소대 B 이병은 부모님께서 주신 떡과 현금 10만 원, 아들을 잘 보살펴준 소대원들이 함께 나누어 먹을 것을 부탁하는 부모님의 편지를 함께 가져왔다. 떡의 유효기간은 3일 정도가 남았다. 지원자가 소대장이라면, 세 가지 항목 중에서 어떤 선택을 할 것인지 선택한 다음 그 이유를 주제로 토론하시오.

① 떡은 소대원들과 함께 먹고, 10만 원은 다시 부모에게 보낸다.
② 떡과 돈을 모두 부모에게 보낸다.
③ 음료수를 구매하여 소대원들과 함께 떡을 먹고, 감사 편지를 보낸다.

구 분	주요 내용
긍정요소(☺)	청렴 의무를 이해하고, 적절한 조치와 함께 향후 유사사례가 발생하지 않도록 소대원의 교육이 필요함을 핵심적으로 제시
부정요소(☹)	떡의 유효기간과 부모님의 정성을 고려 반드시 취식

Key-word: 군인의 청렴의무 준수[105]와 청탁 금지법에 명시하고 있는 선물 제공이 가능한 범위[106]를 고려한 상태에서 필요한 방안을 결정

<답안 만들기>

---

105) 군인은 직무상 관련 여부와 상관없이 소속 부하로부터 증여를 받아서는 아니 된다.
106) 원활한 직무수행, 사교·의례 목적일 때 한하여 5만 원(농수산물 또는 가공품은 10만 원) 이하의 선물을 제공하는 것이 가능하며, 법을 위반할 경우는 3년 이하의 징역 또는 3000만 원 이하의 벌금을 물리게 되어있다.

3-49. 대대는 3km 전방에 있는 북한군 연대와 대치하고 있다. 북한군은 3시간 후 대대를 공격할 것으로 판단되며, A·B 중대는 방어계획을 수립하라는 명령을 접수하였다. 지원자는 신임 소대장으로 각 중대장이 설명하는 방어계획을 듣고 자신이 중대를 선택할 수 있다. A 중대장은 구체적(개인 - 상황 - 시간대별)으로 설명하였으나, 우발상황에서는 대처가 어려울 것으로 생각되었다. B 중대장은 작전을 위한 정신자세와 중대의 목표를 간단하게 설명하여, 작전계획을 구체적으로 이해하기는 어려우나, 상대적으로 A 중대보다는 우발상황에 대처할 수 있다는 생각이 들었다. 어느 중대를 선택할 것인지에 대하여 토론하시오

구 분	주요 내용
긍정요소(☺)	긴박한 상황에서 정확한 상황판단이 제한되는 신임소대장의 입장을 고려하여 상급부대의 결정에 따르겠다는 의견으로 제시
부정요소(😠)	신임소대장이 판단한 대로 중대를 결정해야 한다고 주장

Key-word: 각 중대장의 리더십 방식이나 신임소대장의 입장만으로 판단하기보다는 상황의 긴박성과 신임소대장의 사고방식과 태도를 평가하고 있음을 이해

<답안 만들기>

제4절 제3 면접장(인성검사)

1. 진행 절차와 핵심평가 요소, 행동하는 요령

제3 면접장은 당일 부여받은 수험번호(순서)에 따라 개별면접 방식으로 ±10분의 시간을 배정하고 진행한다. 이 면접장은 다면적 인성검사(MMPI)와 자기소개서, PI(인성검사, 2021년 미실시), AI(인공지능) 면접 결과를 참고로 하여 지원자의 올바른 인성과 정상적인 판단력 및 결정력 보유 여부를 확인하고 있다. 특히 MMPI 결과를 바탕으로 'C', 'D', 'I' 판정받은 평가자에 대하여는 개별적으로 심층적인 연속 질문을 통해서 개인의 특성을 식별하는 데 집중하게 되며, 이를 세부적으로 분석한 다음 재판정하는 등 조직의 화합과 단결을 저해할 우려가 있는 지원자를 파악하고 배제하는 조치를 하고 있다. 특별한 문제점이 없다고 판정된 지원자의 경우는 제2 면접장과 중복된 내용을 개인적으로 질문하거나, 추가적인 질문을 간단하게 진행한 다음 우려자에 비교하여 상대적으로 조기(早期)에 종료하기도 한다. 제3 면접장에서는 MMPI 결과가 직접적인 영향을 미치며, PI 및 AI 자료는 참고자료로 활용한다. <그림 3-5>는 제3 면접장의 내부 배치도다.

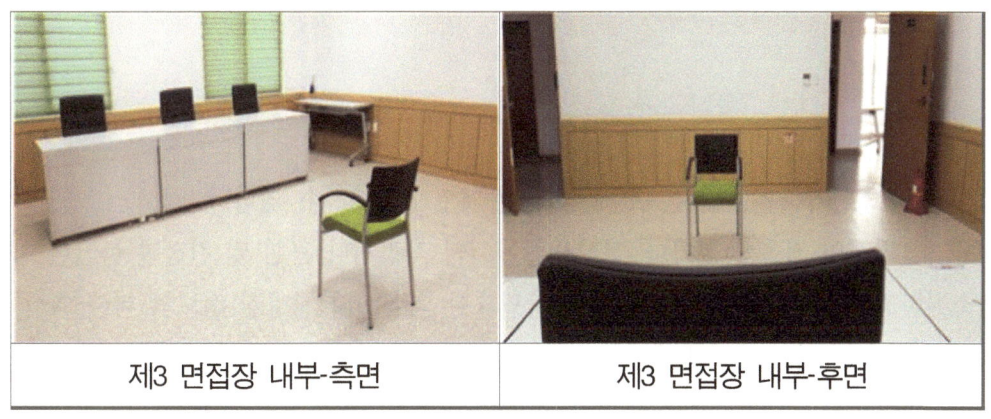

<그림 3-5> 제3 면접장의 내부 배치도

1.1. 평가 및 진행하는 절차

지정된 복도 대기석에서 대기하는 중에 차임벨 소리(또는 통제 요원의 안내)가 있으면, 면접 당일 접수할 때 부여받은 수험표의 순서에 따라 편성된 조(組) 중에서 한 명씩 면접장으로 입장하게 된다. 면접자가 면접장의 내부로 입장하여 배정된 의자 앞에 차렷 자세로 서면, 면접관의 지시에 따라 지정된 자리에 앉게 되며, 이후부터는 편안한 마음으로 주어진 질문에 답변하면 된다.

제3 면접장에서는 크게 두 가지 분야로 구분하여 실시한다. MMPI 검사 결과 중 특이성향에 대한 개별질문은 군종장교가 진행하며, 개인의 일반적인 성격 및 인성 등에 관하여는 대령급 일반 장교가 진행한다. 특별한 문제점이 없다고 판단될 때는 자기소개서나, 지원동기 등을 확인하는 차원에서 일반적인 내용으로 다시 질문하고 있다.

MMPI와 관련한 군종장교의 질문은 최대한 감추고 싶어 하는 지원자의 단점을 끄집어내거나, 확인하는 과정이다. 따라서 돌발적인 상황을 부여하거나, 문제점을 단도직입적(직설적)으로 질문하기에 지원자의 처지에서는 갑작스럽게 흑~ 하고 호흡을 내지르게 되고 당황하기 마련이다. 그러나 긴장하지 말고 본인의 과거 사례와 생각을 토대로 하여 있는 사실 그대로 답변하면 훨씬 부드럽게 안정적으로 대응할 수 있다.

대령급 일반 장교는 인성과 사회성, 단체성 등 군 조직의 초급장교로서 올바른 품성(品性, 마음 씀씀이와 사람 됨됨이)을 최종적으로 확인하고 있다. 이때 지원자가 평소 생각하지 않았던 생소한 질문을 하는 사례가 가끔 발생한다. 이때도 당황하지 말고 솔직히 답변하는 것만이 자신을 가장 잘 돋보이게 하는 길임을 명심하였으면 좋겠다.

1.2. 핵심평가 요소

핵심적으로 평가하는 요소는 크게 다섯 가지로 정리할 수 있다.

첫째, '심리적인 적응상태'이다. 일상생활에서의 걱정이나 근심 및 긴장과 불안한 마음, 의기소침하고 우울한 기분, 타인에 대한 불필요한 의심이나 지나칠 정도의 피해 의식, 심리적 혼란과 현실 판단 능력에서의 문제점 등 전반적인 불행감과 삶에 대한 불만족 정도를 확인하고 있다.

둘째, '대인관계의 적응상태'이다. 타인의 평가나 비판에 지나치게 민감하거나, 보통의 일상적인 생각과 행동에서 독특한 행동을 보이는 유형인지, 대인관계에서 원인 모를 불편감과 고립감을 느끼는 유형인지 등 전반적으로 타인과 조직에 냉소적인 측면이 있는지를 식별하고 있다.

셋째, '직무 적응상태'이다. 맡은 바 직무에 대한 합리적이고 효율적인 수행의 어려움, 권위적이고 통제적인 분위기에 대한 저항감, 과거 또는 현재에 반사회적인 행동의 가능성, 충동적이고 부주의한 행동 여부, 자신감이나 자기 확신의 부족, 성과달성에 대한 조급하고 과도한 경쟁적인 태도 및 행동 등을 확인하게 된다.

넷째, '스트레스 대처능력'이다. 육군 초급장교로서의 생활은 전·평시를 불문하고 각종 우발적이며 상상을 초월한 환경하에서 조직을 이끌고 결심을 해야 하는 직책이다. 따라서 스트레스 해소능력을 보유하고 있는 여부를 확인하는 과정은 상당히 중요한 부분이다. 스트레스가 있는 상황에서의 짜증과 불쾌감 등에 대하여 무의식적으로 부인하거나 이를 억제할 수 있는 유무, 공격적이거나 논쟁적인 태도 및 행동, 건강에 대한 지나친 염려 및 상상에서 생기는 신체적 이상 현상을 호소한 경력이 있거나, 현재 또는 최근에 자살을 기도한 사례 등을 확인하게 된다.

다섯째, '검사 결과에 대한 신뢰도'이다. MMPI 측정 시 대다수 문항을 빠트리지 않고 응답하였다 하더라도, 자신의 단점을 감추기 위해 자신의 모습을 지나치게 긍정적으로 과장할 경우나, 적정 수 이상의 문항에 답변하지 않을 경우는 PI, AI 자료나 추가 질문을 통해 신뢰성에 대한 상태를 다시금 평가하여 최종심의에 반영하고 있다.

1.3. MMPI 등급별 분석내용 및 적용

MMPI 등급판정 결과 'A'는 일상생활이나 직무(職務)에 적응하는 데 큰 어려움이 없다고 판단한다. 'B'는 일상생활에 큰 어려움은 일어나지 않으나, 과도한 스트레스가 발생하게 되면, 약간의 정서·행동적인 문제가 우려되는 상태로 평가되기에 추가 질문을 통하여 문제점을 해소 및 해결하여야 한다. 'C와 D'는 주관적인 측면에서 심리적 불편감 및 관련 문제들을 겪고 있거나, 감당하기 어려운 심리적 문제로 인하여 조직 생활에 부적응할 가능성이 있거나, 업무의 효율적인 수행은 어려울 것이라는 상태로 판단하게 된다. 'I'는 검사한 결과 신뢰도에 문제가 발생하여 심리적 적응 수준을 파악할 수 없기에 다른 지표들을 사용하여 선발 여부를 판단하며, 이는 당해연도 선발계획에 따라 불리하게 작용할 수도 있다.

1.4. 지원자가 유념해야 할 행동 절차 및 요령

첫째, 인성검사는 각종 검사 결과(MMPI, AI, PI)를 통하여 지원자가 스스로 알지 못하는 내면적 성향이나 문제점을 전문면접관이 확인하는 과정이다. 따라서, 면접을 진행하기 이전에 지원자의 성격, 장·단점 또는 문제점, 학창 시절의 경험, 가정환경 등을 되돌아보고 특별한 기억들에 대한 자신의 모습을 객관적으로 살펴보는 기회가 중요하다. 특히 자신을 가장 가까이서 지켜보고 진솔하게 이야기해 줄 수 있는 조언자가 있다면, 반드시 그들의 이야기를 들어보고 참고 및 준비하는 노력이 필요하다.

둘째, 지원자가 자신의 단점이나 과거 불행했던 시절의 문제점을 감추면 감출수록 날카로운 질문이 계속 파고 들어오게 되고 또 다른 거짓 답변이 거듭될 수밖에 없기에 지원자는 더욱 난감한 처지로 몰리게 된다. 따라서 기억나는 범위 내에서 성실하게 답변하는 자세를 유지하라고 권고하고 싶다. 당부하자면, 1차 필기시험 간 MMPI 문항에 답변할 때도 정답이 있는 문제로 이해하지 않기 바란다. 질문하는 문항을 읽고 생각나는 대로 작성하면 된다. 제시된 예문(例問) 중에서 가장 근접한 항목을 선택하는 것이 검사 결과의 신뢰도 적합도에 긍정적인 영향을 줄 수 있다는 점도 유념하였으면 싶다.

셋째, 면접관이 다른 면접실에서 다하지 못한 자기소개나 지원동기 등을 발표할 기회를 추가로 부여할 수 있다. 이때 자신이 준비한 과정이나 장점 등을 장황하게 설명하여 주어진 기회와 핵심을 비껴가지 말고 장교가 되려는 강한 의지를 간략하고 절실하게 전달함으로써 짧지만 강렬한 인상을 남기는 노력이 필요하다.

넷째, 지원자의 성격과 관련한 질문을 위하여는 MMPI의 '성격 병리 5 요인 척도'[107]을 활용한다. 공격적이며 폭력적인지, 현실과 단절되거나 비현실적인 사고(思考)가 있는지, 충동적이며 자제력은 있는지, 최악의 상황을 상상하거나, 자기 비판적인 부정적 정서를 지녔는지, 내향적 성향이 있는지 등을 확인하는 과정이다. 이러한 과정을 거쳤을 때 나온 관련 지표의 결과가 '다소 높음'을 나타내면, 다시 지표와 관련된 질문을 집중적으로 실시하게 된다. 따라서 지원자가 준비하는 과정에서 취약한 분야에 대비하는 노력이 필요하다.

---

107) '성격 병리 5 요인 척도(PSY-5)'는 ① 공격성 척도(AGGR-Aggressiveness), ② 정신증 척도(PSYC-Psychoticism), ③ 통제 결여 척도(DISC-Disconstraint), ④ 부정적 정서성/신경증 척도(NEGE-Negative Emotionality/Neuroticism), ⑤ 내향성/낮은 긍정적 정서성 척도(INTR-Introversion/Low positive emotionality)로 구성되어 있다.

2. 네 가지 문제영역에 대한 예상 질문과 유의사항

제3 면접장에서는 MMPI 결과에 따라 네 가지 영역인 ① 심리적인 적응상태, ② 대인관계의 적응상태, ③ 직무에 관한 적응상태, ④ 스트레스에 대처(對處)하는 능력 분야를 확인하는 과정이다. 여기서 '다소 높음', '높음', '매우 높음' 등이 나타날 경우, 해당 영역에 대한 심각성의 정도와 특정한 사건(incident)이나 상황(situation), 경험, 이에 대한 대처능력을 세부적으로 확인하게 된다.

※ 공통으로 유념할 사항

질문목적	확인 내용
문제의 심각도	발생한 문제가 현재 일상생활에 어느 정도의 영향을 주고 있는지와 문제의 지속기간 및 발생 빈도를 확인
상황적 요인	최근 문제가 발생할 수 있는 강한 스트레스를 받는 특정한 사건이나 상황에 대한 내용을 구체적으로 확인
관련 경험	과거나 최근에 관련하여 발생한 문제로 인하여 지원자가 어려움이나 곤란한 상황을 겪은 적이 있는 유무(有無)
대처능력	관련 문제의 발생으로 인한 상황을 지원자가 어떻게 대처하고 극복해 냈는지 그간의 경과 및 방법을 구체적으로 확인

2-1. 심리적 적응상태

구 분	주요 내용
부정요소(😠)	● 심리적 혼란 및 현실 판단 능력 부족 ● 타인에 대한 지나친 의심 및 과도한 피해 의식 ● 의기소침하고 우울한 기분 ● 일상생활에서의 걱정과 근심 및 긴장과 불안 ● 전반적인 불행감과 삶에 대한 불만족도의 증대

<주요 질문 내용>

- 과도하게 경직되어 있거나 감정적으로 불안정한 상태에 있는지?
- 언제(When), 자신이 소속된 곳에서 소외감이나 고립되었다고 느끼는지?
- 주변에서 억울한 피해를 봤거나, 억울하다고 생각되는 상황이 있었는지?
- 주변 사람 중 가장 신뢰감이 있는 사람이 있다면, 그 이유는?
- 주변 사람 중 가장 협조가 잘되는 사람이 있다면, 그 이유는?
- 최근 마음이 복잡하고 울적하거나 걱정이 많아질 만한 경험이 있었는지?
- 우울한 기분으로 인해 일상생활에 어떤 어려움이 생긴 게 있는지?
- 우울한 기분이 들거나 걱정이 많아질 때면 어떻게 대처하는지?
- 1년 내 피로감, 수면 부족, 주의 집중에 어려움 등을 경험한 적이 있는지?
- 지금까지 지내오면서 정서적으로 가장 힘들었던 경험은?
  있었다면, 어떻게 극복하였는지?
- 마음이 복잡하고 불편한 상황이 발생할 경우, 기간은?
- 현재 자신에게 가장 친한 친구 이름과 그들의 장·단점을 얘기한다면?
  자신과 가장 불편한 관계에 있는 사람이 있다면, 그 이유는?
- 자신의 미래에 관하여 가장 긍정적인 모습과 부정적인 모습 한 가지는?
- 고교 시절 자신이 가장 낙심하고 슬퍼했던 일이 있다면, 그 이유는?
- 자신의 성격을 한 단어로 표현한다면?, 5가지를 구체적으로 얘기하다면?
- 주변 사람들로부터 자기주장이 강하고 고집이 있다는 이야기를 듣는지?
- 지원자는 자기주장이 분명하고 모든 일에 주도적으로 생각하는지?
  그 이유와 구체적인 사례가 있다면?
- 자신의 가족 중에서 현재나 과거에 1개월 이상 병원치료를 받은 사람과 병명, 자신에게 미친 영향은 무엇이라고 생각하는지?

2-2. 대인관계 적응상태

구 분	주요 내용
부정요소(😠)	● 타인의 평가나 비판에 대단히 민감 ● 일반적인 사람에 비하여 일상적인 행동과 생각이 독특 ● 대인관계에서의 불편감 및 고립감에 예민 ● 타인의 의도 및 동기에 대한 냉소적인 신념과 태도를 견지

<주요 질문 내용>

● 주변으로부터 지나치게 예민하다는 말을 듣는지?
● 스스로 융통성이 부족하다거나, 고지식한 성향이 있다고 생각하는지?
● 생각이나 행동이 일반적인 사회적 기준이나 관습에서 벗어나는지?
● 내향적인 성향으로 힘들었던 경험이 있다면, 어떠한 사례인지?
● 내향적인 성향으로 업무를 수행하면, 어떤 어려움을 예상하는지?
● 자신의 성격 중 가장 보완이 필요한 부분과 이를 보완하기 위해 노력한 경험이 있는지? 있다면, 구체적인 사례를 얘기할 수 있는지?
● 주변에 친밀하고 협력적인 관계를 맺고 있는 사람이 있다면, 그 인원수는?
● 인간의 본성은 어떠하다고 생각하고 있는지?
● 타인으로부터의 배신으로 상처받은 경험이 있는지? 그 이유는?
● 다른 사람에 대한 오해로 인해 어려움을 겪었던 경험이 있다면?
● 주변 친구들이 "너는 정말 이런 점이 특별해"라고 하는 점이 있는지?
● 자신이 왜 내향적이고 수줍음 많은 성격을 갖게 되었는지?
● 주변에 친구를 가장 신뢰할 수 없다고 느끼는 이유와 그 사례는?
● 주변 사람 중 자신이 가장 싫어하거나, 좋아하는 사람은? 그 이유는?
● 내향적, 소극적인 정도는? 그 이유는? (최고 10, 최저 1, 보통 5)
● 고교 시절 친구들과 가장 크게 다툰 사례가 있다면? 그 이유는?
● 주변에서 자신이 가장 바꿔야 한다고 하는 점은? 그 이유는?
● 가족 중에서 가장 친근감이나, 불편감을 느끼는 사람은? 그 이유는?
● 최근 가족 중에서 말다툼을 한 사람이 있는지? 그 이유는?
● 최근 국내(외) 가족여행을 다녀온 경험과 가장 기억에 남는 점은?
● 자신은 최선의 노력을 다했으나, 결과와 주변의 평가가 둘 다 좋지 않았던 경험이 있는지? 그때 자신의 느낌은?

2-3. 직무 적응상태

구 분	주요 내용
부정요소(😠)	● 직무(임무)수행에 있어서 효율적인 추진에 어려움이 예상 ● 권위적인 질서 및 통제 분위기에 대한 반항심 ● 학창 시절 일반적이지 않은 반사회적 행동의 돌출적 가능성 ● 자기 통제(절제)가 부족하며 충동적이고 부주의한 행동 ● 자신·자존감이 부족하고 적극·능동적이지 못함 ● 동시다발적인 상황에서 조급하고 경쟁적인 태도 및 행동

<주요질문 내용>

- 임무(목적) 달성과 관련하여 스트레스를 받고 있는지? 구체적 사례는?
- 지원자에게 부여된 임무 수행을 방해할 정도의 심리적 어려움이 있는지?
- 기존 규범(관습)에 대한 불편이나 반발심을 느꼈던 경험이 있는지?
- 부모, 교사, 어른 등과의 관계에서 갈등이 발생했을 때 해결 방법은?
- 과거에 사소한 것이라도 법에 저촉되는 행동을 한 적이 있거나 학창 시절에 일탈 행동을 한 적(신호 위반, 무단횡단 등)이 있는지?
- 다른 사람과의 감정적인 문제로 인하여 충동적인 행동을 한 사례가 있다면?
- 자신에 대한 기대감이나 평가를 과도하게 낙관적인 편인지?
- 자신감 부족이 업무수행이나 대인관계에 어려움을 유발하는지? 그 원인은?
- 타 조직과 경쟁하여 특정 임무를 일정한 기간 내에 수행하는 상황에서 지원자의 조직원과 의견 충돌이 있는 경우 어떻게 대처하는지?
- 현재 가장 자신에게 어려움을 주는 것이 무엇인지? 그 이유는?
- 임원(부장, 반장 등)을 경험 시 가장 힘들게 했던 사람은? 그 이유는?
- 학창 시절 가장 가까웠거나, 부담스러웠던 선생님은? 그 이유는?
- 급한 성격이나 꼼꼼하지 못한 일 처리로 곤란을 겪었던 사례와 대처방법은?
- 지원자의 조원 중에서 자신이 몇 번째 능력자로 생각하는지? 그 이유는?
- 당신의 의견에 무조건적 반대만 하는 사람에 대한 대처 경험이 있는지?
- 많은 일이 발생했을 경우 동시에 수행하는지, 하나씩 처리하는지?
- 고교 생활 중 지원자가 가장 불합리하다고 느꼈던 일은? 그 이유는?
- 자신의 생활 중에서 가장 오랫동안 꾸준히 유지했던 일이 있다면?
- 자신의 생각과 조직원의 생각이 상이하여 어려움을 겪었던 사례는? 대처한 방법이 있다면? 그 이유는?

2-4. 스트레스 대처능력

구 분	주요 내용
부정요소(😠)	● 지원자의 건강에 대한 걱정 및 신체 이상 증상을 호소 ● 스트레스 상황에서 짜증과 불쾌감을 급하게 나타내는 경향 ● 불쾌한 감정이나 문제에 대한 무의식적인 부인(부인) 및 억제 ● 타인과의 관계에서 논쟁적이고 공격적인 태도와 행동이 유지 ● 과거부터 현재까지 자살을 시도하려는 생각이나 행동이 존재

<주요질문 내용>

- 현재 신체적인 건강 상태와 본인이 가진 질병은?
- 신체적 불편함으로 인하여 일상생활에서 불편함을 겪은 사례는?
- 신체적 불편함이 업무수행에 어떤 영향이 있다고 생각하는지?
- 지원자가 성격이 예민해지고 초조했던 경험이 있다면? 그 이유는?
- 현재의 부정적인 생각을 할 만한 이유가 있는지? 그 원인은?
- 주로 어떤 상황에서 가장 화가 많이 나는지?
- 가족이나 친구 관계, 학교생활에서 갈등이 있으면, 어떻게 해결 및 극복하는지? 구체적인 사례가 있다면, 그 해결(극복) 방법은?
- 학창 시절 좌절과 분노를 느끼는 상황이 있었는지? 어떻게 대처했는지?
- 지원자의 공격적인 태도나 행동으로 인하여 곤란을 겪은 사례는?
- 자살에 대한 지원자의 생각과 행동한 경험이 있는지? 그 이유는?
- 최근 심신이 피로해지고 활력이 떨어진 경험이 있는지? 그 이유는?
- 학교생활 중 자신과 의견이 다른 학생이 비판할 경우 대응 방법은?
- 최근 화를 내거나, 짜증을 내거나 했던 사례가 있는지? 그 이유는?
- 자신만의 스트레스 해소 방법과 해소 정도는? 그 이유는?
- 어떤 상황일 때 스트레스를 가장 많이 받는지?
- 지금까지 살아오면서 심적으로 가장 힘들었던 경험은? 그 이유는?
- 최근 소리 높여 웃거나, 울어봤던 사례가 있다면? 그 이유는?
- 하루평균 수면시간과 저녁 식사 이후 잠자기 전까지의 하는 행동은?
- 최근 땀이 날 정도로 운동한 사례는? 운동시간과 빈도는?
- 대학 생활 중 지원자를 가장 힘들게 하는 것이 있다면? 그 이유는?

제5절 최근 3년간 면접장별 주요 질문사례와 특징

1. 제1 면접장

1.1. 제1 면접장의 질문사례

- 왜, 육군이 지원자를 선발하여야 하는지?
- 국가안보가 중요한 이유와 현재 국가안보에 위협이 되는 존재는?
- 6·25전쟁에 대하여 지원자가 알고 있는 내용은 무엇인지?
- 장교가 되기 위해 무엇을 준비했고, 왜 지원했는지?
- 최근 국제정세 또는 사회적 이슈에 대한 지원자의 생각은?
- 만약 지원자에게 최근 사회 이슈와 같은 상황이 발생한다면, 어떻게 대처할 것인지?
- 장교의 자세에 대해 지원자의 생각은?
- 장교와 부사관의 차이점은 무엇이라고 생각하는지?
- 장교로서 갖추어야 할 핵심적인 역량 한 가지를 예로 든다면?
- 어떤 모습의 소대장이 되고 싶은지?
- 장교가 되고 싶은 이유와 임관한 이후의 목표는?
- 지원자의 장점과 관련된 구체적인 활동 경험은 무엇인지?
- 지원한 이유를 포함하여 간단하게 자기소개를 한다면?
- 인생에 있어서 궁극적인 목표는 무엇인지?
- 국가, 리더십, 사명감, 포용력이란 무엇이라고 생각하는지?
- 통찰력을 기르는 방법에는 어떠한 것이 있다고 생각하는지?
- 장교에게 가장 필요한 가치관(덕목)은 무엇으로 생각하는지, 그 이유는?
- 군인다운 군인이란 어떤 군인이라고 생각하는지?
- 만약 지원자가 상관으로부터 부당하거나 강압적인 지시를 받는다면, 어떻게 대처할 것인지?
- 부대 생활에 적응하지 못한 병사가 있다면 어떻게 조치할 것인지?

1.2. 제1 면접장의 특징

- 제1 면접장(개별면접)에서도 국가관과 안보관을 평가하기에 관련된 질문을 간단하게 시행한다.
- 과거 자기소개서 내용 위주의 개인적인 품성과 능력을 확인할 수 있는 질문이 많았으나, 최근에는 지원자의 답변 내용 중 핵심 단어에 대한 정확한 이해 여부를 재확인하고 있다.
- 최근 국제정세 및 사회적 이슈에 대한 질문을 통하여 지원자의 이해력과 판단력, 가치관을 종합적으로 판단하고 있다.
- 면접관에 따라 꼬리물기식으로 압박 면접을 병행하여 시행한다.

2. 제2 면접장

2.1. 제2 면접장의 질문사례

- 인간의 복제와 관련하여 생명존중, 치료목적 측면에서 토의해보시오.
  * 전원 반대 시: 환자가 지원자의 가족일 경우로 추가 상황을 부여
- 소대원 전체가 갈증이 심한 상황에서 생수 2병만이 남아있다. 체력이 약한 사람에게 더 줄 것인지, 전체인원이 똑같이 나눌 것인지 토의해보시오.
- 한국 여자농구 홍보담당자로서 덩크슛에 3점을 부여하는 제도 시행에 대해 토의해보시오.
- 북한의 인권문제 대한 의견(사형제도, 거주이전의 자유 등)과 한민족으로서 북한 주민을 어떻게 생각하는지 의견을 말하고 토의해보시오.
- 동물실험의 윤리성에 대한 지원자의 의견을 말하고 토의해보시오.
- 홍수피해 최소화를 위해 방파제를 폭파할 경우 주변 주민의 인명피해 발생이 예상되는 상황에서 방파제 폭파에 대한 지원자의 의견을 말하고 토의해 보시오.
- 길거리(개방지역) 흡연에 대한 가상 금지법안 제정에 대해서 지원자의 의견을 말하고 토의해보시오.
  * 전원 찬성 시: 기관지염이 있는 주민이 흡연자에게 손해 배상을 청구할 때 타당성에 관한 상황을 추가로 부여한다.

2.2. 제2 면접장의 특징

- 개인 주제발표 과제는 지문 내용을 구체화하여 제공되기 때문에 지원자가 답변 시 지문 내용을 정리하고, 경험적 요소를 추가하는 것이 중요하다.
- 면접시험을 기준으로 최근 6개월 이내 사회적으로 논란이 되고 있는 사건을 중심으로 토론과제를 부여하고 있다.
- 토론과제에 대한 의견이 조 전원이 한쪽으로 결정 될 경우 면접관이 추가상황을 부여하여 토의를 유도한다.
- 군 관련 토론과제는 임관 후 소대장으로서 현장에서 겪게될 상황위주로 부여되며, 정답을 요구하기보다는 선택의 결과에 이르게 된 지원자의 판단기준과 상황에 대한 이해도를 집중평가한다.
- 토론과제 상황에 대한 지원자의 이해가 부족하다고 판단 될 경우에는 메모한 내용을 가리게 하고, 과제 내용에 대한 설명을 요구한다.

"개인발표 과제 질문사례는 제2 면접장 내용을 참고하기 바란다."

3. 제3 면접장

3.1. 제3 면접장의 질문사례

- 지원자는 자제력이 부족하고, 우발적이며 충동적인 행동 지표가 높다. 이에 대한 자신의 생각과 극복하기 위한 노력을 한 마디로 설명한다면?
- 무단지각이 많은 이유는 무엇인지?
- 지원자가 자살에 대한 생각을 품었거나, 시도한 일은 있는지?
- 지원자에게 가장 힘들었던 경험과 극복 방법을 설명한다면?
- 지원자의 성격은 외향적인지 내향적인지?
- 지원자 성격의 장단점에 관하여 이야기한다면?
- 단체생활에서 가장 중요한 것은 무엇이라고 생각하는지?
- 부여된 임무나 개인적 목표 달성에 있어서, 과정과 결과 중 무엇이 더 중요 한지와 그 이유는 무엇인지?
- 軍 생활의 목표를 포함하여 지원동기는 무엇인지?

"개인발표 과제 질문사례는 제3 면접장 내용을 참고하기 바란다."

3.2. 제3 면접장의 특징

- 검사 결과 지표가 높은 분야에 대해서는 직설적으로 질문하는 경향이 많기에 당황하지 않고 정직하게 답변하는 것이 필요하다.
- 지원자의 인성에 관한 검사 결과와 지원자의 답변이 상이할 경우, 거짓 답변으로 평가하고, 관련 분야에 대하여 집중 질문을 다시 실시한다.
- 지원자의 전체적인 자세와 답변 태도 및 능력 등을 종합적으로 판단하고, 면접관의 기준에 부족하다고 판단될 경우 제1 면접장의 내용을 다시 확인한다.
- 신체적 불균형, 자세, 체형, 문신 등과 관련하여 특이사항이 있을 경우는 관련 질문이나, 제식동작을 요구한다.

학사장교, 학사 예비장교, 군장학생   '자기소개서' 작성 예문 #3-1-1

자기 소개서

가정 및 성장환경	가정의 분위기와 가족 구성원의 특징, 지원자와의 관계, 희노애락 중 가장 특징적인 사건을 포함하여 "최대한 상세하게 작성" (250자 이내)
성장과정 (학교생활, 동아리활동, 학생회경험, 봉사활동 등)	중학교(포함)이후 가장 보람있었던 경험, 가장 어려웠던 경험을 포함하여 "최대한 상세하게 작성" (250자 이내)
자아표현 (성격, 좌우명, 인생관, 가치관 등)	본인의 장점과 단점, 성격의 장점과 단점, 가치관, 좌우명을 "최대한 상세하게 작성"(250자 이내)
국가/안보관	대한민국과 군대(육군)의 존재를 생각하게 된 경험담을 "최대한 상세하게 작성" (250자 이내)
지원동기 및 비전과 포부	장교 지원의 직접적인 지원 계기 및 자신의 가치관과 장교의 역할을 연계하여 미래의 모습을 포함하여 "최대한 상세하게 작성" (250자 이내)

위 내용은 진실만을 충실하게 작성하였습니다.

2021년   월   일

작성자   수험번호 :   이름   (서명 또는 날인)

* 양식변경금지, 워드로 작성 가능(A4 1장)/'맑은고딕" 서체, 글씨 11pt, 줄 간격 160%

학사장교, 학사 예비장교, 군장학생 '잠재역량 평가 요소 및 기준' #3-2

잠재역량 평가 요소 및 기준

분 야	적용 기준				
전 산	PCT	워드프로세서	컴퓨터 활용능력	ITQ	
0.3	600~799점	-	2급	A급 2개과목	
0.5	800점 이상	1급	1급	A급 3개과목 이상	
영 어	TOEIC	New-TEPS	TOEFL(IBT)	Opic	G-TELP
0.6	600~799점	327~451점	80~99점	IM 1	레벨2(50~64점)
1.0	800점 이상	452점 이상	100점 이상	IM 2이상	레벨2(65점 이상)

제2외국어	JPT (일본)	JLPT (일본)	HSK (중국)	DELF (프랑스)	TORFL (러시아)	ZDaf (독일)	DELE (스페인)
0.3	540점 이상	N2	4~5급	A2급	1단계	70~79%	Diploma Intermedio
0.5	715점 이상	N1	6급이상	A3급	2단계	80%이상	Diploma Superior

분야	적용 기준
한자(漢字)	-2급(0.3), 1급(0.5), *한국어문회, 한국한자교육연합회, 상공회의소, 한국외국어평가원, 대한민국한자교육연구회, 한국한문교육진흥회, 평생교육진흥원, 한자교육진흥회,
전문자격증	-기능사(0.2), 산업기사(0.3), 기사(0.5) -정부(산하)기관, 산업인력관리공단 상위 1개 인정(정부 공인자격증)
한국어 능력	-2급(0.6), 1급(1.0) *유효기간 : 2년(1차 서류제출 기간 고려) -인증기관 : KBS 한국방송공사, (재)한국언어문화연구원
한국사 능력	-1·2급(1.0), 3급(0.9), 4급(0.8), 5급(0.7), 6급(0.6) -인증기관 : 국사편찬위원회
군사학 학점 이수	-군사학 1개 과목(0.8), 2개 과목 이상(1.0), 사이버 8개 과목(1.0) -군사학:북한학, 리더십, 한국사, 세계전쟁사, 국가안보론, 무기체계론 -사이버:사이버전 개론, 네트워크보안 실습, 웹보안 실습, 악성코드 분석 실습, 시스템보안 실습, 디지털포렌식 실습, 사이버 대응관리, 사이버 공·방 종합훈련 * 학군단 군사학 교육은 미적용
국위선양 (대회입상)	-아시아 대회 3위 이상 입상(0.3), 세계대회 3위 이상 입상(0.5) -체육, 문화, 예술, 기능분야 모두 포함 (고교시절 이상)
무도(태권도, 합기도, 검도, 유도, 특공무술)	-1단 (0.2), 2단(0.3), 3단(0.5) : 단증, 자격증, 인증서 -품증은 미인정, 단증으로 발급 후 제출
봉사(희생) 선행(효행) 표창(0.5)	-고교이상 재학 중 지방자치단체장급(광역·기초 단체장) 이상 상장, 표창(특별·광역시장, 도지사, 대학총장, 시장, 군수, 특별·광역시 구청장, 경찰서장, 철도청장, 소방서장, 산림청장) -공적사실이 명확한 경우에만 인정(표창에 공적사실 표기)
리 더 십 (학생회 활동)	-고교 학생회장, 대학교 총학생회장/부회장/부서장/단과대 회장(0.5)
안보토론회, 병영체험, 군경력자	-병영체험(2박 3일 이상), 군경력자(1.0), 안보토론회(0.5) -국방부, 각 군(육·해·공군, 해병대) 참가 인증서, 수상경력 증명

* 평가 요소/기준은 매년 일부 항목에 변동이 있으니 당해연도에 반드시 확인이 필요

제 4 장

「국민체력 100 체력인증센터」의 체력측정

제1절 개 요

1. 체력인증센터의 일반현황과 주요 진행

육군의 체력측정 방식은 2019년까지는 3종목(1.5Km 달리기, 윗몸일으키기, 팔굽혀펴기)을 면접을 진행되는 해당일에 함께 실시하는 방식을 유지하다가 시대적 흐름에 따라 일부 변화가 불가피하였다. 따라서 기존의 방식에서 벗어나 지원자의 편리성과 측정의 안전성을 보장할 필요성이 제기되었다. 이를 위해 2020년도부터 문화체육관광부 산하에서 운용하고 있는 「국민 체력 인증센터」에서 일반적인 방식으로 인증을 받는 형식으로 대체 및 변경하였다. 지원자의 처지에서 보면, 기존에 준비하는 방식보다는 사전에 체력 관리(유지)하는 방식 자체에 일부 변화가 필요하게 되었고, 기존의 방식과는 다른 또 다른 체계적인 준비가 필요하기에 간략하게 소개하고자 한다.

2. 선발 과정별 체력평가 적용기준

<표 4-1>은 선발 과정별 체력을 평가할 때의 적용기준과 항목에 대한 배점이다.

<표 4-1> 선발 과정별 체력평가 적용기준 및 항목에 대한 배점

과정	1~3등급	1개 종목 불합격	2개 종목 불합격	3개 종목 불합격	4개 종목 불합격
장교(ROTC)후보생	100	98	96	94	불합격
군장학생 (학사·학사 예비장교)	20	18	16	14	불합격

 3등급 이상 취득한 장교(ROTC) 후보생은 100점 만점으로 평가받을 수 있다. 군장학생(학사·학사 예비장교)은 20점 만점으로 평가받을 수 있으며, 3등급 미만자는 체력평가 4개 종목 중 불합격한 종목 수에 따라 차등(差等)하여 감점을 부여하고, 4개 종목을 모두 불합격할 경우는 최종 선발에서도 '불합격'으로 처리한다. 체력측정의 유효기간은 당해연도 제출일을 기준으로 하여 ROTC는 12개월, 학사 장교, 학사 예비장교, 군장학생은 6개월 이내임을 명심하여야 한다. <표 4-2>는 건강 체력과 운동 체력 종목을 정리한 도표이다.

<표 4-2> 건강 체력과 운동 체력 종목을 정리한 도표

구분	건강 체력 종목	운동 체력 종목(택1)
성인 (19~64세)	● 근력 (악력) ● 유연성(윗몸 앞으로 굽히기) ● 근지구력 (교차 윗몸일으키기) ● 심폐 지구력(택 1) 　* 왕복 오래달리기, 스텝검사	● 민첩성 　(10m 왕복달리기) ● 순발력 　(제자리멀리뛰기)
청소년 (18세 이하)	● 근력 (악력) ● 유연성(윗몸 앞으로 굽히기) ● 근지구력 (택 1) 　* 윗몸 말아 올리기, 반복 점프 ● 심폐 지구력(택 1) 　* 왕복 오래달리기, 스텝검사	● 민첩성 　(일리노이검사) ● 순발력(체공시간) ● 협응력 　(눈-손 협응력)

 * 장교(ROTC) 후보생의 경우 심폐 지구력 종목에서 트레드밀 검사의 선택이 가능하다.
 * 세부 내용은 「국민체력100 홈페이지(nfa.kspo.or.kr)」를 참고하기 바란다.

3. 「국민체력 100 체력인증센터」 설치 현황

「국민체력 100 체력인증센터」는 국가에서 지정한 공인 인증기관으로 국민체력 인증 검사를 통하여 체력측정과 체력평가, 운동 처방 및 체력인증을 공식적으로 전담하고 있는 기관이다. 전국에 75개소가 있으며, 출장을 전담하는 6개 반을 별도로 편성하고 있다. <표 4-3>은 지역별 체력인증 센터를 설치 및 운용하고 있는 현황이고, <표 4-4>는 지역별로 출장 전담반이 설치되어있는 현황이다.

<표 4-3> 지역별 체력인증센터 설치 현황

지 역	인증센터
계	**75개소**
서울(8)	성동, 서초, KSPO송파, 마포, 동작, 중구, 서대문, 강북
부산(6)	남구, 사하, 사상, 스포원(금정), 동구, 연제
대구(2)	달서, KSOP대구
인천(3)	연수, 동구, 미추홀
광주(5)	광산, 동구, 북구, KSOP광주, 서구
대전(1)/세종(1)	서구 / 세종
울산(1)/제주(1)	남구 / 제주
경기(12)	화성, 부천, 오산, 성남, 의정부, 시흥, 광주, 고양, 포천, 안산, 양평, 수원
강원(5)	원주, 강릉, 춘천, 삼척, 태백
충북(6)	청주, 영동, 충주, 증평, 보은, 진천
충남(3)	천안, 계룡, KSOP아산
전북(5)	남원, 전주, 군산, 익산, 정읍
전남(7)	곡성, 목포, 순천, 나주, 신안, 영암, 무안
경북(6)	포항, 안동, 김천, 구미, 경산, 영주
경남(3)	창원, 사천, 창원마산회원

<표 4-4> 지역별 출장 전담 6개 반 설치 현황

지 역	인증센터	위 치
계	6개소	
서울(2)	● KSPO 송파 출장 A팀 ● KSPO 송파 출장 B팀	송파구 올림픽로
대구(2)	● KSPO 대구 출장 A팀 ● KSPO 대구 출장 B팀	수성구 미술관로
광주(1)	● KSPO 광주 출장팀	서구 금화로
충남(1)	● KSPO 아산 출장팀	아산시 남부로

제2절 평가 항목(순서)에 따른 핵심 숙달 방법

1. 스트레칭: 각 동작을 10초간 유지하고 5회를 반복한다.

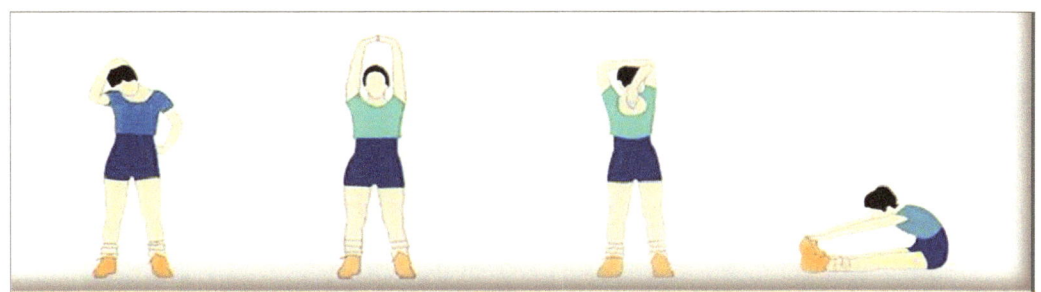

① 머리 당기기
고개를 좌우로 지긋이 당김

② 머리 위로 어깨펴기
양손 깍지 끼고 최대한 머리 위로 밀어 올림

③ 머리위로 어깨 당기기
한 팔을 머리 위로 들어 올리고 반대 손으로 팔꿈치를 잡아당김

④ 허리 숙이기
시선은 발끝을 향하고 무릎을 편 상태에서 허리를 숙임

⑤ 무릎 누르기
양발바닥을 마주 붙임 시선은 대각선 앞으로 천천히 허리 숙임

⑥ 상체 일으키기
양손 끝이 무릎에 닿을 정도로 상체를 일으켜 정지

⑦ 팔다리 들어올리기
오른손과 왼쪽 다리를 동시에 들어 올림

⑧ 허리 뒤로 젖히기
팔꿈치를 편 상태로 상체를 뒤로 젖힘

⑨ 어깨 누르기
양팔을 어깨너비로 벌리고 천천히 숨을 내쉬면서 바닥을 향해 어깨를 누름

⑩ 대퇴 근육 늘리기
한쪽 무릎을 세우고 허리를 세운 상태에서 대퇴 근육을 늘림

⑪ 종아리 늘리기
양발을 앞뒤로 넓게 벌리고 발을 평행하게 놓는다. 뒷다리와 뒤꿈치는 떨어지지 않게

* 출처: 한국건강관리협회, '온 가족이 함께하는 스트레칭(http://www.kahp.or.kr)'

2. 평가항목별 핵심 숙달 방법

2-1. 유연성(앉아 윗몸 앞으로 굽히기): 레그레이즈(복직근 운동), 주 5회 25개를 한 세트로 4회, 스트레칭은 운동하기 이전 20분간 실시한다.

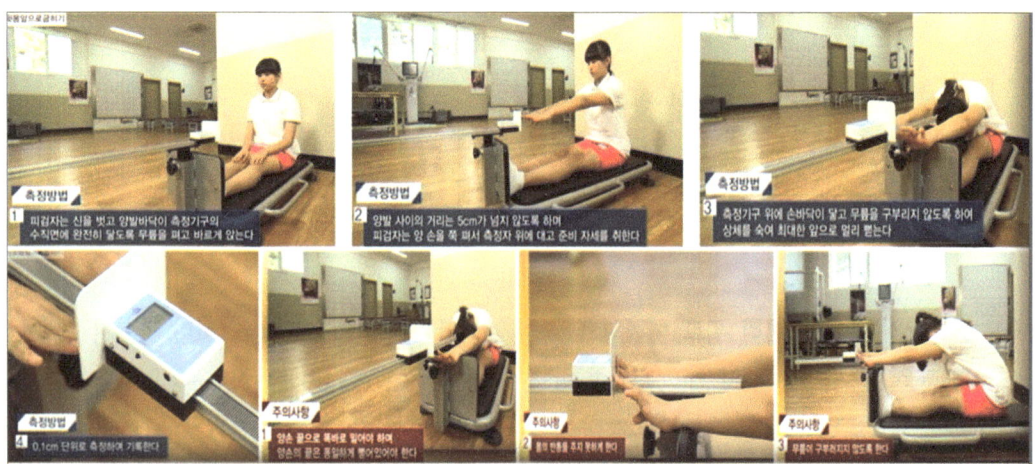

① 2회 실시하여 0.1cm 단위로 기록하여, 좋은 기록을 선택하여야 한다.
② 양 발바닥 뒤꿈치를 발판에 꼭 붙이고 양발 사이는 5cm가 넘지 않도록 !
③ 양 손끝으로 평행하게 밀어야 하며, 반동을 주지 않는다.
④ 무릎이 구부러지지 않도록 한다.

2-2. 근력(상대 악력 검사): 턱걸이는 주 5회 5개씩 1세트로 4세트, 악력기로 매일 양손 30개 1세트로 4세트를 실시한다.

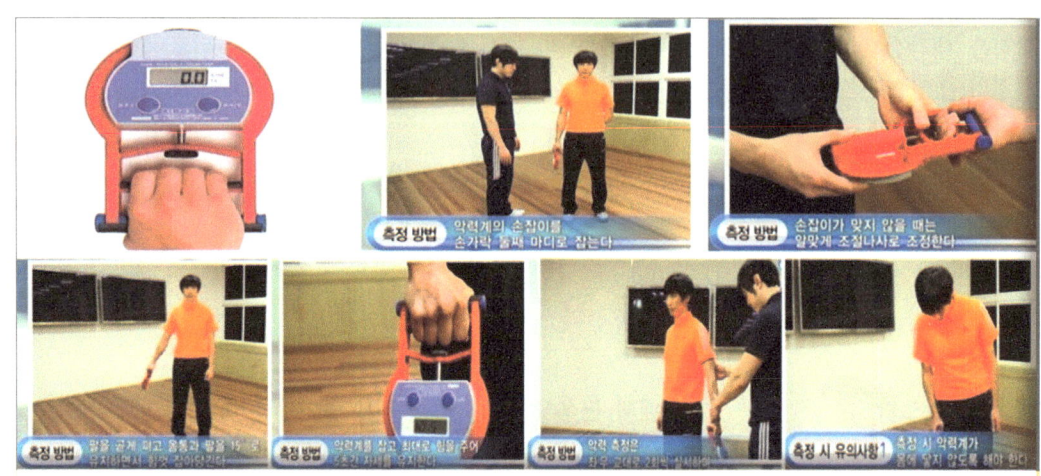

① 악력계의 윗부분(숫자 표시 부분)을 검사자가 보도록 바깥쪽이 보이게 !
② 측정 시 악력계가 몸에 닿지 않도록 하고, 팔은 구부러지지 않도록 한다.
③ 몸이 비틀어지지 않도록하는 것이 중요하다.

2-3. 순발력(제자리 멀리 뛰기): 점프 스쿼트(전신 운동) 또는 런지(하체 운동)를 주 3회 30개를 한 세트로 5회를 실시한다.

2-4. 근지구력(교차 윗몸일으키기): 윗몸일으키기 또는 레그레이즈를 주 5회 30개씩 1세트로 5회를 실시, 플랭크 매일 1분간 3회를 실시한다.

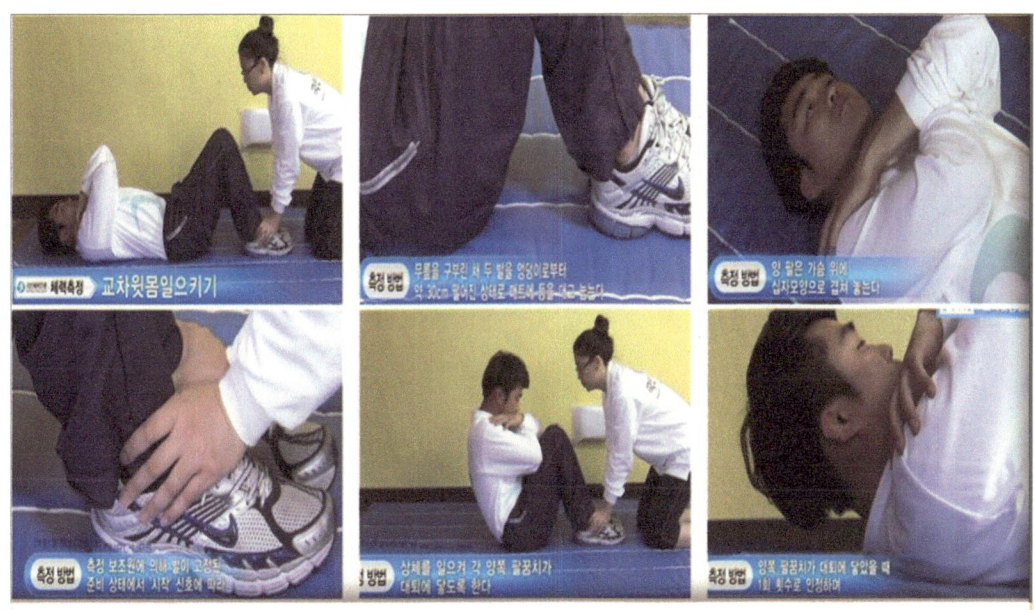

① 측정 소요시간은 1분이며, 교차한 손이 몸에서 떨어지지 않도록 한다.
② 등은 바닥에 닿아야 하며, 올라올 때는 팔꿈치가 무릎 부위에 닿아야 한다.

2-5. 심폐 지구력(20m 왕복 오래달리기): 주 3회 장거리(1.5~3km) 달리기, 트랙보다는 일반 런닝 코스에서 운동해야 효과를 볼 수 있다.

* 출처: 국민체력 100 홈페이지(http://nfa.kspo.or.kr), '체력측정 항목 동영상'을 재편집하였음.

에필로그

 2000년대에 들어서면서 매번 새로운 범주(category)와 유형(type)의 안보 위협이 등장하고 있다. 직면해 있는 적(敵)이 있기에 '국민방위'라는 전통적 안보 개념으로 대응하고 있는 한국군도 상당한 변화를 요구하고 있다. 아직 내외부적으로 제한되는 현실이 좀처럼 나아지지 않는 한편으로 부분적이나마 변화하는 모습들이 보임은 다행으로 여겨진다. 최근 국가적인 위협사태가 발생했을 때 2030 세대가 보여준 감투 정신(fighting spirit)과 시민 정신(citizen spirit)은 기성세대가 가지고 있던 불신(不信)을 변화시켰고, 軍 나름의 소명의식(calling)도 더욱 불타게 하였다.

 필자는 軍 후배들을 양성하는 역할에 만족하는 예비역 군인으로 다년 간 학생(후보생)들을 지도하는 과정에서 느낀 점이 있다. 이를 한 문장으로 표현하면, '숲을 본 다음 나무를 보라'라는 문장이다. 군사학과(학부)에 종사하는 교수님들이나 오랜 軍 복무를 마감하고 강단에 선 전우님들을 접할 때면, 떠오르는 생각이 '역시! 군사 전문가답네.'라는 점이다. 다만, 조금 더 예민한 부분을 건드리자면, 특정한 분야(직능, 특기)에 한정될 수밖에 없는 일부의 경험적 지식을 최고의 전문영역으로 호도(patch up)하는 섣부른 오류(誤謬, mistake)만큼은 되풀이하지 않기를 권고드리고 싶다. 이러한 지도 방식은 군사 지식이 전혀 없는 초보자들을 지도하는 과정에 녹아들어 긍정적이지 못한 결과로 이어지고 있다는 점에서 스스로 조금 더 고민하고 개선할 부분으로 여기고 있다. 야전부대에서 복무 중인 군사학과 출신의 군장학생들이 직업 장교(장기복무자)로서 느끼는 복무 불만족도가 일반 학생 출신의 군장학생들보다 훨씬 높다는 점에서 고민스러운 현상임과 동시에 軍의 전투력이 발전하는데도 결코, 바람직하지 않은 부분으로 우려하고 있다.

 이 교재는 각급 대학교에서 잘 지도하고 있지만, 일부의 단순 암기식 면접 지도방법 등은 육군의 인재상과 거리가 멀다는 노파심에서 출간하였다. 초급장교를 희망하는 일반 학생과 군사(안보)학과의 학생들이 조금 더 체계적으로 면접을 준비하는 방식을 이해할 수 있게 된다면, 육군의 전투력 발전과 미래에도 도움이 될 수 있지 않을까 해서다. 네 가지의 당부 말씀을 드리면서 마무리하고자 한다.

 첫째, '방향성을 정확하게 이해해야 한다.'라는 문장을 꼭 기억하면 좋겠다. 사회에는 수많은 전문가가 있다. 어떤 계층은 '기술(technique)'을, 어떤 계층은 '기법(skill)'을 중심으로 형성되어 있다. '초급장교(초급전문가)'는 '기술(technique)'에 정통한 전문가가 아니라 '기법(skill)'에 정통한 전문가로서의 기초 원리를 습득해야 한다는 점에 유념할 필요가 있다.

둘째, 장교(ROTC)후보생-학사・학사 예비장교, 군장학생 순으로 구성하여 자신이 지원할 분야에 집중하게끔 꾸몄다. 전체를 탐독하다 보면, 장교(ROTC)후보생과 학사・학사 예비장교, 군장학생의 진행 방식과 주제발표 내용에 다소 차이가 있음을 느낄 것이다. 주제에 맞게 답변을 작성하는 요령을 습득하는 과정에서 필요한 지적 소양(素養)도 자연스럽게 넓혀질 것이다.

셋째, 분야마다 맨 마지막 부분에 '자기소개서 작성 양식'과 '잠재역량 평가요소 및 기준'을 제시하였다. 그러나 이 부분만 확인하고 지나치면 안 된다. 연도가 바뀌게 되면, 추가 및 생략하는 등의 변경되는 부분이 있어서다. 따라서 해당 연도에 나오는 공고문을 다시 한번 확인하여야 한다.

마지막으로, "좋은 칼도 쓰는 이가 잘 벼려야 한다."라는 말을 명심하기 바란다. 아무리 좋은 교재라도 쓰는 이가 잘 활용하지 못하면, 큰 도움이 되지 않는다. 초급장교를 희망하는 군사학도나 일반 학생들이 이를 통해 육군이 요구하는 인재상에 부합되도록 잘 준비하여 '창끝 전투력'을 지휘할 미래 초급장교의 기초가 단단해지는 계기가 되면 좋겠다.

육군본부나 각급 군사 교육기관, 군사(안보)학 관련 학부(학과)에서도 일정한 수준 이상의 초급장교가 양성될 수 있는 기반 설립을 병행하였으면 싶다. 육본과 지도 교수님, 학도가 서로 삼위일체가 되어 절차탁마(切磋琢磨)한다면, 면접을 지도하는 과정이 또 하나의 지적 소양을 넓히는 촉매제로서 지평을 넓힐 수 있지 않을까 싶다. 준비된 학도가 자신이 원하는 미래에 안착(安着)하게 되고, 육군 인재상의 기준점이 될 수 있기를 바란다.

"어제는 오늘의 시작이고, 내일은 오늘 꾸는 꿈에서 결정된다."

저자소개

김성진(金成珍)

"길이 아니면 가지 않고, 알지 못하면 말하지 않는다."라는 통관(洞觀)적 인식을 추구해온 저자는 경북 김천에서 태어나 초·중·고등학교를 마쳤다. 이후 동국대학교 무역학과를 졸업하고 ROTC 21기로 임관하여 육군 대령으로 예편하였다. 국립 경상대학교 경영행정대학원에서 '정치학석사' 학위를, 국민대학교 일반대학원 정치외교학과에서 '정치학박사' 학위를 취득하였다.

〈주요 경력〉
"2021 대한민국을 빛내는 오피니언 혁신리더(안보부문)상 수상"
- 현) 글로벌전략협력연구원 국방전략연구센터장, 칼럼니스트 외
- 한국융합안보연구원 위기관리연구센터장
- 한국외대 글로벌안보협력연구센터 선임연구위원
- 충남대학교 국가안보융합학부 국토안보학전공 초빙교수
"2017~2019 軍장학생 전국 최우수/최다 합격률" 달성
- 국민대 정치대학원 강사, 행정안전부 비상대비조사심의 외부평가위원
- 육군교육사 경력 채용군무원 외부면접위원
- 대한민국ROTC중앙회 후보생제도발전위원회 위원장 등
"2014 국방부 최우수대학교/학군단" + "2008 합참지 최우수 원고상" 수상

〈주요 저서 / 논문〉
- 『세계전쟁사』, 서울: 백산서당, 2021.
- 『전쟁사와 무기체계론』, 서울: 백산서당, 2020.
- 『군사협상론』, 서울: 백산서당, 2020.

-『한국 육군의 장교단 충원제도와 직업안정성』, 서울: 백산서당, 2016.
-비전통적 안보위협과 테러 대응체계의 실효성 고찰: 법령과 제도, 대응기능을 중심으로
-한국군 군사위기관리체계의 효율성 제고 방안 고찰: 통합방위체계를 주축(主軸)으로 하는 군사위기대응기구를 중심으로 외 20여 편

〈보유 자격증〉
- 중등 정교사(2급), 한자 1급, 문서실무사 1급, 재난관리사, 인성지도사, 심리상담사, 리더십 강사, CS Leaders 등 16종(種).

문경석(文景錫)

"출발한 곳을 선택할 수는 없지만, 어느 방향으로 갈지 선택한다."라는 신념의 저자는 전남 목포에서 태어나 초·중·고등학교를 마쳤다. 이후 국립 목포대학교 행정학과를 졸업하고 ROTC 28기로 임관하여 육군 중령으로 예편하였다. 동국대학교 행정대학원에서 '행정학 석사'를, 충남대학교 일반대학원 정치외교학과에서 정치학박사 과정에 있다.

〈주요 경력〉
-현) 글로벌전략협력연구원 국방전략연구센터 책임연구원
-현) 한국융합안보연구원 위기관리연구센터 책임연구원
-극동대학교 군사학과 초빙교수, 육군 전문면접위원
-육군본부 인재선발처 학군협약담당 외

〈주요 저서 / 논문〉
-『남·여 부사관 면접(AI)』, 서울: 진영사, 2020.
- "육군 기록물 관리 발전방안에 관한 연구", 2009
- "RFID/USN 기반의 육군 기록관리체계구축",『국방과 기술』, 2009. 외.

〈보유 자격증〉
-정보처리산업기사, 심리상담사, 한자 2급, W/P 1급, 행정사 등 7종

군사학 총서 제8권

**군사학과에서 배우는
초급장교 선발 면접 특강**
(ROTC 후보생, 학사·예비장교, 군장학생)

초판 제1쇄 펴낸날 : 2021. 6. 1.

지은이 : 김성진·문경석
펴낸이 : 김 철 미
표지디자인 : 권 은 경
펴낸곳 : 백산서당

등록 : 제10-42(1979.12.29.)
주소 : 서울 은평구 통일로 885(갈현동, 준빌딩 3층)
전화 : 02)2268-0012(代)
팩스 : 02)2268-0048
이메일 : bshj@chol.com

ⓒ 2021 김성진·문경석

값 27,000원

ISBN 978-89-7327-715-5 13390